当代辞书过眼录

当代辞书过眼录

黄鸿森 著

商务印书馆
The Commercial Press
2013年·北京

图书在版编目(CIP)数据

当代辞书过眼录/黄鸿森著.—北京:商务印书馆,2013

ISBN 978-7-100-09664-5

Ⅰ.①当… Ⅱ.①黄… Ⅲ.①辞书学—文集 Ⅳ.①H06-53

中国版本图书馆 CIP 数据核字(2012)第 284306 号

所有权利保留。
未经许可,不得以任何方式使用。

当代辞书过眼录
黄鸿森 著

商 务 印 书 馆 出 版
(北京王府井大街 36 号 邮政编码 100710)
商 务 印 书 馆 发 行
北京民族印务有限责任公司印刷
ISBN 978-7-100-09664-5

2013 年 9 月第 1 版　　　开本 850×1168 1/32
2013 年 9 月北京第 1 次印刷　　印张 12 1/4
定价:32.00 元

目 录

序………………………………………………………… 周明鑑
中国百科全书事业三十年………………………………………… 1

第一辑　关于《中国大百科全书》

金玉渊海之书
　　——关于《中国大百科全书》……………………………… 67
《中国大百科全书》分类分卷出版利弊观 …………………… 71
《中国大百科全书·天文学》卷条目定性叙述形式 ………… 85
《中国大百科全书·哲学》卷调查报告 ……………………… 96
《中国大百科全书·宗教》卷调查报告 ……………………… 111
环境保护是我国的一项基本国策
　　——介绍《中国大百科全书·环境科学》卷……………… 125
采矿和冶金知识的总汇
　　——介绍《中国大百科全书·矿冶》卷…………………… 129
中国第一部大型力学工具书
　　——介绍《中国大百科全书·力学》卷…………………… 136

集建筑学知识之大成

——介绍《中国大百科全书》的
《建筑·园林·城市规划》卷 ……………… 138

《中国大百科全书(精粹本)》体例之失

——关于人物条目把生卒地写进条头括号的问题 …… 143

第二辑 关于其他百科全书

中国第一部省的百科全书

——《黑龙江百科全书》简介 ………………… 161

西藏万象 聚于一书

——《西藏百科全书》评介 ………………… 168

缘何似曾相识?

——评《中国小百科全书》 …………………… 175

《中华人民共和国国史百科全书》"大事年表"稿

审读意见 …………………………………………… 189

第一部京剧百科全书

——介绍《北京京剧百科全书》 ……………… 201

纳万象于一卷之中

——介绍《剑桥百科全书》中文版 …………… 206

《苏联百科词典》将出新版为平反人物立传 ………… 209

独树一帜的百科全书

——《康普顿百科全书·社会与社会科学卷》介析 ………… 211

第三辑　关于语文辞书和专业辞书

于精微处见功夫

——管窥《现代汉语词典》第5版条目释文的修改 ………… 219

"唯、惟"议

——《现代汉语词典》第5版"唯、惟"条处理之我见 ……… 228

挑剔《现代汉语词典》(六则) ……………………………… 238

《现代汉语规范词典》释义求疵(十三则) ………………… 249

对大师的扬和抑 ……………………………………………… 267

这样的辞书,何必引进

——评《建宏成语义类辞典》……………………………… 271

《新华大字典》篆书失宜 …………………………………… 289

评析《新华大字典》的《前言》和《凡例》……………… 304

吉林版《中华现代汉语词典》若干释义商榷 ……………… 316

从"戏"字头条目看《新华汉语词典》的问题 …………… 330

殿试·进士·会试·贡士 …………………………………… 340

谦词"家"的释义 …………………………………………… 348

宏伟的构想 缜密的蓝图
　　——林穗芳《关于编纂历时性汉语新词典的设想》
　　读后感……………………………………………………350
现代术语学概观
　　——介绍《现代术语学与辞书编纂》……………………358
《神话辞典》及其翻译……………………………………………361
后　记………………………………………………………………373

序

鸿森先生是我十分敬仰的辞书界前辈。他既是中国大百科全书编辑队伍中的耆宿，又是"辞书事业终身成就奖"的获得者。虽已九十二岁高龄，却仍思维清晰，笔耕不辍，实为难得。商务印书馆原副总编辑徐式谷先生在为鸿森先生另一文集《回顾和前瞻》的序中作了"目光如炬、心细如发、博学宏词、编辑楷模"的评价是非常中肯的。这次有机会提前拜读《当代辞书过眼录》的书稿，从中受益匪浅。借此机会谈几点初步体会。

鸿森先生作为全程亲历者，以满含感情的笔触写下了《中国大百科全书》问世所经历的风风雨雨，介绍了这部书的奠基人姜椿芳先生在倡议编纂中国大百科全书以及创建中国百科全书出版社的丰功伟绩。姜先生高瞻远瞩，在逆境中就构思这套巨著，随后带领着第一代百科人筚路蓝缕、艰苦创业，终于结束了我国只能以一部《新华字典》回赠外宾，被称为"大国家，小字典"的尴尬局面，填补了我国文化建设中的空白，树立起一座文化丰碑。对于辞书史上这段有两万多位专家参与，历时十五年的光辉历程，鸿森先生以精炼的笔法作了生动的概括。

书中收入了鸿森先生对《中国大百科全书》的几个学科卷所作的评介以及对几部词典的评价。由于书中论述的是"辞书"，先说几句我对辞书的认识。

按照国家规范的规定，我们所称的"辞书"，是字典、词典和百科全书的总称。这是一类几乎所有的人都十分熟悉而且不可须臾离开的工具书，人们称之为"不说话的老师"。但是，对辞书编纂之艰难真正有所了解的人，不仅一般读者，甚至出版界的业内人士中也是少而又少。在1949年以前的两千多年以来，我们的老祖宗给我们留下来的辞书不过八百多部可以为证。编辞书为什么非常难，我体会至少有以下几点：

1. 辞书是为读者释疑解惑的工具书，其服务对象涉及全社会各行各业中不同文化水平的人群，最大的读者群是正在求知早期的中小学生，所以内容应十分准确，如有谬误，就不仅会误人子弟，更会对我国的基础教育和文化建设和科学技术事业产生重大影响。所以质量要求极高，对作者和编辑的学识也就有了更高的要求。

2. 为了使读者能方便和快速地从中查到所需知识，辞书就有许多不同于其他图书的要求。它应该按照辞书学理论进行编纂，在有限的篇幅中浓缩尽可能多的知识，并且非常容易查阅。也就是说，其编纂必须遵循辞书学的理论。需要说明的一点是，同为辞书组成部分的百科全书与字典、词典的性质是有很大区别的，百科全书是以知识单元为编纂单位的，也就是说，百科全书中的每一个条目就是一个或大或小的知识单元，在条目中要回答六个"W"，即"who, when, what, where, why, how"。由于内容要求比较全面，所以每一个条目一般都比较长，可以由几百字到几千字，有的甚至可以到几万字乃至更多。而字典、词典则分别是以单字或词、词组、语（成语、谚语、歇后语等）为编纂单位进行阐述的，字数一般都很少，由几十字到几百字。两者在编纂理论乃至用语上都有很大区别。

3. 一部辞书，无论是字典、词典还是百科全书，其内容都具有"全景性"。以语文词典为例，其中就不仅会涉及语言文字方方面面（文字学、词汇学、语音学、语法学、语义学、语用学等等）的知识，还会涉及已经进入人们日常生活的社会科学及自然科学、工程技术的知识。即便是某一学科或某一领域的专科词典或专题百科全书，也会涉及该领域的所有方面，包括该学科的基础知识，还会涉及与该学科有关联的学科的知识。因此，需要编者（编者群体）的知识广博而且有一定深度。编者在哪一方面的知识有缺陷，那部分的词条的质量就会出现问题。曾经有人认为，辞书是编的，其内容都是从其他书中"抄"来的，所以不会出错。也有人认为，照抄其他书会涉及侵权问题，所以略加改动就可以逃避抄袭的责任。岂不知，各类书中的信息，都可能不完全正确，而且不同的书有不同的读者对象，论述的深度各不相同，未必与所编的辞书的读者对象适应。释文无论是过深或过浅，都会影响辞书的质量。至于随意改动其他书中的内容，就更容易出错。采用"避现"(避免与《现代汉语词典》雷同)的办法"编"的某"规范词典",其内容大量是从《现代汉语词典》《辞海》《新华词典》中抄来,并略作"微调",结果改出大量错来,成了一部劣质词典。鸿森先生评的几部劣质品大体上都属于这种情况。

基于以上几点认识,感到先生的文章有以下几个特点:

一、理论功底深厚。无论是评介百科全书的文章,还是评介词典或字典的文章,都分别遵循百科全书学和词典学的原理。所以都能切中要害,有理论深度,评得到位,评得深刻。例如在文章中介绍了百科全书的分类,以及关于百科全书的框架、选条、条头用语、条目定性叙述形式,以及交叉、平衡等原则性问题。这些论述在《中国大百科全书》的《天文》《哲学》《宗教》《环境科学》《矿冶》《力学》《建筑 园林 城市规划》各学科卷的介绍中,以及对其他几部百科全书的评述中都得到了体现。而在几篇对词典的评论中又可以看出,鸿森先生对与百科全书有很大区别的词典的编纂理论也有深厚的功底。例如,他对吕叔湘先生亲自起草的、有一百八十条之多的词典编纂的经典文献——《〈现代汉语词典〉编写细则》也是非常熟悉的。

二、知识广博、学养深厚。翻阅一下目录就可以看到,书中文章涉及的领域非常广泛。从人文社会科学中的哲学、宗教学、历史学、文学、艺术、语言学、文字学、术语学、社会学,到自然科学和工程技术领域的天文学、力学、环境科学、矿冶学、建筑/园林/城市规划等。文章论述都很精当,如果对有关学科仅只是一知半解，是不可能表述得如此到位的。《〈新华大字典〉篆书失宜》一文还对现在已经很少有人涉猎的篆书也有深入的评述。还涉及英文、俄文等多种外文。学识之广博，令人敬佩。

三、观察细致、分析客观。《中国大百科全书》《现代汉语词典》等都是众多顶尖级专家编就的，可谓是呕心沥血之作。但正如辞书学家们经常说的："任何一部精品辞书的出版之日就是修订工作开始之时"。这一句可谓是精辟之言。由于辞书涵盖面宽广、质量要求高，编纂难度极大，所以无论编者水平有多高、编纂有多尽心尽力，仍会留下或多或少的瑕疵。所以，负责任的出版社和编者都会虚心吸取广大读者的意见，吸收他们在深入细致研究的基础上提出的书评中的真知灼见进行修订，使其质量不断得到提高。鸿森先生正是本着这一精神，以其深厚的功力，对大百科的各卷以及其他几部百科全书和精品词典作了客观的分析，实事求是地肯定优点、指出不足，这一点在介绍《中国大百科全书》的各卷和对《现代汉语词典》的评介中都有体现。在评论几部质量很差的词典时，先生能敏锐地发现极为细微的问题。例如，在《〈现代汉语规范词典〉释义求疵》一文中指出相距甚远、分别位于"H部"和"T部"的"后臀尖"和"臀尖"两条存在释义相左的问题。

四、论述透彻、逻辑严密。阅读先生的文章时可以明显地感受到由浅入深、条分缕析的写作风格。而且大量论述引用书证加以说明。涉及的文献不仅有比较常见的《论语》《孟子》《史记》《诗经》《左传》等，还有《文选》《文苑英华》《景德传灯录》

等。不仅使人感受到先生学术功底的深厚,而且使文章读来具有更强的说服力。对某部劣质词典所作的释文"彼此抵牾""互不照应""难以契合""有违常识""当条撞车"甚至"一条三错",以及为了逃避抄袭的责任而出现的"避同有失""求异出偏"等问题(见本书249页),可谓丝丝入扣、入木三分。

五、行文流畅、文字优美。先生的文章用词精当、语句平实,读来毫不费力,且常有妙言隽语,将深刻的学理寓于朴实的表述之中,一开卷就有不忍释手之感。

拜读全书,感受颇深,在出版界、学术界都存在浮躁之风的今天,本书的出版将会使读者看到,先生正是新闻出版署原副署长刘杲先生多次提倡的"学者型编辑"的典型。本书的出版,不仅向广大读者介绍了大量有用的知识,也传递了一种精神——"百科精神",会对改善文风、学风起到良好的导向作用。谨以此寥寥数语,表达我粗浅的读后感和对先生的敬意。

周明鉴
2013年1月

中国百科全书事业三十年

岁月不居，流光易逝。以1978年12月举行的中国共产党十一届三中全会为标志的中国改革开放已经三十年，中国百科全书事业如果从1978年5月中共中央批准编纂《中国大百科全书》算起，也正好是三十年。

中国的百科全书事业是从零起步的。犹忆30年前，"百科全书"一词还只是在报章一角作为"小知识"的标题出现。15年前，即1993年，《中国大百科全书》74卷、1.3亿字就全部出齐了。五千年文明古国从此告别了没有百科全书（我指的首先是现代大型综合性百科全书）的时代。这部皇皇巨著，《人民日报》赞誉为"中华文化丰碑"。

《中国大百科全书》开始编纂不久，风气既开，群雄蜂起，我国出版界很快出现"百科热"，星星之火，呈现燎原之势。约略估计，30年来，以"百科全书"为名的出版物已有千余种。如果以建筑工程来比喻鸿篇巨制的话，百科全书已经构成崇楼巍峨、杰阁林立的建筑群体。在这个建筑群体中的主体建筑——《中国大百科全书》，当仁不让，处于领袖群伦的地位。在介绍《中国大百科全书》编纂历程的时候，我们不能忘记我们的先辈百年来前赴后继，为出版中国自己的百科全书所作的努力。

一、回首前贤：百年百科梦

中国有悠久的文化，也有编纂辞书的历史传统。我们这个文明古国，也是一个当之无愧的辞书王国。早在汉代就有《尔雅》《方言》《说文解字》等问世。这些书分立条目，有条头、释文，并按一定方式排列，体例上已具现代辞书的形态。《尔雅》是一部兼收语文条目和百科条目的辞书，按照当今的辞书分类，应归入综合性辞书；《方言》为西汉扬雄撰，全名《輶轩使者绝代语释别国方言》，是中国最早的方言词典；《说文解字》为东汉许慎撰，是中国最早的也是影响最为深远的字典。

中国古代百科全书的两大系统

"百科全书"之名虽然来自西方，而中国古代学者早已编出成系列的古代类型的百科全书——类书和雅书。

类书 曹魏黄初年间编成的为后世公认的类书始祖——《皇览》，被《不列颠百科全书》称为"中国第一部百科全书"。魏晋以后，差不多每个朝代都有官方修纂或私人编集的类书问世。虽然颇多亡佚，据专家估计仍有800多种留存至今。在为士林推重的类书中，官修大型类书有唐代的《艺文类聚》，是唐高祖李渊于武德五年（622）诏令欧阳询等编纂的；宋代的《太平御览》是宋太宗于太平兴国二年（977）诏令李昉等人编纂的，太平兴国八年（983）成书；宋代的《册府元龟》是宋真宗于景德二年（1005）诏令王钦若、杨亿等编修的，大中祥符六年（1013）成书；明代的《永乐大典》是明成祖于永乐元年（1403）诏令解缙等人编纂的，永乐六年成书，3.7亿字，是规模最大的一部类书，可惜留存至今只有3%~4%；清代的《古今图书集成》是陈梦雷等奉敕修纂，康熙四十五年（1706）成书未刻，后经蒋廷锡等加工，于雍正四年（1726）印行，1.6亿字，是现存类书中篇幅最大的。附带一提，受中华文化的影响，日本从平安时代（794~1192）开始编纂类书。日本内务省编的《古事类苑》于1896~1914年出版，被认为是集日本类书大成之作。

类书同现代百科全书相比较，有相同的方面，也有差异的方面。类书就其试图搜罗当时所有门类知识而言，就以一定的方式编排而言，就其便于读者寻检查阅的需求而言，就其篇幅宏大而成为卷帙浩繁的巨著而言，跟百科全书是相同的。不过类书只是采撷已有的典籍，而不调查研究编书时代的新事物、新知识写成文字编入书中；格于当时的社会条件，更不能去搜罗世界各国的知识和学说。

雅书　上面提到的《尔雅》，在唐代已奉为经书，和《易》《书》《诗》《周礼》《仪礼》《礼记》《春秋左传》《春秋公羊传》《春秋穀梁传》《论语》《孝经》一起刻成《开成石经》，称为十二经。宋代增加《孟子》,称十三经。由此可知儒家对《尔雅》的尊崇。《尔雅》是"雅书"之祖,学者们一般认为始编于战国,成书于西汉初年。全书分为19篇,前3篇:《释诂》《释言》《释训》是诠释普通词语的;后16篇:《释亲》诠释人伦关系用语,《释宫》诠释建筑、道路用语,《释器》诠释各类器物用语,《释乐》诠释音乐用语,《释天》诠释天文、气象、岁时用语,《释地》《释丘》《释山》《释水》诠释地学用语,《释草》《释木》诠释植物用语,《释虫》《释鱼》《释鸟》《释兽》《释畜》诠释动物用语。

《尔雅》虽然兼收语文词和百科词,但从第4篇《释亲》开始即为百科词。论篇数,在全书19篇中百科条目占16篇,即占84.2%;论条目数,在全书2047条中,百科词为1440条,即占70.3%。因为百科条目占有优势,所以现代学者也把《尔雅》及其继起之作称为古代百科全书。

《尔雅》问世后,历代学者循《尔雅》体例,并用含"雅"字作为书名的著作几乎每个朝代都有,后人总称为"雅书"。主要有汉代的《小尔雅》(但与今本《小尔雅》不同),三国魏张揖撰《广雅》,北宋陆佃撰《埤雅》,南宋罗愿撰《尔雅翼》,明朱谋㙔撰《骈雅》,明末方以智撰《通雅》,清吴玉搢撰《别雅》,清洪亮吉撰《比雅》,清史梦兰撰《叠雅》。其中《尔雅翼》《埤雅》纯为诠解名物词的著作,才是古代的百科全书。雅书大都是私人撰述,没有官修类书那样的鸿篇巨制。

康有为、孙中山重视百科全书

鸦片战争后，西学东渐，西方的百科全书也传入有编纂辞书传统的中国，中国知识界精英人物为之心动。百余年来，一代又一代的志士仁人梦寐以求，希望编出中国自己的百科全书，许多人并为此奋斗不息。

"百科全书"一词何时在汉语文献中出现？据孙关龙考证：《康有为全集》（上海古籍出版社1987~1992年版）第三集载有《日本书目志》，著录的89种书名中有"百科全书"字样。此书惜未注明撰写年月。梁启超在1897年11月25日出版的《时务报》第45册，发表书评《读〈日本书目志〉后》，"百科全书"一词在汉语中出现，当不晚于此时。[①]康氏称百科全书为"金玉渊海"之书。

孙中山先生1919年著《实业计划》，认为弘扬文化必须大力发展印刷工业，"须于一切大城市中设立大印刷所印刷一切自报纸以至百科全书"[②]，把百科全书置于出版物的重要地位。

中国翻译国外百科全书

中国翻译国外百科全书早在19世纪六七十年代就开始了。

江南制造局翻译馆迻译《泰西大类编》条目 在"百科全书"一词在中国出现之前大约30年，中国近代化学先驱徐寿

[①] 参阅孙关龙：《"百科全书"一词何时在中国出现》，载《出版发行研究》2000年第12期。
[②] 《孙中山选集》，人民出版社1981年版，第359页。

（1818~1884）就规划翻译 Encyclopedia Britannica（当时译作《泰西大类编》，后译作《大英百科全书》，今译作《不列颠百科全书》）了。清同治七年（1868），江南制造局翻译馆开馆，徐寿主持其事。该馆是当时翻译人才荟萃之地。从事口译的有傅兰雅（英）、林乐知（美）、金楷理（美）、伟烈亚力（英）等人，从事笔述的有华蘅芳（数学家）、李善兰（数学家）、徐华、徐建寅、李凤苞、赵元善等。当时缺乏精通中英两种语言的人才，译书由西方学者用汉语口述原文意思，由中国学者记录，然后整理、润饰成文。该馆购得《泰西大类编》第8版，认为学科齐全、内容广泛，准备译出以了解泰西学术，但因任务艰巨，人力有限，未能如愿。不过仍在1873~1877年间译出其中的四个大条目：据 Algebra 译出《代数术》（傅兰雅译、华蘅芳述），据 Fluxions 译出《微积溯源》（傅兰雅译、华蘅芳述），据 Fortification 译出《营城揭要》（傅兰雅译、徐寿述），还译出《测候丛谈》（金楷理译、华蘅芳述，气象著作）。这些译著分别作为单行本出版，对于国人学习西方近代数学、气象等科学起了很大作用。梁启超在《读西学书法》中称赞"地文之书，《测候丛谈》最足观"。这是中国翻译国外百科全书的开端。[①]顺便提及，江南制造局翻译馆共出版译著百余种。

杨紫级翻译狄德罗《百科全书》 中国留法第一人李石曾

[①] 参阅傅祚华：《〈不列颠百科全书〉中译史略》，载《辞书研究》1999年第6期。

（1881～1973）在1906年写了《近代世界六十名人》，介绍了狄德罗和他主编的《百科全书》。"这本书引起四川人杨紫级的注意。他懂法文，就从1908年起翻译狄德罗的《百科全书》，一直译到他1922年去世，14年中一共译了两百多万字"[1]，没有出版。可惜，关于杨氏生平别无所知。

选译《苏联大百科全书》 中华人民共和国成立后，实行"一边倒"倒向苏联的政策。出版跟着政治走，自不例外。出版界认为，翻译出版苏联的著作，是十拿九稳的，意思是不会出政治问题。而《苏联大百科全书》更处在无可挑战的地位，而且选题方便，原文易得，只要译得忠于原作就是了。许多出版社都参加出版《苏联大百科全书》选译工作。人民出版社、三联书店（当时为人民出版社的副牌）出得最多，侧重于人文学科。哲学题材出过《历史唯物主义》《唯心主义》《逻辑》等，历史题材出过《古希腊》《古代罗马》《考古学》《石器时代·青铜时代·铁器时代》等，人物题材出过《高尔基》《笛卡儿》等，国家题材出过《美国》《意大利》《匈牙利》《朝鲜》《蒙古人民共和国》《澳大利亚联邦》《苏丹》等。一些专业出版社也选取专业对口的条目翻译出版，例如财政经济出版社出版《雇农·贫农委员会》《手工业》等，人民铁道出版社出版《行车调度》《铁路闭塞》等，人民交通出版社出版《港口与码头设备》《筑路机械》等，地质出版社出版《地球化学·生物地球化学·地球化学过程》

---

[1] 倪海曙：《关于百科全书》，载《辞书研究》1985年第4期。

等,建筑工程出版社出版《建筑艺术》等,电力工业出版社出版《直流发电机·交流发电机》等。地方出版社也参与其事,例如上海人民出版社出版《知识分子》《列宁的〈四月提纲〉》等。这些出版物篇幅不大,一般都在百页以内,《危地马拉》只有11页,厚本的《美国》也只有300页。这些条目都译自《苏联大百科全书》第二版(1950~1957)。在社会新旧交替、著译力量青黄不接的时代,《选译》也颇受求知者的欢迎。1950年代末中苏关系恶化,《选译》也逐渐淡出,约计共出版400多种。

翻译出版《苏联百科辞典》 苏联百科全书出版社随着《苏联大百科全书》第二版的出版,还编辑出浓缩本《苏联百科辞典》,时代出版社于1958年出版了中译本。此书俄文本为3卷本,中译本为1卷本,收条目4万多条,约700万字,可能是1950年代国内出版的篇幅最大的辞书。

苏联百科全书出版社在1969~1978年出版《苏联大百科全书》第三版之后又于1980年出版了案头用的单卷浓缩本,收8万个条目,中国大百科全书出版社于1986年出版了中译本,名为《苏联百科词典》,925万字。此是后话。

《近代现代外国哲学社会科学人名资料汇编》是翻译国外百科全书条目编成的 此书收集范围以近现代外国哲学、社会科学方面的思想家和学者的资料为主,同时酌收政治人物和社会活动家,以及少数与我国近现代史有关的资本主义国家的军人、外交人员和传教士等的资料。所收人物卒年上限为1870年,共收7500人。资料译自《苏联大百科全书》(1950~1957),《不列颠百科全书》(1958),《大美百科全书》(1959,1961),美国的《当代人物传记》(1941~1954,1959),美国的《社会科学百科全书》(1930~1935),日本的《大人名事典》(1953~1955)六部书。有的人物俄、英、日三种文字的出版物都立有条目的,将译文编在一起,以供对照参考。该书由北京编译社译,商务印书馆于1965年出版(内部发行)。香港商务印书馆于1980年重印,改名《近代现代世界人名辞典》。

至于国外大型百科全书整部翻译出版则是改革开放时代的事情,我们将在下文介绍。

王云五的奋斗

编纂现代大型综合性百科全书,是一个国家的文化基础建设,必须由文化界学识渊博、有号召力的热心百科事业的精英人物倡导和主持其事,这在任何国家、任何时代都是这样。20世纪上半叶,中国在这方面付出很大努力的是出版家王云五和教育家李石曾。

出版家王云五(1888~1979)是个"百科迷"。年轻时爱读百科全书,任职商务印书馆后致力编辑百科全书,尽管是"功败垂成"。他说,"我在青年时期做过一件傻事,把一部《大英百科全书》从头至尾读了一遍"[1]。说是做"傻事",未免有些自得,不过通读整部百科全书的人毕竟是凤毛麟角。按时间推算,王氏

---

[1] 王云五:《岫庐八十自述》,台湾商务印书馆1967年版,第78页。

通读的可能是1910~1911年问世的《大英百科全书》第11版，共有29卷之多。

王云五在1921年出任当时亚洲最大的出版机构——商务印书馆编译所所长（总编辑）之初，就谋划出版中国自己的百科全书。他走了三步，第一步出版《百科小丛书》，第二步是翻译《大英百科全书》等国外百科全书，第三步是编撰出版《中山大辞典》。除了出版《百科小丛书》以外，后两步都没有走成。

出版《百科小丛书》 出版家章锡琛（1889~1969）曾任商务印书馆编辑，后来创办开明书店。他在《漫谈商务印书馆》一文中回忆说：

> 1921年9月，王云五就任编译所长。记得他就职后曾在北四川路底183号公馆设宴招待所中重要干部。我也是被招待的一人。饭后他提出《百科小丛书》的编辑计划，请大家商讨。这套丛书，专门介绍西洋最新的学术思想，每册二三万字，预先拟定有关哲学、文学、社会、政治、经济、自然科学等一大篇书目，请各人提意见，并认定自己愿编的书名。这套书后于1923年开始出版，多数是从《大英百科全书》分条译出，这是他后来翻译《百科全书》计划的开端。①

---

① 章锡琛：《漫谈商务印书馆》，载《文史参考资料》第43辑，中华书局1964年版，第84页。

根据1981年出版的《商务印书馆图书目录（1897~1949）》著录，《百科小丛书》共出版424种。按文理区分，文史类为284种，约占三分之二；理工类为140种，约占三分之一。按著译区分，著作339种，约占五分之四；译作85种，约占五分之一。况且，从有些译作的书名看，也不像百科全书的条目名称，如《情绪之实验的研究》《巴尔扎克的挣扎与恋爱》。可见，事后的结果同当初的打算大相径庭。

编辑百科全书未成　王云五于1924年在编译所设置百科全书编辑委员会，自任编委会主任，下分六系。第一系主任经济学家陶孟和，第二系主任心理学家唐钺，第三系主任化学家程瀛章，第四系主任生物学家秉志，第五系主任历史学家何炳松，第六系主任史地学家傅运森，由何炳松主持全面工作。他们都是学术界名流，很有社会声望。"原计划以英、美百科全书和日本大事典、大辞典为蓝本，编出一部大型百科全书。编委会机构，开始只有30多人，最多时达四五十人。此外还组织能翻译外文的人和暑假期中的大学生，担任馆外翻译。由于想在三五年内完成，单纯地追求译稿数量，必然导致译稿质量不够理想，达不到出版水平。"[①]

经济学家陈翰笙回忆自己在商务印书馆审查百科全书稿件的情况说：

[①] 唐锦泉：《回忆王云五在商务印书馆的二十五年》，载《商务印书馆九十年》，商务印书馆1987年版，第260页。

那是在1928年，……我从苏联转道日本回到了上海。那时，王云五是商务的总经理，聘我到商务审查百科全书的稿件，计划整理、出版。于是在这年夏天至1929年秋天，我同商务订了一年的工作合约，就成了商务的编辑。在审查稿件中，我发现稿子比较乱，多数质量不高，就把它分为三类：一类大约有六分之一，可以采用；二类近六分之二，可作为专门词条汇集出版，供参考用；三类占总数的一半，质量差，不能采用。我把审查意见分类列表送给王云五裁夺。他看后很失望，觉得我审查的太严格了。不过，我在工作的那段时间里，更加深了对商务的了解，它对书稿的质量把关较严，不粗制滥造。[1]

从这段回忆中知道，王云五上任后为编纂百科全书作了七八年的努力，得到的只是成稿率不高的大堆原稿。

两年后，1932年1月28日，日寇侵犯上海，商务印书馆总管理处、总厂、编译所和东方图书馆全被炸毁。东方图书馆为当时中国藏书最为丰富的图书馆，馆藏50多万册中外图书，其中包括宋元珍本5638册，尽付一炬。这是永远无法补救的文化浩劫。百科全书稿件当然也随之灰飞烟灭。

---

[1] 陈翰笙：《商务印书馆与我同龄》，载《商务印书馆九十年》，商务印书馆1987年版，第264页。

编纂《中山大辞典》，只出一卷　王云五编辑百科全书未成，转而从事《中山大辞典》的编纂。历史学家吴相湘所著《出版家王云五》一文对此有如下记载：

> 自民国十七年（1928年）以后，王对于编纂辞典的兴趣日益浓厚，每日有暇即就国内字典辞典及日文各科辞典逐条剪贴于卡片之上，注明来源——按其辞语之汉字四角号码排列，日积月累至民国廿五年已搜集之资料卡片计达600余万纸，其中采用中国字书类书221种，中外字书辞书百科全书等239种，其他图书1388种，报纸杂志127种。这一事实被中山文化教育馆理事长孙科闻悉，特与吴经熊、温源宁、林语堂等亲访王氏寓庐参观检视，并提议利用此种资料编纂一部空前之大辞典，而由中山文化教育馆出资①合作，俾底于成，经过往返商讨，民国二十五年三月二十日双方正式签约，四月，中山大辞典编纂处成立。专任工作人员约40余人，按计划此一辞典体例仿英国牛津大字典，无论古典与通俗、辞藻与故实、新知与旧学、固有与外来，罔不尽量收罗，所收单字约6万，辞语约60万，连解说举例约共5000万字，预订签约后第三年即民国二十七年四月开始由商务印书馆出书，每月一

---

① 据《商务印书馆九十年》第261页载，数额为26万元。

册，全书四十册，限于民国三十一年九月以前陆续出齐，索引四册亦同时出版。①

从这部书的规划和资料看，它是一部语文辞书兼百科辞书，而以百科为主。平均每条约为75字，就百科而言，它是一部主要供检索之用的小条目主义的百科全书。全书5000万字，条目66万条，就中国现代辞书出版情况而言，规模是空前的。

契约签订后一年又四个月，民族大难临头。1937年8月13日，日寇再度侵入上海，全民抗战开始。《中山大辞典》编辑工作从此停顿。原先整理出来的《中山大辞典》的《"一"字长编》，于1938年12月在香港出版。书为16开本，约100万字，共收5474条，按四角号码排序，"一"条释文为11000余字。国内一些历史悠久的大图书馆，例如北京大学图书馆，还藏有《中山大辞典》家族这唯一成员，为这部辞典留下一点物质记忆。

无限感慨 王云五暮年退出政坛，任台湾商务印书馆董事长，曾担任《中山自然科学大辞典》总编辑。他在八十八岁米寿之年执笔的序言中说："半世纪余两度主编综合性之百科大辞典（指现代大型综合性百科全书——黄注）均功败垂成，乃退而编纂专科大辞典。"②一句话道出了这位矢志要编出中国百科全书的九秩老人心头的无限感慨。

---

① 吴相湘：《民国百人传》，台湾传记文学出版社1982年版第4册，第64页。
② 李熙谋等主编：《中山自然科学大辞典》，台湾商务印书馆1975年版。

不过，他所说的"退而编纂专科大辞典"，倒是编成了的。计有：《云五社会科学大辞典》（刘季洪等主编，12册，1970～1971年出版），《中山自然科学大辞典》（李熙谋等主编，10册，1972～1975年出版），《中正科技大辞典》（叶曙等主编，10册，包括医、农、工三学科，1978～1979年出版）。这三部书共计3000多万字，均由王云五任总编辑，台湾商务印书馆于王氏逝世之年出齐。三书之成对于这位毕生希望编出中国百科全书的出版家不无慰藉。

编纂小型百科全书　商务印书馆从1919年五四运动时期至1937年抗日战争全面爆发为止，也出版过两部以百科全书为名的工具书：《日用百科全书》和《少年百科全书》。

《日用百科全书》先后出了三个版本。此书于1919年开始出版，为王言纶等编。王云五进商务后，于1926年出版了何崧龄等编的《日用百科全书补编》，1934年又出版了黄绍绪、江铁主编的《重编日用百科全书》，分类纂辑。此书包括哲学、国家、社会、历史、地理、科技、农工、教育等学科，卷末有索引，32开本。《重编》本上中下三册，共6221页，估计数字超过700万字，就一般出版物而言，堪称巨帙；就百科全书而言，仍属小型。同一时代，1929年出版的《不列颠百科全书》第14版为24卷。

《少年百科全书》为王云五主编，1925年出版，是根据美国 *Book of Knowledge* 编译而成的，分为9类，共20册：《奇象》（宇宙间的神奇现象）3册，《世界各国志》3册，《地球》2册，《欧美名著节本》2册，《自然界》（生物）2册，《生命现象》（生命起源、人体构造）2册,《常见事物》1册,《世界名人传》3册,《游艺》2册。

李石曾的努力

教育家、国民党元老李石曾（1881~1973），名煜瀛，河北高阳人,为清末协办大学士（副宰相）李鸿藻之子。1902年留学法国,后参加同盟会。1912年发起勤工俭学运动。曾任法国里昂中法大学校长、北京大学校长。

前已提及李石曾在《近代世界六十名人》一书中介绍了狄德罗的《百科全书》。他在20世纪初同吴稚晖、张静江等发起组织的"世界社"于1937年在上海举办"世界百科全书展览会",举行"纪晓岚、狄德罗纪念会",引起世人对百科全书的关注。

李石曾和夏承枫等人1935年发起编辑《教育百科全书》,1939年得到当时已迁至重庆的国民政府教育部批准,拨给补助经费,改书名为《中国教育全书》,由教育部长陈立夫任总编纂,李石曾任主编。到1941年已集稿8000万字,李石曾辞职,书未编成。

后来,李石曾和世界书局董事长张静江等组织"世界百科全书编刊委员会"。《世界百科全书》后改称《世界学典》。李石曾写了《世界学典引言》,把Encyclopedia（百科全书）译作"学典",认为百科全书条目解释的对象是各学科的专题,跟以"辞"和"字"为条目的"辞典"和"字典"不同,应称"学典"。《世界学典》体例分为"通论"、"辞典"和"征览"（文献资料摘录）三部分。分科编写,每个学科一部。《世界学典》是国际性的,任何国家都可参加，各出各的，只求版式封面统一，可谓规模宏大。世界书局1946年出版《世界学典》第一部《四库全书学典》，目录学家杨家骆编，实际上就是杨氏所编1931年由中国图书大辞典馆出版的《四库大辞典》，按《世界学典》的体例加上"通论"和"征览"。①杨家骆到台湾后，又编辑出版《古今图书集成学典》《先秦著述学典》《汉代著述学典》《魏晋南北朝著述学典》《清代著述学典》《民国著述学典》等，都是目录学性质的著作。这些学典的问世，成为锐意编纂中国百科全书的教育家李石曾所作努力的余响，他创译的"学典"一词得以流传。

解放以后

1949年中华人民共和国成立后，中国文化界人士要求编纂百科全书的呼声，此伏彼起，不绝于耳。先是中央人民政府出版总署署长胡愈之首先提出编辑百科全书。建国伊始，百废待举，无暇顾及。上文介绍过，1950年代初期开始，人民出版社等出版部门出版了400多种《苏联大百科全书选译》，无疑为百科全书扩大了社会影响。1956年制定的《1956~1967年科学技术发展远景规划纲要》中，"将编辑出版《中华人民共和国百科全书》作为必须完成的一项任务列入规划"。②《辞海》主编舒新城1957年在全国人民代表大会上提案建议编辑百科全书。1959年11月，时任文化部

---

① 以上参阅倪海曙：《关于百科全书》，载《辞书研究》1985年第4期。
② 于光远：《谈〈中国大百科全书〉的编辑出版》，载《人民日报》1981年1月2日。

出版局副局长的语言学家陈原,为国务院文化教育办公室召开的一次小型座谈会起草了一个讨论稿《关于筹备出版百科全书的初步设想》,"会上没有作出决定,拟再开会商量,后来因为搞反右倾运动就搁浅了"[①]。1975年在广州举行的"全国中外语文词典规划会议"上又提到此事,在当时情势下,也只能"再议"而已。

"文革"中"四人帮"对于辞书编纂有一个说法,叫做"把无产阶级专政落实到每一个辞条上",也就是搞条目"大批判"。

姜椿芳说得好,直到1978年中共十一届三中全会之后才真正具备了编辑百科全书的条件。

二、《中国大百科全书》问世历程

姜椿芳的《建议》

中国知识界尽管为编辑出版自己的百科全书作了百年的努力,但是真正把梦想变成现实,真正把这一事业提上工作日程则是因缘于姜椿芳的一项建议。

姜椿芳(1912~1987),江苏武进人,自学成才,译著等身。前半生的活动以翻译家、编辑出版家驰名于世。1932年在烽烟遍地的东北参加中国共产党,坚持抗日战争。1940年代在上海创办并主编《时代》杂志和《时代日报》,创立时代出版社。1949年创办上海俄文学校(今上海外国语大学)。1952年起任中央编译

---

① 陈原:《辞书和信息》,上海辞书出版社1985年版,第226页。

局副局长，领导翻译《马恩全集》《列宁全集》《斯大林全集》。

狱中筹思　姜椿芳在"文革"中被投入秦城监狱七年。孤身囚室，光线阴暗，前景茫茫，死生未卜，铁窗岁月，唯有终日沉思。姜椿芳是一位外表温和亲切、说话柔声细语而意志坚强、毅力超群的大勇之士，在重重的铁门巨锁之中，在重重的政治压力之下，反复思量，若有重获自由之日，还能为中华民族的文化建设做些什么？答案是：要编一部中国的百科全书。牢房无纸无笔，诗人李锐在秦城只能用棉签作笔，紫药水作墨，在马恩著作边沿空白处留下狱中诗句，后来出版诗集《龙胆紫集》，风靡诗坛。姜椿芳苦思冥索得出的成果，"低眉无写处"，从牢房带出来的只是关于中国百科全书的设计"腹案"。1975年4月19日出狱的当天，他就向中央编译局领导人王惠德、张仲实等汇报了狱中的设想。

起草　姜椿芳走出大狱后，便沉下心来研究百科全书和类书，充实和修订狱中的设想，为起草一篇编辑中国百科全书的建议作准备。他自己是这样说的：

> 在1976～1977年两年中，我主要是调查研究国内外有关百科全书的资料，倪海曙同志转给我一份周有光同志送给他的介绍美国编辑出版《不列颠百科全书》第15版情况的资料（实际上是出书的宣传品），里面有不少可供参考的材料，《苏联大百科全书》第一、二版和《苏联小百科全书》，以及《苏联

百科词典》也是主要的参考书。我请编译局懂英文、法文、德文、日文、西班牙文的同志找这些国家的百科全书的资料，或给我翻译一些，或给我口头讲述一些。美国图书馆协会出版的年鉴（按指：《工具书指南》），其中介绍各国出版百科全书的情况，也很有参考价值。关于中国历代编辑类书的一些资料，清末民初中国出版过的几部百科全书类型的书，特别是1936年出版的带有百科全书性质的《辞海》，都提供了不少可供参考的信息。①

这两年，姜椿芳广搜博采文献，潜心探索百科，追寻千年往昔，盱衡现实情况，反复推求，数易其稿，终于写成八千言书——《关于出版〈中国大百科全书〉的建议》（以下简称《建议》）。

刊布 在此期间，他还走访了对百科全书有兴趣的知名人士，如胡愈之、于光远、王益、陈翰伯、黎澍、倪海曙、唐守愚、梅益、王子野、许立群、周有光等，也给胡乔木打过电话，宣传自己的设想，以期众擎易举。大家都表示首肯，积极支持。

姜椿芳把《建议》送给中共中央宣传部和国家出版局。中国社会科学院副院长于光远看到《建议》，慧眼识珠，极为赞赏，立即推荐给中国社会科学院内部刊物《情况和建议》，在1978年

---

① 姜椿芳：《〈中国大百科全书〉及其出版社在草创阶段的一些情况》，载《怀念集》，奥林匹克出版社1997年版，第379页。

1月27日出版的第2期上发表了。

中央批准　中共中央于1978年5月28日批准中国科学院、中国社会科学院、国家出版事业管理局联署上报的《关于编辑出版〈中国大百科全书〉的请示报告》，国务院于同年11月18日转发了这个请示报告和补充报告，中国出版现代大型综合性百科全书的号角吹响了。

百科大业的启动过程，出人意料地迅速和顺利。一项发表在内部刊物上的个人倡议，转变为主管部门向党中央提出的正式建议并获得中央批准，前后不过四个月的时间。这里不妨再引述姜椿芳本人的回忆文章一段话，用以说明这一非凡建议化为非凡决定的真实过程：

> 《情况和建议》刊出这个材料后，引起好多同志的注意。乔木同志让当时的出版局局长王匡同志来找我……决定由我写出正式的倡议书，送出版局。我连夜改写，由倪海曙同志抄写，第二天一早，就由他亲自送到出版局。出版局请中国科学院和中国社会科学院会签，联名向中央提出……这事是在1978年4月20日左右。倡议书一到中宣部，中宣部出版局局长边春光同志就在建议书上签批了拟请朱语今、曾彦修和我为筹备人员，尽速筹备此事。建议书送到中央常委，李先念同志等都画了圈，表示同意。在6月初，批准文件就发给了出版局等主管单位。王匡、陈翰伯、王子

野、许力以同志等通知我去开会，商议之下，很快就作出了决定：成立一个出版社，配备三四百人的编辑和工作人员，并成立以胡乔木同志为主任的总编辑委员会，领导编辑《中国大百科全书》的工作。①

从零开始筹备

中央批准编辑出版《中国大百科全书》，同时指定姜椿芳、朱语今和曾彦修主持筹备工作。朱语今"文革"前任中国青年出版社社长兼总编辑，曾彦修"反右"前任人民出版社副社长兼副总编辑。"文革"后两人都在外地，一时未及进京。姜椿芳主持的筹备组，直到7月下旬还是个"光杆儿司令部"，房无一间，书无一本，但是具体的筹备工作不能拖延。1978年7月10日可以认为是出版社一个有意义的日子。姜椿芳在这一天召来了几位业余"志愿人员"，召开了第一次研究大百科筹备工作的会议，地点在中央编译局后楼三楼会议室。姜椿芳、王纪华、阎明复、金常政等商量马上需要着手的几件事情，如房子、经费、调人等等。因为得到国家出版局副局长王子野的帮助，从北京北总布胡同版本图书馆借来几间库房，才算有了立足之地。这里成了中国百科全书事业的发祥之地。中国大百科全书出版社成立二十周年出版的纪念册中"大事记"特地记下："1978年7月24日筹备组在北京北总布胡

---

① 姜椿芳：《〈中国大百科全书〉及其出版社在草创阶段的一些情况》，载《怀念集》，奥林匹克出版社1997年版，第379~380页。

同的版本图书馆开始办公。"姜椿芳召集中国大百科全书出版社筹备组会议，讨论《全书》的规划和方针。在此，又聘请来刘尊棋、唐守愚、倪海曙、周有光几位参加工作。在朱语今和曾彦修到京后，正式开始讨论全书的总体设计和编辑出版规划。

调查研究和总体设计

一项巨大科学项目的开拓，离不开充分的调研和论证。《中国大百科全书》上马，自不例外。姜椿芳一向重视调查研究，他的《建议》就是多年搜集资料和深思邃考的成果。现在做全书总体设计，同样地要从对国外百科全书做学术性的调查研究入手。筹备组还在摇篮之中，就完成了几项工作。一、《几种外国百科全书的初步调查》一文，运用比较辞书学的方法对《不列颠百科全书》、《美国百科全书》、法国《拉鲁斯大百科全书》、德国《梅耶百科词典》、日本《世界大百科事典》和《苏联大百科全书》六种国外主要百科全书进行比较研究，对六种百科全书中的"马克思主义""宪法""基本粒子""遗传学""粒子加速器""哥德巴赫猜想""空间技术""计算机""集成电路""激光技术""超导技术""生产管理""联合国""奥运会""百科全会""书籍""第二次世界大战""明治维新""屈原""孙子（孙武）""罗斯福""南斯拉夫""希腊""瑞典""巴黎""日内瓦"共26个重点条目进行了对比分析，从分析中归结出各书的特点和风格。二、《〈大英百科全书〉第15版概貌》一文，为我国百科全书分类分卷出版的特殊方式提供了参考。三、《各国百科全书编辑部门的组织情况》一文，则为出版社未来编辑部门的设置提供了参考资料。这些调研成果编成作为《中国大百科全书》总编委会第一次主任副主任会议文件的附件。

筹备组又组织力量摘录翻译了《不列颠百科全书》第14版和第15版、《苏联大百科全书》第2版和第3版、《拉鲁斯大百科全书》等的全部条目（包括条头、学科分类、定性语、字数、插图等）制成卡片，作为总体设计和选条参考。姜椿芳在这些调研工作的基础上提出《中国大百科全书》的总体设计方案和大类分卷出版的设想，规划全书为50～60卷，并提出先以一卷突破，验证总体设计方案。大家谁也没有编过百科全书，有的人甚至没有见过百科全书。关于百科全书如何编法，怎样上马，在筹备组内部曾有过一番激烈的争论。一种意见是先学习，从容准备几年，把总体设计搞完善再动手；另一种意见是在有个基本框架方案的基础上立即上马学步，通过实践完善总体设计。总体规划和总体设计工作，伴随着争论和说服，在北总布胡同那几间小房里持续了一个多月时间。姜椿芳以其坚毅的使命感和说服力感召了大家。他的方案终于被筹备组接受了。

总编委会批准总体规划和分类分卷编书

1978年10月7日是大百科更值得纪念的日子。这一天，中国大百科全书总编辑委员会主任胡乔木在中国社会科学院会议室召开了总编辑委员会主任副主任第一次会议，审议并原则上批准《中国大百科全书》的总体方案和编辑出版规划。与会者有主任胡乔木，副主任于光远、周扬、陈翰笙、裴丽生、陈翰伯、张友渔、姜椿芳。出版社筹备组参加的有朱语今、王纪华、阎明复、金常政、林秉元等。会议肯定了筹备组的工作和姜椿芳报告的总体方案和规划，并提出了不少重要的指导性意见，例如陈翰笙提出："中国的条目应作为重点，反映中国百科全书的特点。"周扬提出："百科全书要求知识性，知识性才是稳定的。百科全书是科学的书……现在找人写条目，要给人家壮胆。"陈翰伯建议第一版先分类分卷编，第二版时可考虑按词典方式按字顺编。胡乔木和于光远都赞成先要"开步走"才好。姜椿芳汇报说，筹备组已派人参加了9月在上海举行的中国天文学会的年会，并与天文学界商定，以《天文学》卷先行突破，通过编辑实践对总体设计进行验证。这一意见受到总编委会领导的一致赞许，并对各学科成立学科编辑委员会的做法表示赞成。

《天文学》率先起步

《中国大百科全书》最先编辑出版的是《天文学》卷。这一部署，姜椿芳是经过深思熟虑的。他曾经说过，按照客观事物发生发展的顺序，"天"应该放在第一位。写历史，讲故事，从"盘古开天"讲起。当然，《中国大百科全书》以天文学发端，也同中国天文学会在"文革"后最先恢复学术活动有关。况且，天文学以宇宙为研究对象，毕竟远离人间，可以少些意识形态的纠葛。出任《天文学》卷责任编辑的是百科全书专家金常政和天文学家林盛然。

中国百科全书第一批开拓者称得起是快节奏、高效率的。1978年6月刚开始筹备，8月《天文学》卷就上马了。姜椿芳在9月上旬在上海举行的中国天文学会年会上作了关于编纂《中国大百科全书·天文学》的发言。两个小时的讲话，他以亲切感人的语调，广征博引的学识，以及他惊人的记忆力，多少事实、多少人名、多少年代、多少数字，像流水般注入200多位天文学家的心中，唤起了他们编纂百科全书的激情。会议期间就初步确定了《天文学》卷以天文学家张钰哲、戴文赛、李珩、程茂兰、王绶琯为首的编辑委员会人选。不少专家推迟了自己的论文写作，放下了手头的研究工作，积极为《天文学》卷设计框架、选条立目、写稿审稿，不厌其烦地反复修改。

《天文学》卷是《中国大百科全书》的先锋卷。全卷154万字，1208个条目，807幅图，从1978年8月调研开始，到1980年12月出书，仅用了26.5个月的时间。《天文学》卷的编辑实践，积累了百科全书编纂的经验，总结出编辑流程，更重要的是培养出《全书》编辑骨干力量。

《天文学》卷出版后，得到国内外学术界的赞扬。英国科学家李约瑟博士，在《自然》杂志发表题为 *Astronomical in content and in effort*（内容之广，用功之深，有如苍穹）的评论文章，十分称许。有"计算机"之称的北京大学吴允曾教授，对中国自编百科全书心存疑虑。《天文学》卷问世后，他特意连续读了100页、20多万字，没有发现编辑上的缺陷和一处错别字，对编校质量表示信任。

通过实践树立模式

中国人没有编过现代大型综合性百科全书。《中国大百科全书》总编委会批准分类分卷编书，究竟如何编法？通过《天文学》卷的编纂实践，才取得经验。《天文学》卷是实验卷，实验取得成功，也就成为样板卷，为其他卷树立了模式。下面几个方面值得一提。

第一，创立了组织形式。编百科全书这样大部头的书，如同做其他上规模的工程一样，是一种群体行为，必须有一定的组织形式。天文学是一个学科，下面还有若干分支。在学科设立编辑委员会，由主任、副主任综理全局，在分支设立编写组，由主编、副主编负责。分支编写组的设置，以学科分支为主，也考虑编书的要求。《天文学》编辑委员会由权威科学家17人组成。紫金山天文台台长张钰哲任主任，南京大学天文系主任戴文赛、上海天文台台长李珩、北京天文台前后任台长程茂兰和王绶琯任副主任。下设12个编写组。

第二，厘定了结构序次。《天文学》确定了《全书》学科卷的结构序次为：总编辑委员会名单、学科编辑委员会名单、前言、凡例、目录、概观性文章、条目分类目录（附：彩图插页目录）、正文（A~Z条目）、大事年表、条目汉字笔画索引（附：繁体字和简化字对照表）、条目外文索引（INDEX OF ARTICLES）、内容分析索引（附：外国人名译名对照表）。

第三，总结出编辑流程。大体分为8个基本阶段：调研准备、组织编审队伍、框架设计和选条、组稿和撰写、科学内容审定（以上为前期工作）、编辑加工、成书定稿、排校通读（以上为后期工作）。前期和后期以稿件进入编辑部为界。前期侧重于组织工作、总体设计和体例指导，编辑需要的是百科全书的编纂知识；后期工作是修漏补缺、核对勘定、修饰完善、统一规范，编辑需要的是综合的能力，尤其是笔头上的实在功力。

第四，冲出了已有藩篱。解放后，我国似乎有一条不成文的规定，在世人物不能上工具书。《天文学》突破障阻，就国内而言，为张钰哲、李珩、陈遵妫、王绶琯四位健在的中国天文学家立了条目。有趣的是，在世人物上书之事在西方也有同样的经历。《不列颠百科全书》1769～1771年出第1版，直到1903年出第10版时才有活人上书。迈出这一步，历时134年。

在人物选条上还有另一种争议。天文学家张云，当过中山大学校长，有著作传世，卒于香港。有人认为可以为他立条，也有人表示反对，因为他当过国民政府立法委员。姜椿芳认为张云是中国早一代有成就的天文学家，应该立条，不能因为历史问题而不上书。这就贯彻了《中国大百科全书》"编辑方针"中的下述规定："凡学术上有成就的人物，不论政治地位和政治观点如何，都应作适当介绍。"

第五，培养了编辑骨干。1979年6月，《天文学》全部稿件进入编辑部。以姜椿芳为首的出版社领导，着意组织30多人颇具规模的编辑班子，从事编辑加工，通过实践培养百科全书编辑。从社外聘来马星垣、任江平、杨建、宣焕灿、翁士达、阎林山、薄树人七位天文学家担任学科编辑，从社内遴选七位通晓外语的资深编辑王伯恭、朱文浦、邓伟志、李钦、吕千飞、黄鸿森、黄锡桥担任文字编辑，资深美编张慈中主持装帧设计，还有从事资料核实、名词统一的编辑。编辑班子由副总编辑、科技编辑部领导人周志成，责任编辑金常政、林盛然统率。后来从这个班子出了四位副总编辑，五位编审，还有多位副编审和编辑。

组织学术队伍

白手起家编纂百科全书，面临组织两支队伍的任务。一支是学术队伍，聘请学术界人士承担规划、选条、撰稿、学术审稿任务；一支是编辑队伍，组成编辑部，承担按百科规范把稿件编纂成书的任务。

前一支队伍人数以万计，是一支高层次的知识大军。编百科全书就是要把全国的哲学、人文科学、社会科学、文学艺术、文化教育、自然科学、应用科学多个方面的专家学者组织起来，为全书制定框架，选好条目，撰写释文，审改稿件。在一无所有的情况下，要组织一支人数逾万、学术超群的文化大军，该是何等不易的事情！

在十年"文革"中，科学研究部门成为重灾区：科研机构解体，科研工作中辍，科研队伍星散，科研学报休刊，科研情报来源断绝，科研资料多成废纸，各种学会名存实亡。

在科学技术协会系统中，中国天文学会最先恢复学术活动。姜椿芳得到信息，学会要开年会，就带领几位编辑赶往上海参加,组织起了《天文学》卷的撰稿、学术审稿劲旅。从此,凡是全国性的学术会议,姜椿芳是有会必到,到必发言,言必百科。正是他一个学科一个学科地在学术会议上发出出自肺腑的呼唤,语意诚挚,语调恳切,以感人的力量把全国两万位专家学者动员起来,进入百科全书编纂者的序列。

学术大师季羡林在悼念姜椿芳的文章中记述了姜椿芳是"百科迷",自己也"迷"起来的情况。他说:

> 大百科出版社成立时,我参加了许多与大百科没有直接关系的学术会议,在昆明,在成都,在重庆,在广州,在杭州,也在北京,内容颇为复杂,宗教、历史、文学、语言都有。姜老是每会必到,每到必发言,每发言必很长。不管会议的内容如何,他总是讲大百科,反复论证,不厌其详,苦口婆心,唯恐顽石不点头。他的眼睛不好,没法看发言提纲,也根本没有什么提纲,讲话的内容似乎已经照相制版,刻印在他的脑海中。朱光潜先生曾对我讲过:姜椿芳这个人头脑清楚得令人吃惊。姜老就靠这惊人的头脑,把大百科讲得有条有理,头头是道,古今中外,人名书名,一一说得清清楚楚。
>
> 但是,说句老实话,同样内容的讲话我至少听过三四次,我觉得简直有点厌烦了。可是,到了最后,我一下子"顿悟"过来,他那种执著坚韧的精神感动了

我，也感动了其他的人。我们仿佛看到了他那一颗为大百科拼搏的赤诚的心。我们在背后说，姜老是"百科迷"，后来我们也迷了起来。大百科的工作顺利进行下去了。①

姜椿芳满腔赤忱、坚忍不拔、锲而不舍地为百科事业奔走呼号的精神，语言学家罗竹风称之为"几乎是'传教士'的精神"，并且认为他"为祖国文化填补这一空白，将是永垂不朽、流芳后世的"②。

精诚所至，金石为开。姜椿芳这种"'传教士'的精神"，曾使胡乔木为之感动，称之为"殉教者式热情"。胡乔木在1984年5月13日致语言学家李荣和朱德熙希望他们担任中国大百科全书总编辑委员会委员的信中说：

> 在今天中国编大百科全书，条件本不具备，我也只是被姜椿芳同志的殉教者式热情所感动；又想十年以后，条件有些可能好些，有些则可能因老成凋谢，青黄不接，还会差些；所以才勉强同意了。十全十美的事，犹如河清难俟。③

---

① 季羡林：《他实现了生命的价值》，载《人民日报》1988年2月3日。
② 罗竹风：《怀念"老大哥"》，载《民主与法制》1988年第7期。
③ 原信复印件。

姜椿芳作为百科全书"传教士",究竟"布"了多少次"道",实在说不清。就是这样,把全国第一流学者大多动员起来、组织起来参加百科全书事业。就自然科学和应用科学而言,中国科学院第四届学部委员(院士)共400人,参加《全书》编纂的336人,占84%。许多学术大师为《全书》撰稿,例如,"几何学"条是苏步青教授写的,"力学"条是钱伟长教授写的,"导弹"条是钱学森教授写的,"杂交稻"条是袁隆平教授写的,"《罗摩衍那》"条是季羡林教授写的,"佛教"条是赵朴初先生写的,《语言和语言研究》一文是吕叔湘教授写的,《现代医学》一文是吴阶平教授等写的。

举"逸民"编辑百科

组织第二支队伍——编辑出版队伍也非易事。中央批准编辑出版《中国大百科全书》的请示报告的文件传到中央组织部,当时的中组部部长胡耀邦即指示要尽快为中国大百科全书出版社配齐干部。编百科全书需要高水平的编辑,然而,优秀的编辑,优秀的辞书编辑,是稀缺的资源。语言学家、商务印书馆总编辑陈原1980年11月在《汉语大词典》编委会上说,如果打报告给中央在全国调一百位教授、副教授或其他同志到北京或上海去开个"词典馆",提出名字来,能"从外地调得进十个人来就杀我的头!"[①]姜椿芳是文化界名流,长期担任中央编译局的领

---

① 陈原:《编写辞书的精神和态度》,载《辞书研究》1981年第2期。

导，对全国学术力量的分布和我国人事制度可谓了如指掌。他知道从现职人员中调集有造诣的百科全书编辑并不容易，能调到的也为数有限，因而把目光转向边缘人物，从平反冤假错案、落实知识分子政策中物色有志于百科的博学之士，时人称之为"举逸民"。一度投身百科的诗人吕千飞教授有诗曰："蔼然长者蔚然师，青眼尘寰指顾时。浩劫逸民谁肯举？盐车瘦马丈先知。"（自注："大百科全书出版社肇基伊始，唯才是取，力举逸民，一时学人风从，传为佳话。"）[1]姜椿芳这样做是冒很大风险的，因为"招降纳叛"四个字就足以令人谈虎色变！

著名记者、编辑家刘尊棋在悼念姜椿芳的文章中谈到大百科物色干部的情况说：

> 《中国大百科全书》是姜椿芳同志……筚路蓝缕，耗尽心血搞起来的。同他一起从规划到定稿的人，有的是他从公安部门手里接过来、还没有脱离"劳改"管制身份的人，有的是曾以"叛国投敌"罪定谳的人，后来他们在政治上得到平反，有些成了"大百科"事业的骨干力量。[2]

姜椿芳所"举"的这些怀才抱器而命运坎坷的"逸民"，在

---

[1] 吕千飞：《举家归京报椿芳同志》，载《野草诗词选》，新华出版社1987年版，第86~87页。
[2] 刘尊棋：《一个无愧于新时代的学人》，载《人民日报》1988年2月25日。

出版社建立不久出任副总编辑的就有四人。他们是：

刘尊棋（1911～1993），在1930年代就是中央社名记者。1940年代出任上海《联合日报》《联合晚报》社长。解放后出任新闻总署国际新闻局副局长、外文出版社总编辑。1950年代受到冲击，后被打成右派，接着在劳改、监狱中度过20多年。1978年7月，姜椿芳得知刘尊棋已从流放地回到北京，安排在中国社会科学院，冤案虽未完全平反，仍征得胡乔木同意调他参加大百科筹备工作。刘尊棋是1931年入党的，不久被捕，在狱中写英文信向宋庆龄求援，经中国民权保障同盟总干事杨杏佛等营救，无条件出狱，但被狱友误会为叛变出狱。他出狱之事为当时主政华北的张学良的外事秘书王卓然（1893～1975，解放后任国务院参事）一手经办的。王氏临终前写了《刘尊棋是怎样出狱的？》证明。刘尊棋到大百科出版社后，姜椿芳、阎明复（出版社主持罗致人才工作的领导成员、副总编辑，后出任中共中央书记处书记、统战部部长）经过调查研究，写了书面材料上报中央。1979年1月，刘尊棋彻底平反，恢复了1931年开始的党龄。

刘尊棋担任出版社临时领导小组副组长（内定为社长），参与总体设计，并担任《体育》卷副总编辑。值得称道的是，他出任《简明不列颠百科全书》主编和中美联合编审委员会中方主席。中国大百科全书出版社编译出版的这部十卷本2400万字的百科书，为中美两国文化交流筑起1950年代以来的第一座桥梁。邓小平以"这是个好事情"称赞此书的翻译出版。刘尊棋后来出任英文《中国日报》首任总编辑。

周志成（1922~2006），在浙江大学物理系求学时师从物理学泰斗王淦昌、束星北教授，品学兼优，1943年毕业，后在母校执教多年。1950年代任科学普及出版社副总编辑，著有《物理常识问答》《红色宇宙火箭》《人造卫星问题解答》等。1957年被打成右派，放逐新疆18年。1979年年初到北京要求落实政策，为原单位拒收。他毛遂自荐效力百科，不意大百科总编委副主任于光远事先已向出版社推荐过他。出版社正需要科学造诣精深而有编辑经验的干部。在他电话求职的当天，姜椿芳、阎明复求贤心切，就联袂造访，盛情相邀。周志成入社后，任综理科学技术学科编纂工作的副总编辑，支撑着《全书》的半壁江山。经他终审的有《数学》《物理学》《力学》《化学》《天文学》《化工》等15个学科19卷书，论卷数和字数都超过《全书》的四分之一，为《全书》的编纂作出巨大贡献。

金常政（1929~　），北京俄文专修学校（北京外国语大学前身）毕业。在军队从事翻译和研究工作。反右运动中险遭灭顶之灾，幸得一位老领导保护，从宽划为"中右"，转业地方，曾在工厂当过六年车工。1978年成为出版社第一批调入的干部，参与筹备和总体规划。旋任《全书》先锋卷——《天文学》责任编辑，为《全书》起草凡例、编写体例、编辑流程等规范文件。姜椿芳唯才是举，任命他为副总编辑。他担任《纺织》《航空·航天》《电子学与计算机》《机械工程》《自动控制》等学科卷近1000万字的终审工作。他既从事百科全书编纂实践，又从事编纂理论探索。著有《百科全书编纂概论》（1985）、《百科全书及其编辑研究》(1987)、《话说百科全书》(1991)、《百科全书·辞书·年鉴：研究与编纂方法》(1994)、《百科全书学》(2000)、《百科全书的故事》(2005)等，成为中国百科全书学的创建者。中国辞书学会2006年颁给他"首届辞书事业终身成就奖"。

林盛然（1931~1994），1955年毕业于南京大学天文系，发表《彗化流星群的轨道研究》等论文，被派往东德席勒大学研究院攻读天体物理学。因到西柏林走了一遭，虽然作了汇报，仍被中断学业遣返回国，打成"反革命"。1970年代在河北邢台一家工厂当检验工。得知中国要编百科全书且以《天文学》开路，便请假上北京到出版社表示投效。阎明复、姜椿芳先后接见，经过考察，延揽入社，担任《天文学》卷责任编辑。以学术基础深厚和编书成绩出色被拔擢为副总编辑，担任《力学》《地质学》《地理学》《生物学》等学科卷终审工作。他还从事术语学研究，出任全国术语标准化委员会副主任。应聘担任柏林工业大学客座教授。

姜椿芳所举的"逸民"还有不少才俊之士，进社后担任出版社编委会委员或承当一面的学科卷责任编辑等工作。他们抱璞怀珍，多年忍辱含垢，久困盐车，苦度艰难岁月，一旦得到献身机会，积蓄的能量井喷而出，为百科事业做出很大贡献。姜椿芳这一甘冒风险的举措，收到灿烂的成果，出版界人士都赞叹他的目光远大和魄力惊人。

粲然大备，《全书》出齐

《中国大百科全书》经过全国学术界和中国大百科全书出版社的共同努力，历时15年，于1993年8月全部出齐。74卷大书可以摆满4米长的书架，宛如一座宏伟的知识长城。现将《中国大百科全书》各学科卷有关要素列表如下。

表1 《中国大百科全书》学科卷一览

序号	学科卷名	卷数	编委会主任	字数（万）	条目数	出版年月
1	天文学	1	张钰哲	154.6	1208	1980.12
2~3	外国文学	2	冯至	354.3	3007	1982.5~10
4	体育	1	荣高棠	158.7	763	1982.12
5	戏曲·曲艺	1	张庚、陶钝	169.7	1256	1983.8
6	环境科学	1	吴学周	135.9	672	1983.12
7	纺织	1	陈维稷	103.8	684	1984.6
8	法学	1	张友渔	236.2	1073	1984.9
9	矿冶	1	贺炳章、陆达	239.9	1176	1984.9
10	教育	1	董纯才	148.5	774	1985.8
11	力学	1	钱令希	161.8	782	1985.8
12	固体地球物理学·测绘学·空间科学	1	傅承义、陈永龄、吕保维	119.7	506	1985.11
13	航空·航天	1	邹家华	157.6	1121	1985.12
14	民族	1	包尔汉	173.6	1098	1986.6
15	交通	1	郭洪涛	173.9	904	1986.6
16	考古学	1	夏鼐	202.0	1005	1986.8
17~18	电子学与计算机	2	孙俊人	269.8	1207	1986.9~10

续表

序号	学科卷名	卷数	编委会主任	字数（万）	条目数	出版年月
19~20	中国文学	2	周扬	353.0	2231	1986.11
21	土木工程	1	李国豪	187.5	1008	1987.3
22	大气科学·海洋科学·水文科学		叶笃正、曾呈奎、施成熙	245.0	1042	1987.5
23~24	物理学	2	王竹溪、朱洪元	336.6	1707	1987.7
25~26	机械工程	2	沈鸿	252.2	1422	1987.7
27~28	哲学	2	胡绳	348.3	2301	1987.10
29	化工	1	杨光启	213.0	1346	1987.12
30	宗教	1	罗竹风	165.9	1231	1988.1
31	语言·文字	1	季羡林	150.0	924	1988.2
32	建筑·园林·城市规划	1	杨廷宝、戴念慈	160.8	868	1988.5
33~35	经济学	3	许涤新	404.4	2227	1988.8~10
36	数学	1	华罗庚、苏步青	237.2	872	1988.11
37~38	化学	2	杨石先、柳大纲	355.0	2549	1989.3
39	音乐·舞蹈	1	吕骥、贺绿汀、吴晓邦	251.5	1951	1989.4
40~41	军事	2	宋时轮	376.9	2924	1989.5~6
42	戏剧	1	曹禺、黄佐临	154.5	1162	1989.11
43~44	外国历史	2	陈翰笙	333.4	2492	1990.1
45	世界地理	2	李春芬	199.5	1163	1990.3
46	地理学	1	林超	146.9	909	1990.9
47~48	农业	2	刘瑞龙	456.6	2391	1990.9
49	新闻·出版	1	萨空了、许力以	156.1	1619	1990.12
50~51	美术	2	艾中信	319.0	2122	1990.12

续表

序号	学科卷名	卷数	编委会主任	字数（万）	条目数	出版年月
52	自动控制与系统工程	1	宋健	171.8	1098	1991.2
53	电影	1	夏衍	144.2	1463	1991.6
54	心理学	1	潘菽、荆其诚	158.4	899	1991.9
55	轻工	1	季龙	179.5	885	1991.11
56	社会学	1	雷洁琼	145.0	1001	1991.12
57~59	生物学	3	贝时璋	630.1	3534	1991.12~1992.2
60	水利	1	钱正英	146.5	895	1992.3
61~63	中国历史	3	侯外庐	429.4	2586	1992.3~4
64	电工	1	高景德	186.9	1086	1992.6
65	政治学	1	张友渔	166.1	1100	1992.9
66	中国传统医学	1	施奠邦	180.5	1083	1992.9
67	文物·博物馆	1	谢辰生、吕济民	232.5	1920	1993.1
68	图书馆学·情报学·档案学	1	周文骏、武衡、吴保康	179.8	1200	1993.1
69	地质学	1	程裕淇	185.6	1008	1993.4
70	中国地理	1	黄秉维	213.9	1610	1993.6
71~72	现代医学	2	吴阶平	506.3	1757	1993.7
73	财政·税收·金融·价格	1	刘国光	160.4	1200	1993.8
74	总索引	1		249.6		1994.8
	合计	74		13029.8	78022	

注：本表"条目数"根据《中国大百科全书纪念册（1978~1993）》（中国大百科全书出版社1993年版）第48~102页资料编制。

从上表"编委会主任"一栏所列人名可以看到，他们都是当代中国各个学科和知识门类的众望所归的人物，真是阵容堂堂。

数学卷的华罗庚、苏步青，物理卷的王竹溪、朱洪元，化学卷的杨石先、柳大纲，生物学卷的贝时璋，考古卷的夏鼐，外国文学卷的冯至，戏剧卷的曹禺、黄佐临，电影卷的夏衍等等，都是各该领域的一代宗师。

百科全书是工具书，具有典范性质，代表国家水平，质量要求很高。《全书》74卷，15年出齐，每年平均5卷，接近双月刊的节奏；至于每卷平均176万字，那是任何刊物难以比拟的。从"出版年月"栏可以看到，在出版高潮的1987～1993年，平均每年出版7.5卷之多。应该提及，那时候中国印刷业还处在"铅和火"的岁月，未进入"光和电"的时代。这样高的速度，我们不能不为第一代百科人的"大百科精神"而肃然起敬！

《全书》六大特色

从不同的侧面考察，《全国大百科全书》具有下述特色。

第一，全书卷帙浩繁，包罗信息广泛。全书74卷，总字数1.3亿字，是我国出版史上编撰而成的规模最大的工具书。明《永乐大典》3.7亿字，清《古今图书集成》1.6亿字，那是"编"成的，而《中国大百科全书》是"撰"成的。同世界各国的百科全书比较，以卷数而言，仅少于西班牙的《插图本欧美大百科全书》（通常按出版社称为《伊斯帕莎》[Espasa]，1905～1933年初版为正编70卷，补编10卷，以后每年出补编1卷，总共已逾百卷），但多于《不列颠百科全书》（第15版1985年印本为32卷）、《苏联大百科全书》（1969～1978年出版的第3版为30卷）等多种当代大型综合性百科全书。《中国大百科全书》这座篇幅如此巨大的知识宝库，储藏的信息是极其丰富的，例如《哲学》卷就蕴含着古今中外1600位哲学家的信息，储备着6400个哲学的术语、命题、流派、学说的知识。

第二，权威学者执笔，保证质量上乘。中国大百科全书总编辑委员会和各学科卷的编辑委员会是由各个领域的权威人士组成的，代表全国各个领域最高学术水平。各个学科卷编委会和出版社按照"最合适的人撰写最合适的条目"的原则物色撰稿人，撰稿者均为各个领域饱学之士，堪称一时之选。中国科学院学部委员（院士）是我国科学界的出类拔萃人物，大都参与《中国大百科全书》的编纂工作。他们或主持一个分支学科以至整个学科卷的编纂工作，或参加框架设计，或撰写条目，或审阅稿件，或身兼数任。全国第一流学者主持或参与其事，保证了《全书》在质量上的权威性。据文献记载，明代宿学鸿儒2139人参加修纂《永乐大典》，被认为旷世盛事；而《中国大百科全书》动员范围之广，罗致人才之众，则是史无前例的，全书撰稿人为22600多人。

第三，注重中国内容，具有民族特色。《中国大百科全书》是世界内容的综合性百科全书，但是它是中国自己编的，理所当然地要重视本国内容。其具体表现有三个方面。一是编刊纯中国内容的学科卷：《中国文学》（2卷）、《中国历史》（3卷）、《中国地理》、《中国传统医学》、《戏曲·曲艺》（以上各1卷）。二是在一个学科卷内着重介绍中国事物，例如《考古学》卷以全卷3/4的条目和篇幅系统而详备地介绍中国的考古成果。三是在条目设置上和条目释文中侧重于中国内容,例如《天文学》卷的"天文学史"分支有一半以上条目是介绍中国天文学史的。

第四,分类分卷出版,兼作专业百科。《中国大百科全书》是中国初次编纂现代大型综合性百科全书,采取分类分卷出书,不失为切实可行的做法。这种做法有下述可取之处。一是出书迅速。按字顺(音序或形序)编排的百科全书是根据总体设计先按学科编成,然后打乱学科体制,按字顺排序依次出版的。这样势必旷日持久,难奏事功。分类分卷出版则可以选择条件成熟的学科先行编纂出版。二是兼具专业百科全书性质。我国1980年代以前长期闹辞书荒,专科辞书尤其缺乏。如在《中国大百科全书·天文学》出版前,我国还没有一本天文学辞典。《天文学》卷问世后,它既是整部百科全书的组成部分,又具有专业性百科全书或专科辞书的功能。三是适应读者购买力。我国知识分子一般收入不高,住所空间有限,大多难以购买几十卷的整套百科全书,而购买个人专业或感兴趣的少量几卷则有可能。

第五,检索渠道众多,便于寻检查阅。《中国大百科全书》的检索系统可以说是我国出版的工具书中最为完备的,著名学者周有光誉之为"路路通"。它有11条检索渠道。(1)音序检索。全书各学科卷条目按汉语拼音字母顺序排列,采用汉字本位音序法。它是检索的"大门"。(2)笔画检索。全书各学科卷均有"条目汉字笔画索引",供不熟悉汉语拼音或不熟悉某些汉字读音的读者使用;并且附有"繁体字和简化字对照表",供不熟悉简化字的读者使用。(3)分类检索。全书各学科卷正文前均有"条目分类目录",供读者从学科分类的角度检索条目之用。读者可以从中了解学科的知识构架,找到自己所要阅读的条目和相关条目。通过这个目录还可以系统学习一个学科的知识,实现百科全书的教育功能。(4)主题检索。全书各学科卷书末附有"内容索引",是中国工具书的创举。这种索引除列有全部条目外,还列有条目释文中的隐含知识主题。内容索引主题词相当于条目数的4~7倍,人名附有生卒年,外国人名还附有外文,是全书最详尽的综合检索渠道。(5)外文检索。除了纯中国内容的学科卷(如《戏曲·曲艺》)以外,其他卷都附有"条目外文索引",供熟悉外语的国内外读者使用。如《天文学》卷共有条目1208条,列有条目外文索引1042条(纯中国内容、外文无定译的条头未列),占86%,比重很高。以上5条为主要检索渠道。(6)时序检索。全书大部分学科卷都刊有各该学科的"大事年表"。年表提到的人、事、物,凡设有条目的均排成楷体字,循此可以检索有关条目。(7)图片检索。全书各学科卷均有"彩图插页目录",作为检索彩色插图之用。(8)参见检索。全书各学科卷的参见系统是由用楷体字排印的"参见词"构成的。参见词把不同条目联缀起来,互相挂钩,触类旁通,从一个条目释文可以得知本学科卷中所收的上下左右以及其他相关条目。(9)书目检索。全书的重点条目列有"参考书目",向读者提供进一步研究条目所述知识的线索。它是百科全书通向书海的桥梁。(10)标题检索。这里说的标题是指条目释文内设置的表示各个层次知识主题的标题,称为"释文内标题",或"层次标题"。《全书》体例规定,稍长的条目要设层次标题,以清眉目,以便读者快速检索。(11)人名检索。全书大部分学科卷的"内容索引"都附有"外国人名译名对照表",供只知人物的外文名而不知人物汉译名的读者使用,在人物外文名和汉译名差异颇大时尤其需要,如《天文学》卷提到的研究中国科学技术史取得杰出成就的英国学者Joseph Needham,汉名为李约瑟。以上6条为辅助性检索渠道。

第六,科技比重较大,适应"四化"需要。1960年代以来世界科学技术突飞猛进,国外一些百科全书的知识结构中科学技术的比重有增加的趋势。《不列颠百科全书》的科技内容比重由第14版(1929)的25%增加到15版(1974~1977)的40%。《苏联大百科全书》的科技内容比重由第2版(1950~1957)的39%增加到第3版(1969~1978)的44%。为了适应社会主义现代化建设的需要,在《中国大百科全书》规划的学科结构中,科学技术的比重更大一些;实践结果是:按卷数计,稍稍超过半数,按字数计,则占56%。这样做也同当时我国科学技术专科辞书比较缺乏有关。

《全书》编纂,促进学术发展

《中国大百科全书》之所以能在15年内全部编成出版,首先是因为得到全国学术界的鼎力支持。事物总是相互作用的,《全书》的编纂对于学术的发展也起了促进作用。下面试谈三点。

第一,推动了学科的重建。"文革"中,学术部门受到严重摧残,灾害严重。改革开放时代的到来,学术部门,尤其是人文学科都面临着重整山河的任务。邓小平1979年在党的理论工作务虚会上讲话中就提到几个学科。他说："政治学、法学、社会学以及世界政治的研究，我们过去多年忽视了，现在也需要赶快补课"①。这几个学科在建国初期就受到极左政策的冲击。1952年院系调整中，按苏联模式，高等院校中政治（学）系、社会（学）系都取消了，法律系也大大削弱。当时的说法是：政治学是西方资产阶级的伪科学，研究对象是权力关系和统治之道，社会主义国家是人民当家做主，无须研究这些课题；社会学是资产阶级学说，无产阶级有了历史唯物主义，就可以取消社会学；在鼓吹"和尚打伞，无发（法）无天"的情况下，法学怎能不受挫折？《中国大百科全书》列入《法学》《社会学》《政治学》诸学科卷，既具有"补课"意义，也成为这些学科的重建和发展的促进因素。《法学》卷发行50多万册，在《全书》中最为畅销，反映出社会上对法学知识的渴求。2006年又出版了《法学》卷修订版。

第二，促进了学科体系的建立和完善。环境科学是新兴学科，主要是运用自然科学、应用科学和人文社会科学的有关学科的理论、技术和方法来研究环境问题，形成与有关学科相互渗透、交叉的许多分支学科，在中国还处在初创时期。1980年代初，环境科学还没有一个学科体系。中国大百科全书出版社开始

---

① 邓小平：《坚持四项基本原则》，载《邓小平文选（1975~1982）》，人民出版社1983年版，第167页。

编纂《环境科学》卷，为选条需要而设计出的学科框架是：属于自然科学和应用科学方面的有环境地学、环境生物学、环境化学、环境物理学、环境医学和环境工程学；属于人文社会科学方面的有环境管理学、环境经济学、环境法学等。在这些学科之下派生出次级分支学科。例如"环境地学"以人—地系统为研究对象，派生出环境地质学、环境地球化学、环境海洋学、环境土壤学、污染气象学等次级分支。这个框架为环境学界接受为环境科学的学科体系。

地理学是历史悠久的学科，通过《地理学》卷的编纂完善了它的学科体系。地理学家林超、杨吾扬为该卷所撰的概观性文章《地理学》说：

> 地理学至今还没有一个公认的分类体系。在西欧，传统的分类是将地理学分为通论地理学（即部门地理学）和专论地理学（即区域地理学）两部分，通论地理学中分出自然地理学和人文地理学两大分支，两大分支下再分次级分支学科。苏联长时间内把地理学分为自然地理学和经济地理学两大分支，然后再分次级分支学科。较多的西方学者把地理学分为自然地理学和人文地理学两部分，或分为自然地理学、经济地理学和人文地理学三部分，下面再分次级分支学科。这些分类方案中都没有考虑地理学的技术性分支——地图学和背景性分支——历史地理学。鉴于现代地理学

发展迅速，不断出现新的生长点，形成新的知识领域或新的分支学科，本文遵循科学性兼顾稳定性，从现实出发兼顾历史状况的原则，按研究对象对地理学体系划分见下表。

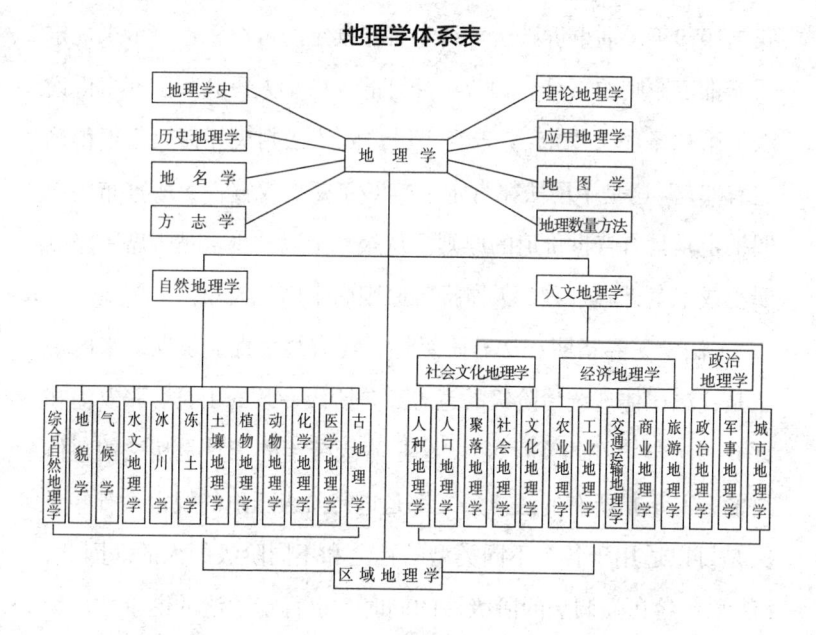

地理学体系表

地理学史、历史地理学、地名学、方志学——地理学——理论地理学、应用地理学、地图学、地理数量方法

地理学下分：自然地理学、人文地理学

自然地理学：综合自然地理学、地貌学、气候学、水文地理学、冰川学、冻土学、土壤地理学、植物地理学、动物地理学、化学地理学、医学地理学、古地理学

人文地理学：社会文化地理学（人种地理学、人口地理学、聚落地理学、社会地理学、文化地理学）、经济地理学（农业地理学、工业地理学、交通运输地理学、商业地理学、旅游地理学）、政治地理学（政治地理学、军事地理学）、城市地理学

区域地理学

第三，突破了已有的学术桎梏。下面就《法学》和《天文学》两卷各举两例说明。

《法学》卷"无罪推定"条释文开头写道："一些国家刑事诉讼法中的原则，指被告人在未被依法确定有罪以前，应当被视为无罪的人。'推定'来自拉丁文praesumptio，意即假定。"同条末段说："《中华人民共和国刑事诉讼法》（1979年制定的——黄注）

否定封建的有罪推定；强调在侦查、审判过程中要实事求是，调查研究……但没有规定无罪推定原则。"对于这个条目的释文，有人不赞成。《法学》编委会主任张友渔撰文说："有同志提出对'无罪推定'等条应当重新审定。经编委会讨论，认为原稿可用，不必删改。"①应该说"无罪推定"条的表述是客观的，既指出我国1979年《刑事诉讼法》否定有罪推定的可取，也暗示未规定无罪推定原则的不足。1997年修订的《中华人民共和国刑事诉讼法》第12条明文规定："未经人民法院依法判决任何人都不得确定有罪。"这是中国法律肯定了1789年《人权宣言》所宣布的无罪推定是具有普世价值的原则。从报章上以"坐上被告席"隐喻罪犯或不名誉者来看，无罪推定原则尚未广为人知。

《法学》卷指明，法有阶级性，还有继承性。长期以来的说法是：法律体现统治阶级的意志，是阶级专政的工具。张友渔在评介《法学》卷的文章说："法是阶级统治的工具是从法的整体讲的，并不是所有的法律条文都是进行阶级压迫的规定。有些条文是可以适用于各个不同类型的社会和不同阶级的人的。因此，《法学》卷在强调法的阶级性的同时，也肯定了法的继承性。无产阶级应当，也必然会批判地继承人类文化遗产中的法律制度和法律思想。例如债的问题，在人类进入共产主义社会以前，法律

---

① 张友渔：《我国法学家的可喜贡献——谈〈中国大百科全书·法学〉卷》，载《人民日报》1984年12月28日。

就不可能不有所规定。"①

《天文学》卷的例子是：

对于古希腊天文学家托勒密的"地心说"，并不追随斯大林所指责的是"陈腐教条"而加以全面否定，而是肯定它的历史作用。《天文学》"地心体系"条指出："在当时观测精度不高的情况下，地心体系大致能解释行星的视运动，并据此编出了行星的星历表。"至于它对天文学的桎梏作用，不能归罪于托勒密理论。要知道，在1970年代末，否定斯大林的观点是很不容易的，北京天安门广场在重大节日还挂出他的巨幅画像。

有人认为大爆炸宇宙学是同宇宙无限论有矛盾的伪科学。《天文学》"大爆炸宇宙学"条认为它是"现代宇宙学中最有影响的一种学说。与其他宇宙模型相比，它能说明较多的观测事实"，尽管还存在一些悬而未决的难题。这个论断博得学术界的普遍认可。②

三、万紫千红的百科园地

《中国大百科全书》的编纂是中国百科事业的开端，随之就出现了"百科热"。三十年来经过学术界和出版界的辛勤开拓，百科全书这一新开垦的文化原野已经是绿树成荫、繁花似锦。

---

① 张友渔：《我国法学家的可喜贡献——谈〈中国大百科全书·法学〉卷》，载《人民日报》1984年12月28日。
② 参阅周志成、林盛然《姜椿芳和百科全书编纂工作》，载《百科知识》1988年第3期。

起步前夕的情景

中国现代百科全书事业起步之时,"十年浩劫"的暴风骤雨刚刚停歇。姜椿芳在《建议》上写的第一句话是:"中国现在一般辞书很缺乏,根本没有大百科全书。"话语表面平淡,内里饱含辛酸。

"文化大革命"以前的1965年,全国(不包括台湾、香港、澳门,下同)有报纸343种,期刊790种。这个数字对于7亿多人口的大国来说本来就不能算多。到"文革"期间的1970年,全国只剩下报纸42种,期刊21种。[①]以那时8亿人口计,每2000万人平均只摊到一种报纸,半种期刊。一片荒芜凄凉的文化景象,今天的年轻人是难以设想的。

辞书呢?现今为世所重的几种辞书都是步履维艰,难以面世。《辞海》1957年开始修订,1965年印出"未定稿"。1966年"文革"狂飙一起,工作全部停顿。1972年起继续修订,由于"四人帮"的干扰,塞进许多"大批判",编纂者在打倒"四人帮"后不得不做艰难的清理工作。《辞源》只在1964年出了修订稿第一分册,"文革"炮响后修订工作也偃旗息鼓。《现代汉语词典》1958年开始编辑,1960年印出"试印本",1965年印出"试用本",征求意见。《现代汉语词典》前言中说,这部书是"为推广普通话、促进汉语规范化服务",遭到"四人帮"的批判,指责它只

---

① 报刊数字据《中国百科年鉴(1980)》,中国大百科全书出版社1980年版,第613页。

为规范化服务，不为工农兵服务，硬是把不同范畴的观念对立起来。1975年，我这个"辞典迷"走后门买到"试用本"，喜不自胜。"文革"进行了五年，迫于小学生的学习要求，才让《新华字典》修订后于1971年问世。刚出时，新华书店门口排起长队。

巍峨的百科书城

在30年的时间里，我们已经营造起规模宏大的百科全书书城，主体建筑《中国大百科全书》最为雄伟。

随着《中国大百科全书》的启动，全国学术界、文化界、教育界、出版界群起响应，发起编纂专业性的、地域性的、专题性的以适应不同层次、不同对象需求的各种类型的百科全书，呈现出一马当先，众马奔腾，继而万马奔腾的势头。经过30年的努力，成绩辉煌，硕果累累。我的同事张健松为我从网络检索得国家图书馆馆藏百科全书目录，从中了解到，这段时间出版的百科全书已有1000多种。下面试就几个侧面作一走马观花式的介绍。

专业百科全书 《中国医学百科全书》和《中国农业百科全书》是两部起步最早、规模空前的专业百科全书。

《中国医学百科全书》由上海科学技术出版社出版。编委会主任是医学专家、卫生部部长钱信忠（1911～2009）。从1980年出版《耳鼻咽喉科学》起，到1999年出齐，共计179卷。《中国农业百科全书》由农业出版社出版。先后担任编委会主任的是农业经济学家、农业部副部长刘瑞龙（1910～1988）和农业专家、农业部部长何康（1923～　）。全书正文31卷，分学科出版，总目1

卷，凡4000万字，首卷为《农业气象卷》，末卷为《水产业卷》，于1986～1996年出版。这两部百科全书以各该部门的专家为主体撰写，内容丰富，具有权威性。

相继出版的有《化工百科全书》（20卷，化学工业出版社1990～1998年出版），《中国军事百科全书》（11卷，军事科学出版社1997年出版），《中国煤炭工业百科全书》（6卷，煤炭工业出版社2001年出齐），《中国冶金百科全书》（11卷，冶金工业出版社2001年出齐），《中国邮电百科全书》（3卷，人民邮电出版社1993年出版），《中国电力百科全书》（8卷，水利电力出版社1995年出版，2002年出第2版），《中国水利百科全书》（4卷，水利电力出版社1991年出版，2006年出版第2版为21个分册），《中国资源科学百科全书》（2卷，中国大百科全书出版社2000年出版），《中国佛教百科全书》（8册，上海古籍出版社2000年出齐），《中国公安大百科全书》（2卷，吉林人民出版社2000年出版），《华侨华人百科全书》（12卷，中国华侨出版社2002年出齐），《中国国家地理百科全书》（6卷，北方妇女儿童出版社2003年出版），《中国空军百科全书》（2卷，航空工业出版社2005年出版），《中国自然百科全书》（12册，中国环境科学出版社2006年出版），《蒙古学百科全书》（20卷，内蒙古人民出版社2002年开始出版），等等。

以上都是多卷本的专业百科全书，至于单卷本的专业百科全书则为数更多，如《世界经济百科全书》（中国大百科全书出版社1987年出版），《中国商业百科全书》（中国大百科全书出版社

1993年出版),《中国伊斯兰百科全书》(四川辞书出版社1994年出版),《心理学百科全书》(浙江教育出版社1995年出版),《自然辩证法百科全书》(中国大百科全书出版社1995年出版),《中国儒学百科全书》(中国大百科全书出版社1997年出版),《中国性科学百科全书》(中国大百科全书出版社1998年出版),《中国武术百科全书》(中国大百科全书出版社1998年出版),《中国古代小说百科全书》(中国大百科全书出版社1998年出版),《中国旅游百科全书》(中国大百科全书出版社1999年出版),《计算机科学技术百科全书》(第2版,清华大学出版社2005年出版),《中国海关百科全书》(中国大百科全书出版社2005年出版),《中国农村百科全书》(人民出版社1995年出版第1版,2007年出版第2版),等等。

地方百科全书 我国方志的编纂,已有两千年历史,世代相承,成为传统。地方百科全书的编纂出版既有实用意义,又是一种文化积累,且为方志学开辟一片新的园地。1980年代末,《中国大百科全书》的编纂工作渐近尾声,中国大百科全书出版社开始规划地域性百科全书系列的编辑出版工作。1991年,《黑龙江百科全书》问世;同年,奥林匹克出版社出版《北京百科全书》,为中国地方百科全书出版的开端。

从此以后,中国大百科全书出版社接着出版的省、直辖市、自治区级地方百科全书有:《广西百科全书》(1994),《广东百科全书》(1995年出版第1版,2008年出版第2版,2卷),《青海百科全书》(1998),《海南百科全书》(1999),《云南百科全书》

（1999），《新疆百科全书》（2002），《吉林百科全书》（2003），《贵州百科全书》（2006）。其他出版社出版的省级地方百科全书有：南京大学出版社出版的《安徽百科全书》（1994），天津科技翻译出版公司出版的《天津百科全书》（1995），四川辞书出版社出版的《四川百科全书》（1997），上海科学技术出版社出版的《上海百科全书》（1999），宁夏人民出版社出版的《宁夏百科全书》（1999），岳麓书社出版的《湖南百科全书》（1999），重庆出版社出版的《重庆百科全书》（1999），文心出版社出版的《河南大百科全书》（2卷），西藏人民出版社出版的《西藏百科全书》（2005）。

中国大百科全书出版社为计划单列市出版了《广州百科全书》（1994），《大连百科全书》（1999），《青岛百科全书》（1999）；辽宁大学出版社出版了《沈阳百科全书》（1992），陕西人民教育出版社出版了《西安百科全书》（1993）。

中国大百科全书出版社还为地区级及其以下的政区编辑出版了百科全书：《福州百科全书》（1994），《潮汕百科全书》（1994），《烟台百科全书》（1999），《江门五邑百科全书》（1997），《开平百科全书》（2001），《聊城百科全书》（2003）。此外，奥林匹克出版社出版了《晋城百科全书》（1995），中国三峡出版社出版了《长沙百科全书》（1997），山西人民出版社出版了《阳泉百科全书》（1997），［福州］海潮摄影艺术出版社出版了《河津百科全书》（1997）和《南平百科全书》（2002），方志出版社出版了《泸州百科全书》（2005）等。

为了迎接澳门回归，中国大百科全书出版社于1999年出版了《澳门百科全书》，并由澳门基金会出版繁体字版。

应该提到，中国大百科全书出版社于2008年出版了《广西大百科全书》，包括《历史》《地理》《经济》（以上各2卷）、《民族》《文化》《政治·法制·军事》《科学·教育》《体育·卫生》《社会》《当代人物》（以上各1卷），共13卷，3.5万条，2100万字，可谓规模宏大。此前，奥林匹克出版社、北京出版社于2002年为《北京百科全书》出了第2版，由第1版的1卷本增加为20卷本，设总卷、地图卷，并为北京市所属18个区、县各设1卷。总字数由170万字增加为1700字，堪称卷帙浩繁。《北京百科全书》第2版的区、县卷有的还以独立的书名出版，如《顺义百科全书》《丰台百科全书》《北京东城百科全书》《北京大兴百科全书》；有的作了增订补充由别的出版社另出新书，如中国城市出版社2002年出版了《北京宣武百科全书》，长虹出版社2003年出版了《昌平百科全书》。

专题百科全书 百科全书的传统定义是概要介绍人类一切门类知识或某一门类知识的工具书。近30年来，国内出版的以百科全书为名的出版物中，有的只是介绍一个较窄主题的知识性工具书。这类百科全书姑名之曰专题百科全书。知识范围宽窄是相对的，有的主题比起一个学科、一个知识门类来虽然较窄，但是知识天地仍然广阔，以至可以编成一部专题百科全书。例如中国大百科全书出版社1993年出版的《中国烹饪百科全书》，既顾及美食家的期望，也考虑到家常便饭的需要。民以食为天，内容自然丰富。台湾出版家还选了更窄的主题，编纂《世界最新西点制作百科全书》，由全麦烘焙出版社于1999年分3卷出版。

专题百科全书可以说琳琅满目，也可以说五花八门。下面仅举少量例子：《第二次世界大战历史百科全书》（解放军出版社1985年出版），《长城百科全书》（吉林人民出版社1994年出版），《中国集邮百科全书》（人民邮电出版社1996年出版），《休闲娱乐百科全书》（中国广播电视出版社1999年出版），《中外女性美容健美百科全书》（黑龙江科学技术出版社1987年出版），《梦的百科全书》（［台湾］五南图书出版公司1999年出版），《死亡百科全书》（［台湾］小知堂2002年出版），《家用电冰箱百科全书》（知识出版社1992年出版），《最新犬百科全书》（中国农业出版社2002年出版），《中国烟草百科全书》（光明日报出版社2001年出版），《岭南文化百科全书》（中国大百科全书出版社2006年出版），《北京文物百科全书》（京华出版社2007年出版），《北京体育百科全书》（京华出版社2008年出版）等。

由此也可看出，百科全书的题材广阔无边，开掘不尽。

多卷本综合性小百科全书　《中国大百科全书》于1993年出齐后，几家出版社出版了几种多卷本综合性小百科全书。下面开列一张不完全的书单。

一、《中国大百科全书（简明版）》。中国大百科全书出版社以《中国大百科全书》为基础，对于原书条目或压缩，或合并，或分解，或修改，或保留，或删除，并且增加了一些新的条目编纂而成。全书12卷（包括索引1卷），3.1万条，2100万字，条目按汉语拼音顺序统一编排，于1998年出版。

二、《中国小百科全书》。团结出版社1994年出版，2200万字。分为8卷：物质·宇宙·地球、地球上的生命、人类历史、人类社会、技术科学、文学与艺术、思想与学术、附录·索引。

三、《中华小百科全书》。四川辞书出版社、四川教育出版社1994年合作出版。分为政治学卷、军事学卷、经济学卷、管理学卷、哲学卷、法学卷、教育卷、艺术卷、语言文字卷、文学卷、历史卷、天文地理卷、数学卷、农业卷、物理学卷、化学卷、生物学卷、医学卷、计算机卷、工学卷，共20卷，8700页。

四、《简明华夏百科全书》。华夏出版社1998年出版。3.5万条，按字顺统一编排，共8卷，2400万字。

五、《新编小百科全书》。延边人民出版社2000年出版。分为政治经济卷、社会历史卷、宇宙地球卷、语言文字卷、军事体育卷、音乐美术卷、家庭生活卷、医药卫生卷、哲学法律卷、科学技术卷、影视戏曲卷、建筑交通卷，共12卷，4272页。

少年儿童百科全书 少年儿童百科全书的出版于1980年代起步，1990年代以来相当红火。网络所见书名中有"少年、儿童、中学生、小学生"等字样的百科全书已出版100多种。有国内原创的，也有从国外引进的。

少年儿童百科全书中，《中国儿童百科全书》（中国大百科全书出版社2001年出版）、《中国少年儿童百科全书》（浙江教育出版社1994年出版）、《新世纪少年儿童百科全书》（四川辞书出版社2001年出版）、《新世纪中学生百科全书》（中国大百科全书出版社1997年出版）具有代表性。同名出版物颇多，《中国儿童百科全书》有六七种，《中国少年儿童百科全书》有八九种，良莠不齐。

从国外引进多种少年儿童百科全书。例如，《牛津插图本少儿百科全书》（四川人民出版社2002年出版）和《最新不列颠少年科学百科全书》（明天出版社2002年出版）译自英文，《拉鲁斯青少年百科全书》（浙江教育出版社1998年出版）译自法文，还有译自德文、意大利文的这类出版物。少儿百科全书有的是单科性的，如《小学生作文百科全书》（中国城市出版社1997年出版）。

台湾出版的百科全书 海峡两岸的百科事业几乎是同时起步的。1970年代末，中国大陆迎来了科学和文化的春天，开始编纂《中国大百科全书》的时候，台湾学者编纂《中华百科全书》的规划也酝酿成熟。当时香港传媒界额手称庆，欢呼海峡两岸学人共同为中华文化奠定基石。

台湾中华文化大学出版部1981～1983年出版《中华百科全书》，地理学家、历史学家张其昀监修，10卷，收1.5万条，约1000万字。环华出版事业公司于1982年推出《环华百科全书》，百科全书编纂家张之杰主编，20卷，收1.6万条，约1500万字，主要以中学生为对象。黎明文化事业公司1982～1989年出版《中华文化百科全书》，分门类出版，共8册。这三种都是综合性百科全书。

台湾出版的专业百科全书，为数颇多，门类广泛。例如，

《经济学百科全书》，9卷，分学科编纂，经联出版事业公司于1986年出版。《世界百科全书》是地理百科，20卷，按地域分卷，1986~1987年出版。《医学保健百科全书》，14卷，光复书局1987~1988年再版。《管理制度百科全书》，20卷，凯信出版事业公司1993年出版。《实用契约范例百科全书》，8卷，明山书局1994年出版。

为分享大陆学者的学术成果，台湾锦绣文化企业于1990年代出版了《中国大百科全书》繁体字版60卷。台湾中华书局以中国大百科全书出版社编译出版的10卷本《简明不列颠百科全书》为基础，出版了《简明大英百科全书》20卷。

国外百科全书的引进 国外大型百科全书的引进编译出版是我国改革开放时代的新事物。中国大百科全书出版社和美国不列颠百科全书公司合作出版《简明不列颠百科全书》中文版，是我国从国外引进著名百科全书的开端。1986年全书10卷本全部出齐（1991年出版增补卷第11卷），成为出版史上的盛事。双方后又再度合作在1999年出版了《不列颠百科全书（国际中文版）》20卷。

《大美百科全书》（*Encyclopedia Americana*）由台湾光复书局于1991年编译出版中文繁体字版，外文出版社和光复书局合作于1994年出版中文简化字版，全书31卷。

《拉鲁斯百科全书》由华夏出版社编译于2005年出版，全书10卷。

《康普顿百科全书》（*Compton's Encyclopedia*）由商务印书馆分学科编译，已于2001~2006年出版《技术与经济学卷》

《生命科学卷》《自然科学卷》《文化与体育卷》《社会与社会科学卷》。

《世界百科全书》(*World Book*)国际中文版,由海南出版社2007年出版,共20卷。

以上都是多卷本大型综合性百科全书。

单卷本综合性百科全书《剑桥百科全书》(*Cambridge Encyclopedia*)由中国友谊出版公司编译,于1996年出版。

《科学技术百科全书》是美国麦格劳—希尔图书公司出版的,原书15卷,收词目约7800条。中译本按学科专业分为30卷,由科学出版社于1980年开始出版,1994年出齐。这是中国引进的部头最大的科技百科全书。单卷本的科学专题百科全书也有引进,如《太阳系百科全书》第2版,科学出版社已于2007年翻译出版。

百科事业还在初级阶段

现代百科全书,如果从狄德罗的《百科全书》1751年出版第一卷算起,已经有260年的历史。中国百科全书事业的历程尚短,只有30年,借用一个通行用语,还处在"初级阶段"。在这个阶段中,有千余种百科全书问世,成果可观。然而略加考察,就觉得鱼龙混杂,良莠俱在,既有琪花瑶草,也有枯木朽株。上乘百科全书面临着修改、订正、充实、提高、改进和规范的任务,以期精益求精,竿头再进。劣质百科全书则存在着下面几个方面的问题。

一是滥用。某些出版物滥用百科全书这个有威信的名称。有的出版物明明是丛书，却挂上"百科全书"的招牌；有的出版物其实是一本薄薄的小书，却打着"百科全书"的旗号；有的出版物是"十万个为什么"之类问答式的体裁，也披上"百科全书"的外衣。诸如此类，不一而足。

二是冒牌。有个叫王同亿的人编辞书，巧于在书名上假冒。《现代汉语词典》《新华字典》质量优异，畅销全国以至海外，王同亿就出版《新现代汉语词典》《现代汉语大词典》《新编新华字典》等类同的书名，鱼目混珠。《中国大百科全书》名扬寰中，印刷工业出版社学王同亿，就出版《新编中国大百科全书》，而且封面上故意把"新编"两字印得小小的，盗名欺世。至少还有两家出版社东抄西凑，也用《新编中国大百科全书》之名出书，另有一家用《中国百科全书》之名出书。

三是抄袭。北京师范大学教授王宁说："《辞源》《辞海》《中国大百科全书》《汉语大字典》《汉语大词典》《现代汉语词典》《新华字典》等几部……辞书，已经成了各类伪劣辞书抄袭的对象。"[1]笔者在《辞书研究》1996年第4期发表《缘何似曾相识——评〈中国小百科全书〉》，指出此书"交通运输"部分有70.9%条目跟《中国大百科全书·交通》卷的条目完全雷同，加上局部雷同的，达到77.9%。《简明华夏百科全书》也有大量条目因袭《中国大百科全书》。

四是粗疏。编百科全书需要"十年磨一剑"的精神和毅力。

---

[1] 转引自《光明日报》2003年8月13日邢宇皓文《伪劣辞书泛滥急需遏止》。

劣质百科全书都是偷工减料、粗制滥造出笼的，妄想"一夜成名"。只要认真翻阅，就不难发现语法不通，逻辑混乱，史实谬误，数字舛错之类问题，讹夺衍倒也不少见。按新闻出版总署的规定，图书编校质量差错率超过万分之一即为不合格，百科全书是"典"，更应严格一些。国家新闻出版总署举办"2003年辞书质量专项检查"。据《中国新闻出版报》2003年10月21日公布的检查结果，15种不合格辞书中有4种百科全书。印刷工业出版社出版的《新编中国大百科全书》（又名《中华辞海》）差错率为万分之十五以上，远方出版社的《现代生活实用百科全书》差错率在万分之五至十五之间，光明日报出版社的《中国儿童百科全书》、延边人民出版社的《青少年百科全书》的差错率在万分之一至五之间。这些出版物都大大败坏了百科全书的声誉，青少年百科全书的错误累累，尤其误人子弟，伤天害理。

急功近利，急于求成，追逐短期效应，营建"形象工程"，希望用"大跃进"速度编出百科全书，其结果必然是"豆腐渣工程"。

2008年8月18日完稿

2011年6月稍有修改

【补述】

中国大百科全书出版社于2009年4月出版《中国大百科全书》第二版。全书32卷，其中索引2卷，采用国际大16开本，正文全部彩色印刷。全书约6万个条目，3万幅图片，1000幅地图，总计约6000万字。

《中国大百科全书》第二版是第一版的修订重编版。它在重新制定编纂体例、条目框架的基础上增撰大量条目，更新过时的条目，删除过细的条目，合并重复的条目，修订保留的条目。《全书》第一版是按学科或知识门类分类分卷出版的，第二版则是综合统编按条目标题汉语拼音顺序排列出版的。

第一辑

关于《中国大百科全书》

金玉渊海之书

——关于《中国大百科全书》

世纪将终，回眸百年，有许多可记可述之事。要问中国在20世纪最宏大、最辉煌的出版工程是什么？那就是《中国大百科全书》(以下简称《全书》)。

这部书是全国两万多位著名专家学者参与，历时15年(1978～1993)编纂而成的。它的特点可用大、全、精、新四字概括。

大。这部书名为"中国大百科全书"。它的"大"，是名副其实的，74卷，1.3亿字。厚度近4米，可装满一个书橱。论篇幅，在当今世界百科全书之林中，也是数一数二的，仅次于西班牙的《插图本欧美大百科全书》(不断补卷，已超过百卷)。中国古代的类书如明代的《永乐大典》3.7亿字，清代的《古今图书集成》1.6亿字，诚然都是卷帙浩繁的巨大工程。不过类书是辑录古籍，分门别类"编"成的，百科全书则是归纳各种知识，融会贯通，一字一句"撰"成的，难度自然大得多。

全。百科全书之"全"，并非巨细不遗，涓埃必纳，而是覆盖人类的全面知识。《全书》囊括了哲学、社会科学、人文科学、文学艺术、文化教育、自然科学、应用科学方面的66个学科，而成为集古纳今、博大浩瀚的知识总汇。

精。《全书》之"精"在于它的条目释文都是浓缩的知识，有很高的含金量。大量条目的主题可以写成一部以至多部著作，经过专家的概括，压缩成千字上下以至万字左右的释文。从事撰稿工作的是我们时代的精英，当时中国科学院400位院士，有84%参加了《全书》工作。"几何学"条是苏步青教授写的，"力学"条是钱伟长教授写的，"导弹"条是钱学森教授写的，"佛教"条是赵朴初先生写的，《语言和语言研究》一文是吕叔湘教授写的，"《罗摩衍那》"条是季羡林教授写的，等等。这些精品体现了《全书》无可置疑的权威性。这些一代宗师不仅自己撰写条目，而且主持有关学科的编纂，审改稿件，指导写作。

新。《全书》遵循既重视基础又重视前沿的编辑方针。重视前沿，就要汇集当代最新的科学技术知识和人文科学的研究成果。在科技前沿方面，《全书》着重介绍了高分子合成、原子能、电子计算机、半导体、激光、航天等方面的系统知识，表现出《全书》的时代性。百科全书不同于科技情报，侧重点仍然是关于前沿的基本理论和基础知识。

还应该提到，《全书》是分类分卷出版的并具有中国特色。

当今世界主要的百科全书大都采取统一字顺编排的方式，而

《中国大百科全书》则采取分类分卷方式出版。数、理、化,天、地、生,农、工、医,文、史、哲,政、法、经,剧、美、音及其他学科和知识门类各自单独编成一卷或数卷出版,其中的"工"还细分为机械、冶金、化工、电工、纺织等卷出版。这样做的好处是能够迅速出书,在"辞书荒"的1980年代充分满足了社会需求,也适应我国知识界一般人的购买力水平,而且充分发挥了百科全书的教育功能。《法学》卷就发行50多万册。

世界上主要的百科全书中关于中国的内容都是比较单薄的,我们自己编纂的百科全书就不同了。除了在兼跨中外的学科卷实事求是地介绍中国的事物外,还编了纯中国内容的8卷书:《中国历史》(3卷)、《中国文学》(2卷)、《中国地理》(1卷)、《戏曲·曲艺》(1卷)、《中国传统医学》(1卷)。这样既便于国人认识自己祖国,也有利于让世界了解中国。当然也有纯属外国内容的学科卷,如《外国历史》(2卷)。

我们的先人希望编出中国自己的百科全书已有百年之久。国人最早提到"百科全书"之名的是康有为著《日本书目志》,康氏称百科全书为"金玉渊海"之书,其时间不晚于1897年。海外百科全书传入中国后,有编纂类书(古代类型的百科全书)传统的中国的知识分子为之心动,从20世纪初开始就试作编纂,几经努力,均未成功。著名出版家王云五先生就是一位。1975年,他已年近九旬,在《中山自然科学大辞典》序言中十分伤感地说:"半个世纪来余两度主编综合性之百科大辞典(指百科全书——引者),均功败垂成,乃退而编纂专科大辞典。"

50年代初,出版总署胡愈之署长就倡议编百科全书,1956年还列入科学发展12年规划,都未能付诸实施。原因何在?在于缺少一个太平盛世。20世纪上半叶战火连绵,社会动荡;50年代开始,运动频仍,人心不安。编纂百科全书所需要的安定的社会环境,饱学之士的聚集,必要的物质保障,广阔的图书市场,都是那些年代所没有的。

盛世修典,此言不虚。《中国大百科全书》这座中华文化丰碑终于在20世纪90年代巍然屹立于世界百科之林,为我们先贤圆了百年之梦。

(原载《北京日报》1999年8月4日)

《中国大百科全书》
分类分卷出版利弊观

《中国大百科全书》（以下简称《全书》）是否按学科分类分卷（也曾称为"大类分卷"）出版，中国大百科全书出版社建社之初曾经有过激烈的争论。现在看来，因为是初次编书，分类分卷出版，不失为一种切实可行的做法。

分类分卷出版的好处

一、能够迅速出书，受到社会欢迎。国外大型综合性百科全书一般编法是：确定方针规划，进行总体设计，划分学科编纂，统编成书付排，分卷印刷出版。这样至少要编成全书80%～90%的条目（前几个字母都要达到100%），然后从中抽出A、B等部（如按字顺编排的话），统排出版第1卷。《全书》如按这种方法出版，以10万条目计，编成80%～90%条目，达到定稿要求，非有5~10年时间不可。旷日持久，难奏事功，容易造成师老兵疲，锐气消磨。数年不见书，总编辑、社长以至全社同仁，难以向社会交代，难以向领导交代，压力很大。因为社会上和领导部门对于编辑百科全书任务之繁重，要求之严格，流程之复杂，工作之细密等，能够真正理解的人是不多的。《辞海》1957年开始修订工作，同1936年版《辞海》相比，虽然完全改观，毕竟还有底本，而且前期是1936年版《辞海》主编之一舒新城主其事，可谓识途老马。即使如此，《辞海》也还是先出版16个分册的"试行本"，再修改合拢，于1965年出版两卷内部发行的《辞海·未定稿》，离开始工作时已七八年了。中经"文革"折腾，后来再出版分册"征求意见稿"，最后合拢正式印行1979年版《辞海》。1979年版《辞海》为1340万字，篇幅约为《中国大百科全书》的九分之一，路程尚且如此漫长而艰辛。《全书》没有底本，学科如此众多，篇幅如此巨大，如按字顺统编，需要时间之长也就可想而知了。因为《全书》是按分类分卷出书，所以首卷《天文学》只用了26.5个月时间（从调查研究到见书），在1980年12月就问世了。这样既满足了读者的需求，又增进了编纂者的信心，也以成果回答了社会的要求和领导的期望。

二、兼作专业百科，满足各方需求。我国长期闹"辞书荒"，专业辞书尤其缺乏。在《天文学》卷出版前就没有一本天文学的辞典（叶叔华主编的《简明天文学词典》是1986年问世的）；《力学》卷出版前，没有力学的词典。科学技术学科如此，人文学科也大致如此。《考古学》卷出版以前，没有考古学的辞典，《中国历史》卷的《隋唐五代史》分册问世前，也未见过同类辞书。有的学科曾在《全书》学科卷出版前出版过专业辞书，如内蒙古人民出版社1985年出版了收词1500条的《简明语言学词典》，其学术价值同1988年出版的《全书》的《语言·文字》卷相比，不可同日而语。可见《全书》分类分卷出版，缓解了专业辞书缺乏的状况。

三、进入个人书房，收到双重效益。我国知识分子收入不高，大多无力购买全套百科全书。按1993年价格计算，一个教授的一年工资收入才能购一套乙种本的《全书》。在目前的工资和物价条件下，一般教授要有相当于一年的工资收入的积蓄，谈何容易。然而购买合乎自己专业的学科卷以及少数自己感兴趣的学科卷则有可能。我国的图书馆事业不够发达，有能力购买全套百科全书的一般得是县级图书馆，而且还须是文化发达、比较富裕的县。一种出版物为个人买得起才是有生命力的。因为是分卷出版，无疑扩大了《全书》单卷的销售量，这就可以取得较好的社会效益和经济效益。

四、发挥教育功能，提供自学工具。百科全书有两大功能：查检功能和教育功能（当教科书使用）。实现百科全书的教育功能必须有下述条件：学科内容要相对集中，要有阅读指南（如《全书》各学科卷的"条目分类目录"），要有深造的桥梁（参考书目）。前两个条件《全书》各学科卷是具备的，第三个条件在某些学科稍弱。此外还要一个社会条件，能够买得起。教育作用是多层次的，既包括自学，也包括利用百科全书的资料编成教材教人。对于后一种需求来说，因为分卷出版，利用起来就方便得多。据说解放军有关单位就用《军事》卷的材料，编成武器教材供连队用，更不要说战史、军史教材了。

五、学科卷次之间，可以互补不足。凡是做一件有些规模的工作，完成以后，回过头来看看，总觉有些遗憾事，编百科全书的某一学科卷也是如此。《全书》分学科出版，因为知识的相互交叉，某学科卷的不足之处，往往被另学科卷补上了。例如《哲学》卷未设作为印度逻辑体系的"因明［学］"条，可以说是件遗憾事。但因《宗教》卷立了"因明"条，为8700字的长条，这样就弥补了《哲学》卷的缺欠。在《全书》总索引中有"因明"条，就不致被视为重大遗漏。丁西林既是物理学家，又是戏剧家，在《物理学》卷、《中国文学》卷、《戏剧》卷都立条。前者介绍了他最先用热电子发射的实验证明麦克斯韦尔速度分布定律，后两个学科卷介绍他在戏剧方面的成就，人物就完整了。

六、综合百科全书，必须分科编辑。分科编辑是综合性百科全书以及专科辞书编辑工艺的必由之路。这是同语文辞书编辑工艺相比较来说的。语文词典可以分段编。例如汉语词典可以由甲编水部，由乙编火部；双语词典可以由甲编A部，由乙编B部。《汉语大词典》是迄今为止我国规模最大的汉语辞书，就是这样编出来的。它按《康熙字典》的214部首分给华东五省一市，如由山东编八、力、十、土等29部，浙江编寸、山、玉、田等25部。百科全书就只能按大学科、小学科、大分支、小分支、条目组群一层层分解开来编写。打个比方，一部语文词典犹如自来水管是一段段焊接起来的,而一部百科全书(专科辞书也如此)则像钢丝绳,是一丝丝、一股股绕起来的。《不列颠百科全书》的《百科类目》,是相当完备的人类知识体系,它是框架。如果编百科全书,还要把它改造成为组稿和编辑用的可操作的按学科分类的条目表。上海辞书出版社编辑出版过《辞海》,有编辑辞书的丰富经验。但从编辑《哲学大辞典》的情况看,还是先行出版六个分卷:马克思主义哲学、中国哲学史、外国哲学史、逻辑学、美学、伦理学。"六卷出齐后,经修正增删,出版合订本,同时继续发行分册"(《哲学大辞典·前言》)。附带一提,即使《全书》第二版按字顺统编出版,仍可有选择地出版学科卷。

分类分卷出版的缺点

一、规划不周。只有大体的宏观规划,缺乏严密的细致的具体规划,设卷有随意性,因此造成下述问题。

1. 立卷层次,颇不平衡。《物理学》卷和《固体地球物理学……》卷都是学科卷级的,但从科学分类体系看就差两个层次:物理学是一级学科,而固体地球物理学则是一个三级学科。《轻工》卷和《纺织》卷并列也欠妥,我国在行政系统上,轻工业部、纺织工业部是并列的。按照马克思的两大部类经济学说,工业生产分为生产资料生产和消费资料生产两大部类,前者为重工业,后者为轻工业。纺织业属于轻工业。学科卷应以学术分类为基础,因之,《纺织》卷不宜同《轻工》卷并列。广义的戏剧也包括戏曲,《戏剧》卷就设有"戏曲"条。《戏剧》和《戏曲·曲艺》两卷的关系也存在着同样的问题。

2. 切割太碎,小类林立。中国大百科全书出版社建社之初有"大类分卷""分类分卷"两种提法。小类林立的局面,是因为没有严格执行"大类分卷"的原则。于是人文科学中出现了"图情档"(《图书馆学·情报学·档案学》卷),自然科学中出现了"气海水"(《大气科学·海洋科学·水文科学》卷)。有的学科理论上不成熟,属于本学科的术语还很少,如"文博"(《文物·博物馆》卷)的"博物馆"部分,实际上主体是一本博物馆名录。

3. 立卷重复,叠床架屋。前期拟设《自然辩证法》卷、《科学社会主义》卷。在《哲学》卷已有"自然辩证法"分支,在《外国历史》卷已有"国际共产主义运动历史"分支(同"科学社会主义"内容颇多交叉重复),可以说已大体包含这两个方面的知识,所以上述两卷都是不宜设学科卷的。社里决定把这两卷作为专业百科全书出版,做得很对。后期的《财政·税收·金融·价格》卷,是《经济学》卷某些分支的细化,设卷的必要性就值得斟酌了。在编纂顺序上这卷书和《经济学》卷的关系,跟《纺织》和《轻工》的关系,跟《戏曲·曲艺》和《戏剧》的关系都不同。例如《纺织》和《轻工》的关系是"先子后母",即先出《纺织》卷,后出《轻工》卷。后出卷避开了先出卷的内容。《轻工》卷不谈纺、织、染、整,而从"服装"开始,设立"服装鞋帽工业"分支;《纺织》卷只有一条"服装"概述。而《财政·税收·金融·价格》卷和《经济学》卷则是"先母后子",必然造成内容重复。

4. 压缩卷数，造成缺项。《世界经济》卷付印时正赶在社里"压缩卷数"的风口上，别的卷都没有被"压缩"掉，只有这一卷被改成专业百科全书——《世界经济百科全书》，于是综合性百科全书便有大缺项。从知识体系角度讲，像美元、英镑这种常识用语在《全书》中查不到，《关税及贸易总协定》这样的热门话题也查不到。从为社会经济服务的角度讲，《全书》缺《世界经济》卷，同当前的改革开放的形势也不适应。听说有的同志建议，在重印全套书时让这卷书回到《全书》家族中来，我赞成。宪法都可以修改，已有的决定未尝不可修改。[1]

5. 卷名太长，不利推广。最典型的是《固体地球物理学·测量学·空间科学》卷，这样长的名称恐怕社内同仁也大多说不全全名，而且没有能够在社会上用得开的简称。西汉扬雄的著作《輶轩使者绝代语释别国方言》书名很长，因为有简化的《方言》书名得以流传开来，后来章太炎的著作就叫《新方言》。同样地，"获得性免疫缺乏综合征"因为有英文缩写AIDS的音译"艾滋病"得以广为人知。全书某些卷因卷名太长影响销售的明显例子是台湾锦绣文化企业出版60卷本《中国大百科全书》繁体字版

---

[1] 本文作于1993年3月。1993年8月出版的《中国大百科全书》的《财政·税收·金融·价格》卷立有"美元""英镑""《关税及贸易总协定》"条。《关税及贸易总协定》的办事机构于1995年为"世界贸易组织"（WTO）所取代。《世界经济》卷后来没有回到《全书》系列。

——2004年4月注

中，用的是大陆中国大百科全书出版社的简化字本，一字不改，可惜的是没有把《固体地球物理学·测量学·空间科学》《大气科学·海洋科学·水文科学》两卷书收进去。这两卷书距离政治颇远，它们之所以没有中选，我以为同卷名太长有关。以海洋科学而言，台湾及其他一些使用繁体汉字的临海地区的学者，不能享用大陆学者的学术成果，未尝不是一项损失。书名一向为著作家、出版家所重视，古今类书和丛书的定名，我们的先人都是下了功夫的。如《艺文类聚》《太平御览》《册府元龟》《永乐大典》《四库全书》《四部丛刊》《四部备要》《万有文库》，名称取得好，用的是汉民族所雅爱的"四字格"，深入人心。日本出版的《万有百科大事典》是按学科分卷的，每卷书脊上最多只有四个字。在市场经济时代，定书名、定卷名对社会效益和经济效益都是至关重要的。

6. 厚薄不均，胖瘦失控。编辑出版工作不能不顾及产品的外观形象，这方面的事处于自流状态，是一遗憾事。有的学科卷之"胖"，同选条和条目释文处理有关。中国大百科全书出版社出版的《简明不列颠百科全书》每卷页数近似，颇给人好感，可作对照。从已出版的学科卷来看，最厚的《音乐·舞蹈》卷252万字，最薄的《纺织》卷104万字，一卷等于两卷半。《经济学》三卷405万字，《农业》两卷456万字，三卷不如两卷厚。厚薄匀称，胖瘦适度，是一种美学意识的表现，所以也是衡量百科全书质量的一项内容。

二、内容重复。因为各个学科卷都要求内容完整，分类分卷出版就不可避免地出现内容重复。内容重复是多层次的。有五个层次：卷级，分支级，条目群级，条目级，释文级。

1. 卷级的重复。上述《财政·税收·金融·价格》和《经济学》卷的重复，就是卷级的重复。

2. 分支级的重复。这种重复会造成大面积条目的重复。例如《教育》卷和《心理学》卷都有"教育心理学"分支；《美术》卷的"中国建筑艺术"分支收120条，跟《建筑》卷重复的不下90%；《化学》卷列的109个元素条目，《矿冶》卷则收有金属元素和半金属元素89条；《语言·文字》卷列有"中国诸民族语言文字"分支，《民族》卷列有"中国民族语言文字"分支，两者各有100个左右的条目，名称几乎完全相同；戏剧作家也是作家，《戏剧》卷和《外国文学》卷重条很多，仅就五个大国统计就有113人：英国31人，法国29人，俄国26人，德国16人，印度11人。

3. 条目群级的重复。例如《美术》卷的中国石窟条目36条，同《考古学》卷重复的18条，同《建筑》卷重复的6条，同《宗教》卷重复的3条，形成"四重奏"；《哲学》卷立条的《周易参同契》等20部著作条目也是《宗教》卷所立的。

4. 条目级的重复。例如王国维在《中国文学》《中国历史》《哲学》《考古学》《语言·文字》《美术》《教育》七个卷都设有条目；牛顿在《天文学》《力学》《物理学》《数学》《哲学》五个卷都立有条目。

5. 释文级的重复。例如《宗教》卷"五台山"条为900字，而《建筑》卷的"佛教四大名山"条的"五台山"部分就有

1100字。

条目是百科全书的基本单元。以上几个层次的重复，除释文内的重复外，都可以条目计数。以《宗教》为例，该卷共设条目1231条，与他卷重复的条目为225条，即占18.3%。这个数只会少算，不会多算。因为：a）统计时，许多卷尚未出版，无从查核。如《宗教》卷设有五台山、九华山、普陀山、峨眉山条，而《中国地理》尚未出版，只能说有可能收，就未计为重条。b）统计是1991年做的，并未就当时已出的53卷的条目一一查对，可能而且必然有疏失、遗漏。照此估计全书的条目重复不会少于20%。

《宗教》卷同他卷重复分布于22卷，情况如下：《哲学》109条，《建筑》46条，《外国历史》28条，《考古学》16条，《美术》15条，《中国历史》13条，《中国文学》6条，《世界地理》4条，《外国文学》、《中国传统医学》（个别了解的，如葛洪，书未出，故未全面核对）、《音乐·舞蹈》、《化学》、《天文学》各3条，《地理学》《法学》各2条，《戏剧》、《固体地球物理学·测绘学·空间科学》、《民族》、《新闻·出版》、《数学》、《现代医学》（个别了解）、《农业》各1条，共计263条。这个数字比上述225条多，是因为《宗教》卷的一个条目有时同多卷重复。例如《宗教》卷的《大唐西域记》条，在《中国历史》《地理学》中都设有条目。

重条的条头标引用词有的相同，有的不同。不同的情况则是形形色色的。人物有以名立条，有以号立条（如章炳麟/章太炎）；外国来华人物有以自取的汉名立条，有以外语音译立条

80 | 第一辑　关于《中国大百科全书》

（如德日进/夏尔丹）；外国人物有以姓立条，有姓、名一起立条（如路德，M./马丁·路德）；阿拉伯人物有以阿拉伯名立条，有以拉丁名立条（如伊本·西那/阿维森纳）；有因译名不同造成分歧（如伊本·路世德/伊本·路西德，苏非主义/苏非派）；建筑物有因冠地名和不冠地名的分歧（如罗马圣彼得大教堂/圣彼得大教堂，景洪曼菲龙塔/曼飞龙塔）；书名有用全称和用简称的分歧（如《周易参同契》/《参同契》）；有立条角度不同造成的条头分歧（如青龙寺/青龙寺遗址）；有用通称和用正式名称的分歧（如应县木塔/佛宫寺释迦塔，大雁塔/慈恩寺塔，仰光大金塔/瑞德宫塔）；有一物多名各取其一的分歧（如法相宗/唯识宗，圣友寺/清净寺/泉州清净寺）；有以单独术语立条和相关术语合并立条，以及以异名立条的多重分歧（如内丹/外丹/内丹和外丹/炼丹术）；等等。

　　重复的条目往往是由不同的撰稿人执笔的，也就容易带来内容分歧。仅举印度古代佛教学者、诗人、剧作家马鸣（Asvaghosa）为例，他在四个卷有条，他的生卒年便有四种说法：

约于2世纪时出生（《宗教》）；
约公元前50～公元100年间（《哲学》）；
约1、2世纪（《戏剧》）；
生卒年大约在公元初期（《外国文学》）。

　　虽然都是模糊数字，但有四种模糊法，令读者莫衷一是。

《辞海》编者说，民主革命家秋瑾的生年有四种说法。中国近代知名人士尚且如此，两千年前的异邦人物生卒年有出入，就不足为奇了。话还得说回来，既然编百科全书，还得下一番考据功夫才是。

分类分卷出版，条目的重复是必然的，释文互有矛盾也是必然的。问题在于是听之任之，放任自流，还是根据某种原则采取宏观控制？《全书》编纂的初期曾经试图管起来，后来遇到困难。如果当初设法克服困难，解决重条问题，或者制定一些规章加以协调，纳入轨道，情况可能好一些。例如条头标引，人物用正名，还是用知名度大的别号？建筑物名用正名，还是用通名？加不加地名？外国来华人物用自取的汉名，还是照原名音译？都不妨作些规定。译名统一工作也缺乏有力的措施。第二版的任务之一就是清理这些异卷重条问题。当前十卷本的《中国大百科全书（简明版）》要解决这些问题，防止一人、一事、一物等立两个条目。二十四史中的《元史》把同一人物因译名不同立两传（如同一人立"雪不台""速不台"两传，立"完者都""完者拔都"两传），为后世史家所诟病，可作前车之鉴。

三、**存在缺口**。主要是小学科、小门类归不进去。如计量科学、摄影艺术（新闻摄影已在《新闻·出版》卷有分支）、杂技都是"绕树三匝，何枝可栖"。文学因为分设《中国文学》《外国文学》学科卷，而不能收文学通论条目。原来有设立科学通论卷的设想未能实现，使《全书》中没有"中国科学院""生命科学"这些条目。此外还有一些疏忽而未列的条目，如"小乘佛教""中子"等。

四、信息离散。最明显的例子是未设国家条目,很难了解一个国家的全貌。虽然《世界地理》卷有"瑞典"条,《外国历史》卷有"瑞典历史"条,《外国文学》卷有"瑞典文学"条,《戏剧》卷有"瑞典戏剧"条,《电影》卷有"瑞典电影"条,《美术》卷有"瑞典美术"条,《民族》卷有"瑞典人"条,《语言·文字》卷有"瑞典语"条,《新闻·出版》有"瑞典出版业"条等,但是各卷收条标准不一,凑不齐一个完整的瑞典。例如《音乐·舞蹈》卷就没有"瑞典音乐"条、"瑞典舞蹈"条;《世界经济》卷已脱离《全书》系列,也无法了解"瑞典经济"。过去曾有编辑"国家卷"之议,似可补上这一课。

五、选条失衡。各学科卷编辑正如出版社副总编辑阎明复先生1982年所说的处于"各自为战,村自为战"状态,各卷收条情况很不平衡。以当代人物上书而言,收条标准,差异颇大。科学技术诸卷,当代中国人物原则上以学部委员为列条标准,有的虽为学部委员,亦未上书,收条较严;相比之下,人文学科相对较宽。总的说来,自然科学卷以《数学》卷收条最严,如谷超豪、王元均为学部委员,而且成果丰硕,未上书;人文学科以《语言·文字》卷收条较严。《中国文学》卷对当代的中国文学研究家重视不够,如"一代词宗"夏承焘、楚辞研究家游国恩均未列条。

* *

分类分卷出版的好处和缺点,出版社首任总编辑姜椿芳先生在开社之初就意识到了。他于1979年3月12日在《物理学》卷在

京编委座谈会上说:

> 怎样编我们的百科全书,是首先要解决的问题。从我国的现实条件和读者方便出发,我们决定第一版分类分卷出。当然,各学科和门类之间交叉很多,还有一些边缘学科如何安排,这是很需要费一番功夫的。而且,这种编法本身就不是很科学的,做起来总是困难重重。但我们不得不走这条路。首先是为读者着想,他们可以分科分卷购买;其次也是为了早日出书,可以编好一卷出一卷,不必等到全部编好再按字母顺序编排发稿。(姜椿芳《从类书到百科全书》,中国书籍出版社1990年版第135~136页)

姜椿芳的话是很有预见性的。

《中国大百科全书》分类分卷出版尽管有不少缺陷,但毕竟实现了从20世纪初叶起许多有识之士就怀有的出版中国自己编辑的百科全书的愿望,这一功绩在我国出版史上是值得大书特书的。《全书》的缺失,掩不了《全书》的光辉。

1993年3月20日写完

(原载《探讨》1994年第2期,稍加删节后刊于《中国出版》2004年第6期)

《中国大百科全书·天文学》卷条目定性叙述形式

《〈中国大百科全书〉编写体例》规定:"定性叙述是所介绍的知识主题或概念的定义和展开说明。定性叙述是条目的开宗明义,放在释文的开端。"《中国大百科全书》把释文的开头部分称为"定性叙述",是由百科全书的性质决定的。百科全书所收的内容包罗广泛,条头的形式多种多样。就《天文学》卷来说,有用名词表示事物概念的,简单的名词如"太阳",较为复杂的名词如"猎户座RW型变星",联合结构的名词如"冕流和极羽";有用动名词表示现象、行为和变化的,简单的如"热改正",复杂的如"太阳脉冲式硬X线爆发";有概括一个有丰富内容知识范畴的,如"中国天文学史";有当前科学界正在探讨的课题,如"恒星的形成和演化";还有人物名(如"郭守敬")、机构名(如"中国天文学会")、学科名(如"射电天体物理学")等等。门类繁多的条目名称,在释文的开头除了可用定义等方式说明外，还有必要采取其他方式。定性叙述一词的含义比"释义""定义"宽泛，可以把释文开头的多种形式的"开场白"概括进去。定性叙述对条目概念或知识主题的性质和主旨作出说明，既可以是科学的定义及其展开，也可以是概括性的叙述。就《中国大百科全书·天文学》的编纂实践来看，可以归纳为五种形式，即定义式、定义加展开式、释义式、概括语式和叙述式。

定义式

百科全书是知识性工具书，对于大多数条目的主题概念可以也必须下定义。在定性叙述的多种形式中，定义式是基本的形式。在《天文学》卷一千多个条目的定性叙述，大多是采取定义式的。定义是由种差和邻近的属概念组成的。定义按照种差的内容，可分为若干类型。

实质性定义：定义中的种差部分揭示被定义事物的本质的特点。如：

　　恒星　由炽热气体组成的、能自己发光的球状或类球状天体。

发生性定义：种差表示被定义事物的发生、来源和形成的情况。如：

　　地球大气　地球引力作用下大量气体聚集在地球周围所形成的包层。

功能性定义：种差表示事物所起的作用。如：

  反照率 行星物理学中用来表示天体反射本领的物理量。

空间性定义：种差表示事物所在的位置。这种定义用得很多，许多天体常常首先用它们在天球上的方位来表示同其他天体的区别。如：

  鬼星团 银河星团之一，位于巨蟹座，又名蜂巢星团。按照中国古代的天区划分，这里是二十八宿中的鬼宿，因此称为鬼星团。

结构性定义：种差表示事物的成分、构造等。如：

  聚星 由三、五个互相有物理联系的恒星组成的多重恒星系统，有时也按成员星的数目称为三合星、四合星等。

某些条目的定义还兼具两种性质。如：

  定天镜 将太阳光反射到恒定方向的光学装置，由两块平面镜组成。

此例就兼具功能性定义和结构性定义的特点。在《天文学》卷中有关天文仪器的条目往往采取这种形式。技术学科中的关于机械、设备、装置条目的定义也可取这种形式。又如：

  潮汐 因月球和太阳对地球各处引力不同所引起的水位、地壳、大气的周期性升降现象。

此例具有发生性定义的特点，而定义中的种差又是说明事物发生原因的，也可以说是"因果性定义"。

定义的内容虽说都是由"种差"和"属概念"组成的，但表达方式并不一致。按照"种差"和"属概念"的位置先后可分为下列三种。

第一种是最常见的，把"种差"作为定语，放在"属概念"以前，构成一个偏正结构的词组。这种表达方式是一气呵成的。如：

小行星　大多分布在火星和木星轨道之间、沿椭圆轨道绕太阳运行的小天体。

白道　月球绕地球公转的轨道在天球上的投影。

第二种是先提到定义中的"属概念"，然后说明"种差"。这种表达方式大抵是种差的内容比较复杂，用定语，即使是结构复杂的定语，也说不清楚，不宜采用偏正结构。因此把"种差"移到"属概念"以后，用叙述方式从容不迫地说明。如：

发射星云　气体星云的一种。它们的形状大都很不规则，而且往往没有明晰的边界，所以又称弥漫发射星云。在这些星云中间通常都有一个或一团光谱型早于B1的高温恒星。这些热星的丰富的紫外辐射使星云内的气体激发，从而产生光致电离而形成星云的发射光谱，所以称为发射星云。

第三种是用偏正结构形式对条头概念下一个不完全的定义，然后对"种差"作出详细的说明，可以说是兼具上述两种表达方式特点的一种方式。如：

干支　以六十为周期的序数，用以纪日、纪年等。它以十天干——甲、乙、丙、丁、戊、己、庚、辛、壬、癸和十二地支——子、丑、寅、卯、辰、巳、午、未、申、酉、戌、亥顺序相配组成。从甲子、乙丑……直至癸亥。

定义加展开式

就百科全书来说，对于条头的概念除了下定义以外，往往要作进一步的展开。百科全书比一般辞书有较多的篇幅，这为定义的展开提供了可能性。百科全书要提供较充分的知识，查百科全书的读者不会满足于一个概念的简单的定义，这是定义要有展开部分的必要性。百科全书条目一般有较长的释文，定义加上展开，有的可为释文划定范围，有的可为释文勾勒出轮廓。展开的部分是以定义为基础的，而不是另起炉灶；它对定义起着知识的补充作用，而不能喧宾夺主。

从《天文学》卷的一些条目采取"定义加展开"式的定性叙述的情况来看，定义的展开部分虽然出于不同的作者之手，仍有一定的章法。定义的展开不是任意的，而方式又是多样的。举例如下。

从外延展开，也就是举出子类概念。如：

> 天球　研究天体的位置和运动而引进的一个假想圆球。根据所选取的天球中心的不同，有日心天球、地心天球等。

日心天球、地心天球都具有天球的特点，都是做研究天体的位置和运动用的，都是宇宙中并不存在的假设的球体。它们是天球下一层次的概念，作为定义的补充说明。

从成因上展开。如：

太阳风　从太阳外层大气不断发射出的稳定的粒子流。太阳外层大气——日冕，具有极高的温度，作用于日冕气体上的引力不能平衡压力差，因此日冕中很难维持流体静力平衡，日冕不可能处在稳定静止状态，而是稳定地向外膨胀，热电离气体粒子连续地从太阳向外流出，就形成太阳风。

从状态上展开。如：

色球　太阳大气的中间一层，位于光球之上。平时，由于地球大气中的分子以及尘埃粒子散射了强烈的太阳辐射而形成"蓝天"，色球和日冕完全淹没在蓝天之中。只有在日全食的食既到生光的短暂时刻内，观测者才能用肉眼看到太阳圆面周围的这一层非常美丽的玫瑰红色的辉光。

从产生时期和应用范围方面展开。如：

半导体探测器　探测天体X射线用的一种仪器，是20世纪50年代末发展起来的，近年来已广泛应用于空间天文研究。

从事物机理方面展开。如：

闪烁计数器　一种利用荧光现象的粒子探测器。带电粒子经过荧光物质时，会引起原子的激发或电离，当它们返回基态时便产生荧光，其强度与粒子的能量成正比。利用这种现象可探测带电粒子。

从事物特征方面展开。如：

气壳星　具有气壳光谱的热主序星。其光谱型通常在

B~F范围内。气壳光谱主要特征是存在锐而深的氢、中性氦以及一次电离硅、铁、钛等吸收线。

释义式

《全书》虽然是知识性工具书，不过仍有一部分条目标题只能用解释语词的方式说明。如：

宇宙　广漠空间和其中存在的各种天体以及弥漫物质的总称。

邮件　邮局传递的函件和包裹的总称。（《交通》卷稿）

二十四节气　12个中气和12个节气的总称。

这三个条目释文的开端，表面上是一段定义式的叙述，实际上并不是定义。如果是定义，三个概念的"属概念"就是"总称"了。宇宙、邮件、二十四节气是三个互不相干的概念，是不可能归到同一的上位概念——"总称"上去的。由此看出，既然用"总称"，总称是名称合起来的叫法，表示这些释文是解释词语的。释文中"总称"之前的定语是列举条目名称所包括的事物，而不是表示"种差"。这种定性叙述是释义式的，而不是定义式的。它们之所以取释义方式，是因为无法给它们找到"属概念"。例如宇宙包罗天地万物，概括时间空间，哪里还有比它更高层次的上位概念呢？所以只能使用释义。像"二十四节气"这种以数字开头的词，大都是若干事物名称的总合。

不过，如果有"属概念"的被释概念，最好不采用这种释义式。例如有人给"家禽"作这样的解释："家庭饲养的鸡、鸭、鹅等的总称。"家禽是按经济属性划分出来的鸟的一个类别，可用鸟类作为它的属概念，有人主张改为："为了经济的或其他的目的在家养条件下繁殖的被驯化了的鸟类，如鸡、鸭、鹅。"

概括语式

百科全书有一些类型的条目，如人物、事件、机构、著作的名称等。这种释文的开头部分都有传统的表达方式。例如人物条目，照例先介绍人物的生卒年（以至月日）、国别、身份、籍贯、家世等；著作条目，照例要先介绍作者、出版年代、性质等。这些内容几乎是约定俗成的，也是读者首先要求回答的。它们既不同于说明词义的释义，也不同于表达概念的定义。下述条目的定性叙述，就是"概括语式"的。

郭守敬（1231~1316） 中国元代的大天文学家、数学家、水利专家和仪器制造家。字若思，顺德邢台（今河北邢台）人。生于元太宗三年，卒于元仁宗延祐二年。

不过这一类条目，有些也可以用定义加展开的形式开头。关于著作名称的条目，如：

《开元占经》 中国古代天文学著作。全称为《大唐开元占经》，瞿昙悉达撰。编纂成书的时间在唐开元六年

（公元718年）至开元十四年之间。

关于组织机构名称的条目，如：

  国际天文学联合会　世界各国天文学术团体联合组成的非政府性学术组织。宗旨是通过国际合作，促进天文学的发展。1917年7月国际科学联合会理事会在布鲁塞尔开会时，宣告国际天文学联合会成立。

叙述式

  释文开头叙述式，是一种可以灵活运用的形式。凡是不必要或者不适宜用上述几种定性叙述的都可以采用这种方式。释义有习惯的表达方式，定义有一定的规则限制，概括语式也有个大致范围，而叙述式则比较多样。有的编辑者称这种定性叙述为"破题"，用这样传统的提法是有助于理解的。破题就是在开篇以寥寥数语揭破题目的要义，这是合乎百科全书体例要求的。破题的方式虽然多种多样，但都务求能做到统摄释文，纲领全篇，概述旨意，导引下文的作用。释文开头采取这种叙述式的，大体有下述几种情况。

  第一，条目标题一望而知，无须作出解释，而释文却需要写出导语。如：

  中国天文学史　中国是世界上天文学发展最早的国家之一，几千年来积累了大量宝贵的天文资料，受到各国天文学家的注意。就文献数量来说，天文学仅次于农学和医学，可与数学并列，是构成中国古代最发达的四门自然科学之一。

上例说明了中国天文学史的独特之处及其在中国科学史上的地位，成为全篇释文展开的先导。

第二，对条目标题的概念需要作溯本追源介绍的。如：

  分野　中国春秋时期占星术盛行，占星家们创"上天变异，州国受殃"的说法，以天空中出现的星象变化来占卜各个地方人世间的吉、凶、祸、福。为此目的，将地上的州、国与星空的区域相互匹配对应，称为分野。

上例先说明"分野"——用天区划分法来划分地域的来由，不说明来由，这个词就不容易介绍清楚。如果把关于本源的说明留到考证部分去，会使行文割裂，让读者留着疑团。

第三，条目标题用动词或加上修饰语的动词表示一种现象或者一种行为和变化的。如：

  等离子体湍动加速　等离子体的一个最重要特性是不稳定性。微小的扰动就能在等离子体中激起各种等离子波（或称为等离子体激元）。这种等离子体的激发态通常称为等离子体湍动。湍动元（等离子体波）和荷电粒子碰撞会引起它们之间的能量交换，从而导致粒子加速，这种现象称为等离子体湍动加速。

上例的中心词"加速"是说明一种现象，所以要用叙述方式。这种结构的条目标题，在定性叙述中一般要对定语作出说明。这个条头的修饰语"等离子体湍动"本身是一个偏正结构，势必又要先把"等离子体"作出介绍,然后再谈"湍动"。把一个个部件说清楚了,然后才有可能从整体上作出解释。凡是以动词做中心词的条目标题,采取这种层层剥笋式的表述是切合实际的。

第四,条目标题在本学科中有两层意思的。如:

  大气折射 天体射来的光线通过地球大气层,受到大气的折射,这种现象和由此引起的折射量统称为大气折射,又称蒙气差。

上例具有"一源二流"的特点。同一事物的表现和由此派生出来的物理量用同一名词来表示,这种情况采取叙述式就便于表达了。

第五,结构复杂的条目标题需要分层说明的。如:

  氯污染对健康的影响 氯为黄绿色气体,有强烈的刺激性。长期吸入受低浓度氯污染的大气,会引起慢性呼吸道炎症。氯污染严重时还会产生急性中毒。(《环境科学》卷稿)

这个条目的定性叙述是先说明氯的形态和性能,然后说明氯污染对人体健康的危害。

1982年11月

(原载《辞书研究》1983年第3期)

《中国大百科全书·哲学》卷调查报告

《中国大百科全书·哲学》（以下简称《哲学》）卷于1987年10月由中国大百科全书出版社分Ⅰ、Ⅱ两册出版。编辑委员会主任为哲学家、历史学家胡绳。现将有关情况报告如下。

一、基本情况

1.《哲学》条目数：2295条。全卷字数：348.3万字；条目字数：299.4万，平均每条1305字。

2. 各分支条目数及其比重：

分支学科	条目数	比重（%）
总论	32	1.3
哲学史	1486	60.8
中国哲学史	672	27.5
外国哲学史	814	33.3
马克思主义哲学	245	10.0

续表

分支学科	条目数	比重（%）
辩证唯物主义	135	5.5
历史唯物主义	110	4.5
哲学的分支学科	<u>640</u>	<u>26.2</u>
自然辩证法	186	7.6
辩证逻辑	16	0.6
伦理学	203	8.3
美学	82	3.4
逻辑	153	6.3
现代哲学学术机构和刊物	<u>41</u>	<u>1.7</u>
合计	2444*	100

　* 按《条目分类目录》统计，比实有条目数2295条多出149条，因为有的条目分列于两类以至多类。例如孔子、亚里士多德在《条目分类目录》中的哲学史、伦理学、美学、逻辑4个分支中都列了。数字画线者为其下数字未画线者各项之和。

3. 条目按长短分类及其比重：

类别	条目数	比重（%）
特长条目（>20000字）	3	0.1
长条目（4000~20000字）	96	4.2
中条目（700~4000字）	1240	54.0
短条目（<700字）	803	35.0
参见条	153	6.7
合　计	2295*	100

*概观性文章未计入。

4．条目按性质、地域分类及其比重：

项 目	世界性条目数	外国内容条目数	中国内容条目数	合计 条目数	合计 比重（%）
人物		421	250	671	29.2
学科概念、流派	643	194	313	1150	50.1
事件		14		14	0.6
书刊		192	233	425	18.5
机构	2	21	10	33	1.4
地名			1	1	0.1
实物	1			1	0.1
合计 条目数	646	842	807	2295	
合计 比重（%）	28.1	36.7	35.2		100

5．全卷图表：（单位：幅）

插图 照片	插图 线条图	插图 表格	插图 小计	彩图（72面）	合 计
548	39	11	598	252	850

全卷插图（包括表）598幅，按照条目正文字数299.4万字计算，插图与字数之比为1∶5007，即平均5007字有插图1幅；按正文页数1273页计算，插图与页数之比为1∶2.13，即2.13页有插图1幅。

6．全卷条目数与《内容索引》主题词条数之比为：2295∶7782=1∶3.39。

二、《哲学》在我国出版史上的地位

哲学是智慧之学，是关于自然界、社会和人类思维及其发展的最一般规律的学问。在人文科学中，它是一门较为深奥的学科。学科既然深奥，编纂辞书的难度也就高，所以哲学辞书为数不多。中华人民共和国成立前全国规模最大、历史最久的出版机构——商务印书馆，从19世纪末叶至20世纪中叶，只出过一种《哲学辞典》(《商务印书馆图书目录（1897～1949）》载有《哲学辞典》和《哲学辞典》[缩本]各一种，都署樊炳清编，可见实际上只出过一种）。

1949～1978年的30年中，哲学辞书可举者只有苏联罗森塔尔、尤金编的《简明哲学辞典》中译本，由人民出版社出版。此书虽有参考价值，但因侧重批判而减色。

《哲学》是《中国大百科全书》（下简称《全书》）的一个学科卷，如果作为一部专业百科全书看，是当时我国在这个领域覆盖最全（包括哲学的所有分支学科）、篇幅最大（350万字）的工具书（上海辞书出版社出的《哲学大辞典》，全书560万字，是1992年问世的，此前仅出有几册分卷）。这部荟萃古今中外哲学知识于一编的工具书，因为内容充实、包罗广泛、体例严谨、检索方便，将会作为一座哲学知识宝库，长久流传下去。

三、值得称道的地方

1. 选条方面

a）具有中国特色。以"哲学史"这一分支而言，中国哲学史为672条，占全书总条数的27.5%，占哲学史总条数（1486条）

的45.2%，这是其他国家编纂的百科全书做不到的。

b）选收了系统介绍知识的条目。《哲学》卷每条平均字数为1305字，而《哲学大辞典》为450字（按照该书《前言》所述数据推算）。这样，《哲学》就有可能收录较长条目，对某些学科、流派作系统介绍。以"中国哲学史"分支为例，设有"中国哲学史"（特长条，2.2万字）、"中国佛教哲学"、"道教哲学"、"儒家"、"道家"、"禅学"、"藏族佛教哲学"这些通贯古今的条目；并且设有断代综述条目，如"先秦哲学""秦汉哲学""魏晋南北朝哲学"等。把《哲学》同《哲学大辞典》作比较，前者发挥百科全书的特点，重视系统介绍，便于读者作为教育参考书之用；后者设有12420个条目（《哲学》"内容索引"的主题词为7782条），发挥专科辞典短条目多，便于释疑解惑的功能。可以说，我国改革开放时代出版的这两部哲学工具书是相辅相成、相得益彰的。

c）选收了重要概念。《哲学》选收了一些对于百科全书来说是相当重要的概念，如真理、正义、政治、政党、历史唯物主义、阶级等。可是，这些条目《不列颠百科全书》均未收，有的可能是出于意识形态上的原因。

d）对《中国大百科全书》各卷的选条起了互补作用。《中国大百科全书》分类分卷出版，通常都说《中国大百科全书》各卷条目颇多重复，这确是一个问题，但从各学科卷要相对完整来说，要避免重复也颇为困难。从另一方面说，各学科卷独立选条也起了互补作用。例如，以著作条目来说，罗素的《数学原理》是数学名著，《数学》卷未收；《说文》是彝族的重要文献，《民族》

卷未收；《坛经》是禅宗高僧的传法记录，《宗教》卷未收。这些在《哲学》卷都设了条。以人物条目来说，弘忍是禅宗五祖，《宗教》卷未收；王星拱是有成就的化学家，《化学》卷未收。这些《哲学》卷也都收了。不过，也有一些条目是《哲学》卷应立而未立的，例如"因明［学］"是印度的逻辑系统，是世界三大逻辑系统之一（另外两个是中国的和希腊的），对于《哲学》卷来说是不可或缺的条目，它却没有立条（只是在"逻辑"等条中有所介绍），但《宗教》卷立了，而且是一个7700字的长条目。

e）收列思想论战条目。论战是哲学史上的重要事件。《哲学》卷收了这方面的条目，古代的如"白虎观会议""神灭神不灭之争"，近代的如"'问题与主义'的论战""'真理标准问题'的讨论"，这无疑是必要的。似乎还可补上佛教史上的"顿悟和渐悟之争"或"顿渐之争"。

2. 释文方面

a）内容精辟。《哲学》卷有大量条目写得非常精彩，姑举一例。"气"在中国古籍中有多种含义，而且代有演变。一般读者很难掌握这个概念，觉得它像空气那样虚空，变幻莫定。《哲学》卷"气"条开头就写得好：

> 中国古代哲学用以表示物质存在的基本范畴。原意指气体状态的存在物，是云气、蒸气、烟气以及呼吸之气的总称。古代思想家认为，固体物和液体物都由气体凝聚而成，所以逐渐赋予气以哲学意

义，主要用以指构成一切有形之物的原始材料，标示一种能运动、占有空间的客观存在。

接着从先秦到明清，介绍了伯阳父、孟子、《管子》、庄子、荀子、《淮南子》、王充、张载、二程、朱熹、王廷相、王夫之等十余家关于"气"的学说；后归纳说明先秦哲学中的"气"是构成一切有形之物、有生之物的原始材料，是生和知的基础；从宋至明清，中国唯物主义哲学家都以"气"为最高范畴；最后指明，"气"的含义广泛，不论物质现象还是精神现象都称为"气"。"浩然之气""圣贤气象"则指精神境界。

"气"条只2300字，引述古籍23处，融入叙述之中。全条通贯古今，脉络井然，结构严谨，文笔洗练，把丰富的内容浓缩在一页（版面）之中，堪称百科全书条目的典范之作。撰稿人为北京大学张岱年教授。

b）定性叙述得体。例如概念条目"天"的定性叙述是：

中国古代思想家用以表示苍苍太空、最上主宰、最高存在或不假人力的自然状态的范畴。

这个定性叙述给出天的四种含义，并以苍苍太空、主宰之天、义理之天、物质之天作为释文的纲领。又如命题条目"理存于欲"的定性叙述是这样的：

中国明清时期一些唯物主义哲学家提出的重要的哲学命题，是对理学家所谓"理欲之辩"的批判。

> "理"指道德原则;"欲"指生活欲望。"理存于欲",意谓道德准则以人的物质生活欲望为基础,不能脱离人的物质生活欲望而存在。

这个命题本不易懂,但释文用几句话就将其解说得相当清晰。

c)述评有深度。宋朝思想家程颢、程颐兄弟,同为宋代理学奠基人,合称"二程"。一般辞书只言其同,未言其异,而《哲学》的"程颐"条则指出他们的同中之异和在思想史上对后世的不同影响:

> 二程都以理作为哲学的最高范畴,但程颢是以心解理,开了以后陆王心学一派。程颐一般是把理与气相对来论述的,开了以后朱学一派。

这几句话确有辨章学术、考镜源流的意义,做到了科学研究所要求的:不同的事物识其同,相同的事物察其异。

d)溯源得当。"道德"是中西都用的概念,该条的词源就做到中西兼顾:

> 道德一词在汉文中最早是分开使用的。中国商朝的甲骨文中已有"德"字,但含义广泛。西周初年的大盂鼎铭文的"德"字,是按礼法行事有所得的意思。《老子》一书中有"是以万物莫不尊道而贵德"的命题。在《荀子·劝学》中"道"与"德"二字始连用,"故学至乎礼而止矣。夫是之谓道德之极"。中

国古代的道德概念，既包含道德规范，也包含个人品性修养之义。在西方，道德（morality）一词源于拉丁文moralis，该词的复数mores指风俗习惯，单数mos指个人性格、品性。

四、商讨一些问题

笔者以为《哲学》卷存在下述一些问题，谨提出商榷。

1. 关于体系

a）在《条目分类目录》中，"马克思主义哲学"是独立成为一个分支的，可是"马克思主义哲学史"这一次级分支又置于"哲学史"分支之下，体系上似不协调。似可采取"两立"办法，即在"马克思主义哲学"之下，也列出"马克思主义哲学史"这一次级分支，或者用说明的方式作出交代，使"马克思主义哲学"这一分支体系完整起来。

b）在"马克思主义哲学"分支中列有不同流派使用的，而且在马克思主义哲学之前即已出现的术语，如宇宙、存在、物质、空间与时间、运动与静止、要素、结构、层次、系统、属性、规律、范畴、认识、实践、人性等等。可知分类不够慎重。分类上的不当，会造成检索上的困难（仅就从分类目录检索而言）。

c）在"哲学总论"分支中，"唯物主义"是同"唯心主义"并列的；而在"马克思主义哲学"分支中，"历史唯心主义"及其所属条目如"宿命论""历史循环论"等均置于"历史唯物主义"之下，理由似不充分，梯次亦不协调。

2. 关于选条

a）不平衡。在"外国哲学史"这个次级分支中，"朝鲜哲学史"这个条目群有33条，可是"十八世纪法国哲学"这个条目群也只有33条（实际上它是"法国哲学史"的主体，除此之外，没有几条了）。18世纪法国哲学是群星灿烂、震撼世界的，出了孟德斯鸠、伏尔泰、卢梭、达朗贝尔、狄德罗、霍尔巴赫、爱尔维修这样一大批杰出人物，他们的智慧光芒至今还照耀着人类，其影响是朝鲜哲学不能与之比拟的。又"阿拉伯哲学史"条目只有19条，大大少于朝鲜。这些都反映出编者于宏观结构思考得不够充分。

b）过宽。选了一些在革命史上有地位而哲学意义不强的条目，如"新民学会""觉悟社""《湘江评论》"等，另外，还选了其他一些哲学性质并不强的条目。

c）过细。一是关于术语的条目。如"交往形式"，马克思曾经用以表述生产关系的概念，并未用开，后来马克思自己也不用了。既如此，可不立条目，在"生产关系"条提一下，作个索引就可以了。二是关于机构的条目。如"不列颠现象学会"，它是一个国别性团体，历史也不长（1967年成立），况且现象学在哲学中是个不大的学科，故该条似可不收。又如"博士俱乐部"可并入"青年黑格尔派"。三是立了一些并不重要的条目。如《金狮子章》，是唐代高僧法藏的著作。《宗教》卷"法藏"条提到他的17种著作，也未提到此书。从该条释文看，也未说出它对后世的影响，似可不收。四是以概念的某一侧面而不是概念的整体立条，如"物质运动的基本形式"条，似可改以"物质运动"立条。

d) 重复。一是明显的重复。如立了"真理""谬误"两条，又立了"真理与谬误"条。二是条头名似不重复，但实为重复。如"假说"和"科学假说"。

e) 缺失。一是重要概念未收。例如"理性"是重要的哲学概念，却付阙如。上文说过"因明"是宜立的条目，如果收了"因明"，"因明在中国的传播和发展"条即可并入。《哲学》立有"魏晋玄学"条。玄学这种思潮产生于魏晋，也流行于魏晋，但它毕竟是中国哲学史上的重要思潮，对后世有影响。用"魏晋玄学"立条在阐述上会受到拘束。不妨以"玄学"立条，可能要好些，至少也要立个参见条。二是重要术语应有独立的条目，不宜只作为"配角"出现。例如"概念"是逻辑学的重要术语，却没有专条。有两个条目的条头中出现过"概念"这个术语。一条是"概念　判断　推理"，只是把概念作为思维形式的组成部分看待，而且是个参见条；另一条是"词项和概念"，概念只当配角。金岳霖主编的《形式逻辑》一书，为概念列了专章，占全书约六分之一的篇幅。可知，为"概念"立专条诚有必要。又如"时间""空间"是哲学领域重要的研究对象，似应分别独立立条。

3. 条头用语

a) 用了综合报道式的条头。如"马克思主义哲学十九世纪后半期在欧洲的传播""马克思主义哲学在中国'五四'运动前后的传播"，条头都不少于20字，为传统百科全书所少见。这种条目宜并入"马克思主义哲学"条，在释文中设立层次标题，如

"辩证唯物主义"条就是这样处理的。

b）未能采用较通行的译名。例如"指号学"是由semiotic一词译出的，中译名有点生僻，未能发挥汉语表意文字的功能，如用"符号学"的译名作条头，就可以"望文生义"了。"指号学"可作"又译"或"又称"保留。

c）条头失之于繁。例如"《焚书》与《续焚书》"条，似可简化为"《焚书》"。《天文学》卷有"《畴人传》"条，释文介绍了《畴人传》《畴人传续编》《畴人传三编》《畴人传四编》，只以《畴人传》立条。

d）条头词序欠妥。人物条目如"爱利亚的芝诺""奥康的威廉"，均不利于检索。似宜名在前，附加语在后，改成"芝诺（爱利亚的）"形式。

e）条头过于追求匹配。辩证法学者讨论问题往往从对立统一规律出发，凡事总从正反两方面考虑这是对的；但不宜过多地把这种思维方式用于百科全书条头。例如"无为与有为"条，释文就没有提到哪位学者提出过"有为"的概念，老子提出的命题是"无为而无不为"，此条以"无为"立条即可。其他如"A+非A"结构的条头："平衡与不平衡""决定论与非决定论"等，似可以"平衡""决定论"设条，这并不妨碍释文对"不平衡""非决定论"作出阐述。

4. 关于释文

a）重要条目释文太简。例如"先验论"是哲学中的大主题条目，"数理逻辑"是逻辑学的小分支领头条，两者至少应作为一个中条目来写，可惜都作为释词性的小条目，只写百余字，篇幅与内容似不适应。

b）定义欠妥。例如"战争"条定义为：

> 阶级社会中阶级之间或民族、国家、政治集团之间为了一定的政治、经济目的而进行的武装斗争。

这个定义不当之处在于，战争不仅发生在阶级社会，而且在阶级社会出现之前就有战争。《军事》卷"战争"条的定义是这样的：

> 人类社会集团之间为了一定的政治、经济目的而进行的武装斗争。

c）同类型条目定性语不协调。同类型条目有可比性，它们的定义或定性叙述务求协调一致，下述条目似未能做到这一点：

> 矛盾的斗争性　揭示矛盾双方互相对立、互相排斥的倾向或趋势的哲学范畴。

> 矛盾的普遍性　指矛盾的共性、矛盾存在的绝对性。

> 矛盾的特殊性　表示事物矛盾的差别性、个性的哲学范畴。

> 矛盾的同一性　揭示矛盾双方之间内在联系的哲学范畴。

这四条定性语的开头，分别用了"表示""揭示""指"三个不同的动词；有的用"哲学范畴"作上位概念，有的不用，也不一致。规范的辞书在这方面是很重视的，如《现代汉语词典》。就上述4条"矛盾的××性"而言，因为是《哲学》卷收的条目，"哲学范畴"这个属概念可以省去，相应地，"表示""揭示""指"也就没有必要了。应予说明的是,这里只讨论形式,不涉及内容。

d)史实有误。如"艾思奇"条:"他对蒋介石的唯生论和力行哲学作了深刻的批判。"按,唯生论是陈立夫提出的,他著有《唯生论》(见《中国大百科全书·中国历史》卷"陈立夫"条)。这条释文宜在"蒋介石"之后加一"等"字。再如"《资本论》"条:"1938年8~9月,上海生活书店出版了由郭大力、王亚南翻译的中文版《资本论》1~3卷。"按,此书出版者系"读书生活出版社",而非"生活书店"(见《中国翻译家辞典》"郭大力"条,中国对外翻译出版公司1988年版第251页)。又如"古希腊罗马伦理思想"条:"公元前6~前2世纪中叶希腊城邦和前2世纪~公元476年罗马帝国……"按,罗马帝国不是始于公元前2世纪,而是始于公元前27年。

e)同《全书》他卷相左。如"清辩"(印度僧人)条,《宗教》卷作"清辨",《宗教词典》也作"清辨"。再如"阿姆巴楚米扬"条:"1908年9月15日生于……"而《天文学》卷同名条作"1908年9月18日生"。据《苏联大百科全书》第三版,阿氏生于1908年9月18日(俄历9月5日)。

又如"陈抟"条:"亳州真源(今安徽亳县)人。"《宗教》卷同名条作"亳州真源(今河南鹿邑)人"。按《中国历史》卷《隋唐五代史》分册所附《古今地名对照表》:"真源县(唐),河南鹿邑。"又《辞源》"真源"条也说"今为河南鹿邑"。

f)内容不够全面。一些条目介绍不够全面。例如"集体主义"条,定性语为"共产主义道德的基本原则"。其实"集体主义"这个术语,卢梭、黑格尔都作过论述。即使作为共产主义的伦理道德立条,也宜作溯源性的介绍。又如"或然论"条,只作为古印度耆那教的逻辑概念介绍,其实基督教也使用这个概念。

(原载《辞书研究》1998年第5期)

《中国大百科全书·宗教》卷调查报告

《宗教》卷是1988年1月出版的。此卷编辑委员会由委员15人组成，是《中国大百科全书》中各学科卷编委会中最为精干的。编委会主任罗竹风是中国宗教学会副会长，《辞海》副主编，《汉语大词典》主编，精通专业又娴于辞书编纂。副主任郑建业、黄心川是造诣精深、知识渊博的宗教学者。其他委员都称得起一时之选，大多兼任分支主编。

基本情况

1. 全卷条目数：1231条。版面字数：165.9万；条目字数：134.3万。

2. 各分支条目数及其比重：

分支学科	条目数	比重（%）
宗教学	38	3.1
佛教	486	39.5
基督教	236	19.2
伊斯兰教	203	16.5
道教	209	17.0
中国少数民族宗教	35	2.8
中国民间宗教	9	0.7
其他宗教	15	1.2
总　计	1231	100

3. 条目按长短分类及其比重：

类别*	条目数	比重（%）
特长条目	0	
长条目	51	4.1
中条目	524	42.6
短条目	466	37.9
参见条目	190	15.4
总　计	1231**	100

* 按《〈中国大百科全书〉编写体例》规定：20000字以上为特长条目，4000～20000字为长条目，700～4000字为中条目，700字以下为短条目。

** 概观性文章未计入。

4. 条目按性质、地域分类及其比重：

项目	世界性条目数	外国内容条目数	中国内容条目数	合计 条目数	比重（%）
人物		176	212	388	31.6
地名		14	20	34	2.8
实物	2	22	75	99	8.0
流派	98	117	120	335	27.2
事件	4	29	13	46	3.7
制度	37	4	19	60	4.9
书刊	3	77	142	222	18.0
机构	7	7	21	35	2.8
其他	4		8	12	1.0
合计 条目数	155	446	630	1231	
合计 比重（%）	12.6	36.2	51.2	100	

5. 全卷图片834幅。其中：

（1）插图：425幅（均为照片）。按条目正文字数134.3万字计算，插图与字数比为1∶3160；按正文页数571页计算，插图与页数比为1∶1.34，即每4页有3幅图。

（2）彩图：48页，共209幅。

6. 全卷列表0。

7. 全卷条目数与内容索引主题词条数（包括条目数）之比：1231∶5742=1∶4.66

8. 大事年表记事：364条。

基本看法

宗教这一知识领域在我国无论在政治上和意识形态上都是敏感的，编这卷书难度不小。它的出版是值得重视的。

中国编纂宗教辞书历史悠久。古代最有名的当推唐高僧慧琳所撰《一切经音义》（100卷）。近世有《佛学大辞典》（丁福保编）、《道教大辞典》（李叔还编）等，但都限于某一宗教。综合性宗教辞书则是近年才有。1981年上海辞书出版社出版《宗教词典》（任继愈主编）。《宗教》卷虽然是《中国大百科全书》的一卷，就其体系井然、内容完备而言，也是一部专业百科全书。

本卷有三大特点：

有中国特色 这在条目分配上可以看出来。以佛教、基督教、伊斯兰教三大世界宗教而言，佛教虽起源于印度，但在印度本土13世纪时即已沉寂，19世纪末初呈复兴，20世纪中叶起有所发展。佛教在东汉时传入中国，即与中国文化相融合，影响颇大，根源亦深，并由中国传入日本、朝鲜等国。基督教在世界范围内影响甚大，据统计有教徒15亿人，占世界人口的1/3。虽然唐代即有一支传入中国，称为景教，元以后中辍。鸦片战争后大量传教士来到中国，由通都大邑以至进入一些穷乡僻壤，但比起佛教、道教来，毕竟历史不长。伊斯兰教主要传播于我国西北少数民族之中。《宗教》卷佛教分支条目比重为39.5%，基督教为

19.2%，伊斯兰教为16.5%，这种分配比例关系是编纂者既从世界出发，又考虑中国情况确定的。西方国家的百科全书选条，宗教方面一向以基督教居主要地位。例如《不列颠百科全书·百科类目》所列细目，基督教为305项，佛教为70项，伊斯兰教为67项。相比之下，可知《宗教》卷是具有中国特色的。

《宗教》卷的中国特色还表现为有三个分支是纯中国内容。道教是中国固有宗教，对中国社会文化影响不小，并且传播到邻近国家，为之列了分支。中国许多少数民族（主要是西南的少数民族）在信仰上各具特色，因此列了"中国少数民族宗教"分支，收了30个"××族宗教"条目。中国民间宗教在中下层社会中传播有相当长的历史，也设立了一个小分支，收"白莲教"等9个条目。这三个分支在全卷中的比重分别为：17%，2.8%，0.7%。

重系统阐述　用《宗教》卷同《宗教词典》作对照，可以明显地看出《宗教》卷条目重视百科全书的系统阐述的特点。

《宗教》卷同《宗教词典》若干指标比较：

项目	总字数（万）	条目数	平均每条字数	索引条数	插图数（幅）
《宗教》卷	165.9	1231	1090	5742	黑白：425 彩色：209 合计：634
《宗教词典》	145.0	6710	188		81

从上表可知，《宗教词典》平均每条不足200字，图也不多

（每83条有一幅图），侧重于宗教常用词语的解释：《宗教》卷平均每条1090字，有不少5000字以至万字以上长条，侧重于宗教概念的系统阐述。两部书各具特色。凡是字数相当的单卷本专业辞典和专业百科全书，无论先编辞典，后编百科全书，或是先编百科全书，后编辞典，都可以从这两部内容基本相同而编纂方法有所差异的工具书中汲取经验，得到借鉴。

以"佛教"条为例。《宗教词典》该条990字，内容包括定性语，起源，教义，发展阶段，传播情况，一般能满足释词的要求。《宗教》卷该条为赵朴初撰，10400字，含插图4幅。纲目是：

佛教
  历史
    起源
    演变
    传播
  派系
  教义与经典
    基本教义
    经典
  僧伽制度
  佛寺仪式与节日
    佛寺仪式
    主要节日
  文化艺术

文学

美术

音乐

建筑

可知，条目对佛教作了全面的阐述。值得提到的是释文含有97个参见词，其中除两个为外分支的条目以外，95个是佛教分支的，这个佛教分支的领头条便起了摄领整个分支条目的作用。这个条目可以满足非专业人员提纲挈领地汲取佛教全面知识的要求。

有理论深度　《宗教》卷有万字以上长条11条。这些条目都做到系统地阐述一种宗教、一个教义、一部经典、一种学说、一个流派。例如"宗教演化史"条（作者为编委会副主任郑建业）就宗教起源、演化过程、演化规律三方面从理论上作了全面剖析，把可以写成巨著的内容只用万字作了概括，写得深入浅出，富有启迪意义。如果条目分解过细，篇幅过小，是写不出这样蕴含丰赡的内容的。

人物收条情况

《宗教》卷人物条目按教派、中外、时代（分古代和近现代，姑且以1840年出生的为界）统计如下表：

项目	外国人物			中国人物			全卷人物	
	古代	近现代	小计	古代	近现代	小计	条目数	比重
佛教	51	9	60	61	23	84	144	37.0%
基督教	53	11	64	4	9	13	77	19.8%
伊斯兰教	51	1	52	17	14	31	83	21.3%
道教				83	2	85	85	21.9%
总计	155	21	176	165	48	213	389	100%

1. 据上表，中国人物条目占54.8%，外国人物——45.2%；佛教人物条目占37%，基督教——19.8%，伊斯兰教——21.3%，道教——21.9%，大体上同全卷中外条目比重、各种宗教条目比重一致。

2. 从古代人物和近现代人物比重来看，古代人物320人，占82.3%；近现代人物收69人，占17.7%。佛教、基督教、伊斯兰教、道教都有千年以上的历史，它们的盛期都在古代。近世科学日益昌明，宗教影响在下降，这个比例是合适的。编宗教这个知识门类的工具书，不宜提厚今薄古。

3. 中国近现代宗教人物共收48人，其中佛教23人，几占一半。这也符合中国近现代各种宗教对社会影响的实际情况。佛教近现代上书人物中有佛教领袖人物2人（达赖喇嘛·丹增嘉措、班禅额尔德尼·确吉坚赞），高僧13人（敬安、月霞、宗仰、谛闲、印光、弘一、太虚、圆瑛、虚云、应慈、喜饶嘉措、法尊、巨赞），佛教学者8人（桂伯华、欧阳竟无、韩清净、丁福保、汤用彤、吕澂、赵朴初、任继愈），可以说覆盖面周到。

4. 外国近现代宗教人物共收21人，其中基督教11人，超过一半。其中7人是有世界影响的基督教神学家，或基督教运动领导人。这些人物的介绍有助于读者了解近现代基督教发展情况，可惜最晚的也卒于60年代，当代人物少了些。其中4人是来过中国的教士：李提摩太、李佳白、德日进、司徒雷登。二李对清末民初的中国政治颇有影响；德日进参加过北京人颅骨鉴定工作；司徒雷登曾任燕京大学校长、美国驻华大使。收他们上书是必要的。

一些问题的思考

1. 收条有缺。"大乘佛教""小乘佛教"均为一般读者希望得到解释的对象，前者只立参见条，后者连参见条也未立。"佛教"条的"演变"节即提到大乘佛教和小乘佛教，而且有些条目释文都提到参见大乘佛教（如p.117b，p.496f，p.526d），结果都"参空"了，这也表明立条之必要。本卷有"上座部七部论"而无"上座部佛教"，这些似须在第二版补上。又如禅宗五祖弘忍，知名度大，《哲学》卷也立条了，本卷却付阙如；捷克的胡斯在宗教史上地位重要，《外国历史》立有条目，《不列颠百科全书》写了1100字，本卷却只立虚条，轻了。这两人因他卷已收，第二版不会漏列，但释文须考虑宗教内容。再如"观音"（"观世音"）、玉皇（或"玉皇大帝"）似乎也须立条。

2. 收条过细。伊斯兰教立教之初东征西讨，本卷收了几条战役条目，有的战役于历史上、战史上意义不大，《外国历史》《军事》卷均未立条可资证明。建议第二版适当减少。人物条目如中国的桂伯华，从条目释文看，看不出他在宗教上的贡献或留下重要著作，其重要性同上文提到的未立条的弘忍、胡斯不可同日而语。建议第二版中可斟酌去留。

3. 参见条比重稍大。本卷收1231条，其中参见条190条，占15.4%，似应降至10%以下。道教分支共收209条，其中参见条70条，占1/3，尤其突出。如道教神仙"赤松子""西王母""彭祖""八仙"等14条都设虚条，去参见"神仙"条；道教俗称"雷公""门神""城隍""灶君"等8条都立虚条，去参见"道教俗神"条；道教名山"泰山""衡山""茅山""武当山"等13条都立虚条，去参见"道教名山"；这些条目不少可以独立成条。上述道教神仙、道教俗神虽有共同之处，但不构成"神谱"体系（希腊神话中奥林波斯诸神是排成神谱的）。一般的分合原则是：在个性大于共性的情况下，宜分；在共性大于个性的条件下，可合，但不一定非合不可。上述雷公、城隍、西王母、赤松子可独立成条，有利于检索，道教俗神、道教神仙仍可保留它们的领条，写共性的内容，以及独立性、检索性不强的神，并给这些神做个索引。泰山、华山等道教名山立参见条，而佛教四大名山五台山、峨眉山、九华山、普陀山均立实条，这在分支之间显得不平衡。道教名山可保留领条写共性内容和不独立设条的山，至于大的名山，应让它们独立设条。这是对第一版设条的意见。至于第二版，如果不再分学科出版而实行统编的话，估计地理学科必然会收这些"山"条，但要注意把宗教人文内容写入释文。

除道教外，佛教、基督教分支也有类似情况。《汉文大藏经》条下属《开宝藏》《契丹藏》《万历藏》等26种经版均为参见条，去参见"汉文大藏经"条，这对领条负担过重。为保持领条的系统性，参见条可改为短条。"基督教异端派别"这个领条下也有22个参见条，似宜作变通处理。对《宗教》卷来说，宗派是主要内容，除宗派的别名和过于细小的宗派外，一般都宜写成实条，不宜因为被视为"异端"，失去独立设条的地位。

4. 关于少数民族宗教条目。本卷收30个中国少数民族宗教信仰条目，如"白族宗教""土家族宗教"，这些条目资料搜集不易，甚为珍贵。如从严格宗教意义来说，内容大多属原始宗教残余性质，如自然崇拜、祖先崇拜、图腾崇拜，且有不少民俗内容。第一版可作资料保存。第二版建议作两种方法处理。一是把有关内容并入民族条目，如"白族宗教"并入"白族"条；二是用适当标引词把某些内容分割出来，独立成条，如把"东巴教""达巴教"从"纳西族宗教"条析出。

5. 释文问题。某些条目释文有褊狭之感。如"净礼"条，现归"伊斯兰教"分支，也是研究伊斯兰教的学者执笔的，因此该条定性语为："穆斯林洁身仪式。"从伊斯兰教角度来看，完全正确。从宏观来看，佛教、天主教、东正教、犹太教都有净礼，并未写进去。又如"门神"条，属"道教"分支，条目写得很好，溯源到道教创立以前的文献如《山海经》。不过"门神"非中国独有，罗马神话中有门神雅努斯（Janus），司启闭天门。

这个问题是百科全书编纂的共性问题，不是《宗教》卷的单独问题。如《建筑·园林·城市规划》卷的"园桥"条虽有泛述，而举例纯为中国内容；"园亭"条的"中国古代园亭"一段900字，"外国古代园亭"一段200字，虽然偏重中国，总算聊备一格了。这种情况可能受到撰稿人视野、资料、研究领域等限制。如何把这些共性条目写好，避免有偏窄之弊，则是第二版要作专门探讨的课题。据说《生物》卷曾请动物生理学家写动物的呼吸，请植物生理学家写植物的呼吸，然后合并成"呼吸"条。这种方法是可取的。在《宗教》卷中立有"天主教隐修制度""东正教隐修制度"两条，第二版就可考虑合并成"隐修"或"隐修制度"条，如果其他宗教也有隐修制度，也写进去。

6. 过于专门。《宗教》卷收有"五经问题研究""符类福音研究"，均为《圣经》考证条目，过于专僻，标题也属论文型。收基督教条目甚多的《不列颠百科全书》亦未列条，第二版似可不列，其内容可撮要写入《圣经》条。

7. 平衡问题。上文已提到佛教四大名山各立专条，道教五岳均立参见条，显得不平衡。再举一例，就是佛教人物定性语均未加"著名"字样，而道教、伊斯兰教往往加"著名"字样：

  玄　奘　（约600～664）　唐代僧人，法相宗创始人。

  一　行　（683～727）　唐代僧人，天文学家。

张三丰　元、明著名道士。

潘师正　（584～682）　唐代著名道士。

胡登洲（1522～1597） 中国伊斯兰教著名经师。

马良骏（1870～1957） 中国伊斯兰教著名阿訇。

上述6人，论知名度和影响当推玄奘和一行，他们未得"著名"雅号，其他知名度和影响不如他们的反加"著名"，表示出评价标准不一。第二版对此要作出规定，除了对孔子、李白、达尔文、爱因斯坦这样划时代的人物外，概不加"伟大""杰出""著名""优秀""英明"之类修饰语。

8. 其他问题。

（1）条头为"冢本善隆"，而"条头汉字笔画索引"和"内容索引"均作"塚本善隆"。按日本人的姓，概用塚本，条头宜改正。

（2）"哈德成"条排在150页f区，"哈瓦利吉派"之后，似不宜；应移至147页a区，"哈拉智"之前。

（3）"诚静怡"条定性语为"中国基督教牧师、神学博士。"其中的"神学博士"可写进学历，不宜作定性语。体例严谨的工具书对这些宜作体例约定。

（4）用名要遵从时代原则。例如：

沙图克·波格拉汗（？～955/956） 新疆哈拉汗王朝首领。

玉素甫·卡迪尔（？～1032） 新疆哈拉汗王朝首领。

额西丁 元代新疆伊斯兰教著名宣教师。

按"新疆"之名始于清代，上述三条传主生活年代远在此以前，不宜径称新疆,似可改为"西域",或在适当处说明"在今新疆境内",或用其他方式表达。

《中国历史》卷在这方面是做得很认真的,例如《隋唐五代史》分册"唐"条有一句话:

> 唐玄宗统治时期在文水(今山西文水东)、三河(今河北三河东)、彭山(今属四川)及武陵(今湖南常德)等地兴建的很多渠、塘、堰,均能溉田数千亩。

这样不厌其烦地加注释,可以认为是遵循历史唯物主义原则的体现。

1991年10月

(原载内部刊物《百科全书研究》1991年11月5日印行)

环境保护是我国的一项基本国策

——介绍《中国大百科全书·环境科学》卷

《中国大百科全书·环境科学》卷已在1983年12月出版了。

十年前,也就是1973年8月,在周恩来总理的倡导下,召开了中国第一次环境保护会议。这次会议为中国的环境保护工作奠定了基石。中共十一届三中全会以后,中国的环境保护事业有了长足的发展。中国的环境科学工作者逐渐会聚成军,在环境科学研究中不断取得成就。今天展现在读者面前的《中国大百科全书·环境科学》卷就是这方面成就的一个组成部分。这卷书是在著名化学家吴学周主持下,由著名物理学家马大猷等20多人组成的《中国大百科全书·环境科学》编辑委员会组织编写的。200多位专家、学者、工程师为本书撰稿。

《中国大百科全书·环境科学》,是《中国大百科全书》中继《天文学》《体育》《外国文学》《戏曲·曲艺》之后出版的又一卷新书。全卷共约136万字,有条目672个,彩色插图194幅,其他

图表555幅。卷首有吴学周等执笔的概观性文章《环境科学》，纲领性地阐述了环境科学的历史和现状；卷末附有《环境保护和环境科学大事记》。本书的出版是环境科学的一项基本建设工程，它将推动我国环境保护事业的发展。

一提起环境问题，人们就自然而然想到水域污秽、空气混浊、废物堆积、噪声刺耳这些令人烦恼的现象。无疑，这些是当前迫切的环境问题。然而本卷揭示出的则是人类环境方面一个范围更加广泛的立体图景。

从时间上说，这卷书指出环境问题由来已久，而且影响深远。在"环境科学发展史"等条目中叙述了环境问题的产生和发展。

从空间上说，这卷书指出环境污染已成为遍及陆地、海洋、地下和大气层的严重问题。在"污染物的地质大循环"等条目中，从宏观上论述了污染物在地球营力作用下，在岩石圈、水圈、大气圈和生物圈之间周而复始的循环，以及这些污染物在上述圈层中的释放、迁移、转化和归宿的过程。放眼地球，可以说已无一片净土，连生活在冰雪终年覆盖、人迹罕至的南极的企鹅身上也检测出DDT残毒。在"水体污染"一条中举出实例说明海洋污染的严重情况。为苏联、芬兰、瑞典、丹麦、波兰、民主德国和联邦德国七国所包围的波罗的海，仅苏联一国每天排入的污水量就达300万吨，因此成为重金属和农药严重污染的海，某些海域已成为无氧区。全世界每年进入海洋水域的石油约1000万吨，造成大量海生生物死亡。

从性质上说，这卷书不仅报道了环境污染的危害，而且用具体事实说明环境破坏对人类生存的严重影响。地球森林面积1862年为55亿公顷，20世纪60年代减到38亿公顷，到70年代末只剩下不足26亿公顷了。尤其是对地球气候起调节作用的热带雨林遭到大面积砍伐，后果难以估量。沙漠化土地每年扩大600万公顷，致使大量农田成为不毛之地。

环境科学是随着环境问题的出现而产生的。从19世纪下半叶开始，学者们就进行一些零星的、不系统的研究。后来，各个学科的学者在各自领域内探讨环境和环境问题。20世纪50年代以来，在这些研究的基础上，从原来的学科中出现了新的生长点，慢慢地萌发出一些新的分支学科，如环境生物学、环境化学、环境物理学、环境工程学、环境医学。然而环境问题也是一种社会问题，社会科学家诸如经济学家、法学家也参与了探讨，也出现了环境经济学、环境法学这些边缘学科。犹如涓涓细流汇聚成浩浩江河，这些分支学科逐渐汇聚成横断自然科学和社会科学、体系庞大的综合性的环境科学。在本卷卷首的《条目分类目录》中可以看到环境科学这种复杂的学科体系。

环境科学研究的环境，是以人类为主体的外部世界，是人类赖以生存的有机的综合体。本卷全面系统地介绍了这个有机整体的基本知识。所谓全面，就是门类齐备，搜罗齐全；所谓系统，就是层次有序，脉络分明。在介绍知识的方法上采用从主干到枝叶，从宏观到微观，从理论到实践的结构。

这卷书不仅有在理论上阐明环境问题和污染现象的条目，而且有不少理论和实践相结合，提出污染防治措施和方法的条目。"环境工程学"这个分支就是以这方面的内容为主体的。"水污染防治工程""大气污染防治工程""固体废物的处理和利用"等条目概述了废水、废气和废渣的治理问题，关于污染防治方法，同样是从不同侧面设置了条目。

环境科学是一门新兴学科，许多理论问题还在探讨。世界上只有少数国家出版过环境科学的专业百科全书。在国内，关于环境科学知识性的工具书几乎还是空白。因此，《中国大百科全书·环境科学》卷的出版，自然也带有一定的开创意义。

基于同样的原因，这卷书必然存在一些不足之处，特别是涉及社会科学方面的似觉单薄，在环境管理、环境政策方面尤其如此。这是需要今后加强研究的，有待将来修订大百科全书时加以改进。

1984年1月

（原载《人民日报》1984年4月14日）

采矿和冶金知识的总汇[*]

——介绍《中国大百科全书·矿冶》卷

《中国大百科全书·矿冶》卷已经出版。在《中国大百科全书》中按出版先后次序是第9卷。《矿冶》全卷240万字，有1176个条目，1423幅插图（其中彩色插图287幅）。参加这卷书编纂和撰稿的有矿冶界专家、学者700多人，其中中国科学院学部委员20多人。这卷书的出版是他们共同辛勤劳动的成果。

《矿冶》卷的内容包括采矿和冶金两个技术学科。采矿部分主要介绍了煤炭、石油和天然气、金属矿物、建筑材料和化工原料矿物的开采，以及选矿和选煤；冶金部分主要介绍各种金属的冶炼和加工，以及冶金基础理论和金属材料知识。下面试从三个侧面介绍这卷书。

---

[*] 这篇文章是同高林生先生合作撰写的。

概述古今中外矿冶业的成就

技术知识来源于并应用于工程实践，形成生产力，使产业部门得到发展。只有了解矿冶业的概况，才能全面理解矿冶学科。这卷书以大约15%的篇幅介绍了矿冶业的昨天和今天。

矿冶业源远流长。远古人类采集石料，制作石器，就开始了采矿活动。冶金在历史上起过极重要的作用。恩格斯在《家庭、私有制和国家的起源》中论述野蛮时代的高级阶段时说："铁已在为人类服务，它是历史上起过革命作用的各种原料中最后和最重要的一种。"

中国自古就是矿冶业很发达的国家，精湛的殷商青铜冶铸技艺，举世赞赏；春秋时代已大量生产液态生铁；汉代已用煤作燃料。从14世纪起，欧洲的矿冶业突飞猛进，煤的开发利用和转炉炼钢等大规模炼钢技术相继发展，为各行各业提供了能源和工程材料，把产业革命大大地推进了。这卷书中除了"冶金史"等条目系统地提供矿冶的历史知识之外，卷末所附的《采矿、冶金大事年表》是一份博采中外、通贯古今的介绍矿冶成就的大纲。

近年来，在某些发达国家，将矿冶业归之于"夕阳工业"。正如这卷书"世界钢铁工业"条目中提到的，发达国家人均年耗钢量达到600~800公斤的水平后，即呈徘徊不前之势。这无非反映了这些国家的国内市场已趋饱和，加之矿产资源枯竭，利润率过低，使投资者无意于此而已。须知对材料和能源的需求是和人类社会发展共始终的，发达国家也不例外。在发展中国家，矿冶业如旭日东升，出现不少新兴的产钢国、产油国。在中国，虽然产钢已超过4000万吨，产煤超过7亿吨，产石油已超过1亿吨，但面对我国广阔的国内市场，矿冶业还亟待发展。这卷书中的"世界煤炭工业""世界石油工业""世界钢铁工业""世界有色金属工业"等条目概述了世界矿冶业的动态；"中国现代钢铁工业""中国煤炭工业"等条目反映了1949年以后中国矿冶业的前进历程。

讲求实用，突出矿冶的技术内容

《矿冶》卷是以生产工艺知识为核心的。这方面的内容约占全卷篇幅的60%，体现出技术学科工具书面向生产、讲求实用的特点，本文不可能——介绍。下面以有关铜的条目为例，借窥全豹。

在"铜"这个条目中，概括地叙述了冶铜的历史。人类用铜已经超过8000年，中国在夏代已进入青铜时代。迄今考古发掘所得的最早冶铜竖炉出自中国湖北大冶。中国又是最早用湿法冶铜的国家。释文接着说明铜的资源分布，铜的物理和化学性质，铜的应用状况，当代铜的市场动向。最后着重指明，铜矿石品位在0.3%～0.4%以上的，即有开采价值；矿石经过选矿富集成含铜20%～30%的精矿，就可以冶炼。这些综合性的边缘知识散见于各类专著中，在这里集中精练地提供给读者，也是这卷书特色之一。

介绍炼铜方法是"铜"条释文的主体。当代炼铜有火法和湿法两大系列。用火法炼的铜，占世界铜产量的80%。"铜"条附有专门设计的火法炼铜流程图，读者从图中一目了然地知道火法有五个基本环节。释文说明了各个环节的基本数据、操作要点。释文既介绍了三菱法、诺兰达法等世界先进工艺，也介绍了中国贵溪冶炼厂已采用的具有世界先进水平的"闪速熔炼"和中国白银公司改造传统工艺的成就。湿法炼铜虽然经济效益较差，但可以有效地处理贫矿和废矿，避免火法炼铜产生的二氧化硫污染，释文对此也有适当的介绍。

此外，《矿冶》卷中与铜相关连的有几十个条目。例如："铜绿山矿冶遗址"条对大冶的古矿冶遗址作了详细的说明；"胆铜法"条介绍了我们先人创造出来的湿法冶铜技术；"中国铜工业"条勾画了我国这个工业部门的轮廓；"世界有色金属工业"条中可以看到铜在当代有色金属工业中的地位；"闪速炉"条介绍了炼铜的最新设备；"锍""细菌浸取"等条阐明炼铜工艺的原理；"铜冶炼过程有价金属的回收"等条告诉我们，炼铜过程中可以回收价值很大的金、银、铂等十多种金属以及有关环境保护的知识；"铜合金"条包括了以铜为基本成分的紫铜、黄铜、白铜等内容；"铜加工"条概述了铜的加工成材方法。可见，从以"铜"为中心辐射出来的条目群中，通过"参见"体系，读者可以很方便地获得关于铜的充分的信息。

介绍矿冶理论及其时代信息

技术学科的生命力，一方面来自产业部门的需求，一方面来自基础学科（物理、化学等）的哺育。在当代，矿冶学科的理论研究对生产工艺的革新，起着越来越大的作用。这卷书以约25%的篇幅用于说明这方面的进展。

古代的矿冶技术是师徒相承、口传心授的技艺，带有炼金术的神秘色彩。有些名工巧匠虽然能制作出像越王剑、吴王剑这样的冶金珍品，但毕竟数量很少，而且质量不稳定，往往人亡艺绝。这卷书中"干将""欧冶子"等条就反映了这种状况。中世纪后期，出现了总结前人经验的著作，如欧洲学者阿格里科拉的《论冶金》（1556），中国学者宋应星的《天工开物》（1637）等。本书对这两种著作设有专条介绍。

在近代科学的哺育下，冶金学茁壮成长，形成两个主要分支：化学冶金学和物理冶金学。研究从矿石提取金属（包括金属化合物）的生产过程称为提取冶金学。这些生产过程伴有化学反应，所以，又称化学冶金学。这个学科的发展对冶炼工艺影响巨大。以炼钢技术为例，通过对钢铁冶炼过程的研究发现，硬而脆的生铁经过氧化精炼去除一部分碳和杂质就成了性能优良的钢。顺着"氧化精炼"这条思路，出现了贝塞麦转炉炼钢法、托马斯转炉炼钢法，以至发展为当代的氧气顶吹转炉炼钢法等等，为当今世界年产7亿吨钢奠定了技术基础。20世纪初以来，专门研究冶金化学反应的"冶金过程物理化学"更为这个学科提供了坚实的理论基础。

物理冶金学又称金属学。19世纪末,出现了金相学,它通过显微手段观察金属的微观结构,以及这种结构在各种条件下的变化。20世纪初以来,汲取了固体物理学的大量成果,金相学演化为金属学,它研究金属及其合金的组成、结构组织和性能之间的内在联系,是当代最活跃的学科之一。在金属学的指导下,繁衍出庞大的金属材料家族。1860年各国实际应用的合金和合金钢不过40种左右;到20世纪60年代,正式列入工业产品目录的已不下4000种;人类正在进入按使用要求来创造所需金属材料的时代。这卷书"金属材料"分支设有140多个条目,报道了大量的材料品种和基本性能数据,可供非冶金专业人士选用金属材料时参考。以金属学为基础,以金属材料为中心,全面展示了当代冶金学转变为材料科学的动向是这卷书一大特色。"冶金学"条中,对冶金学科的产生、成就和展望作了全面系统的论述。

特别要指出的是,《矿冶》卷反映了信息科学和材料科学的关系。一方面是半导体的崛起促使形成半导体冶金、高纯金属等新的冶金课题,这卷书在"硅""锗"这些条目中介绍了冶金为电子计算机提供基本材料的知识。另一方面是电子计算机的应用刷新了冶金技术的内容,保证了冶金技术向大型化、自动化、高速化发展。如果没有电子计算机,当代日产铁万吨的高炉、半小时产钢数百吨的转炉、轧制速度高达每秒30多米的轧机都是难以想象的。"轧制生产自动化""高炉检测及自动控制"等条目提供了这方面的知识。

世界上矿冶类专业性百科全书甚少,综合性百科全书中所列的矿冶方面的条目也不多。《中国大百科全书·矿冶》卷只能自辟蹊径、摸索前进,因而这卷书在编排上、检索上都存在不少缺点。尽管如此,这卷书的出版毕竟为中国编纂矿冶类百科全书迈出了第一步。

1985年7月

(原载《百科知识》1985年第11期)

中国第一部大型力学工具书
——介绍《中国大百科全书·力学》卷

《中国大百科全书·力学》卷已于最近出版。按出版先后顺序来说，这是《中国大百科全书》的第11卷。《力学》卷共162万字，设有条目782条。我国力学界专家、学者300多人参加撰稿，工程力学家钱令希、应用数学和力学家钱伟长等主持全卷编纂工作。

力学既是一门同数学、物理学一样的基础科学，又是一门应用广泛的技术科学。建筑工程、机械工程、核工程、航天工程以及其他工程部门都需要力学知识。《力学》卷内容丰富，共设14个分支。其中有传统的力学分支学科，如一般力学、固体力学、流体力学、空气动力学；也有近30年来崛起的新兴力学分支学科，如电磁流体力学、等离子体动力学、爆炸力学、生物力学，以及电子计算机问世后出现的计算力学。此外，还有力学实验方面的分支。力学是一门定量性的学科，一般公式较多，而《力学》卷的条目释文大都写得明白清晰，可供各方面读者阅读。

《力学》卷中的"力学史"条概述了人类从实践中积累起力学知识，建立经典力学，直到力学繁衍成为枝繁叶茂的知识之树。"中国古代力学知识"条勾画出我国力学知识发展的完整的轮廓，对《墨经》和《考工记》中有关的力学知识，湖北出土的曾侯乙编钟的频率和振动，宋代建造的应县木塔的结构，以及欧洲经典力学同中国力学知识的融合等，都作了介绍。《力学》卷立有古今中外力学家80人的传记条目，如中国的王徵、周培源、钱学森，外国的阿基米德、伽利略、牛顿、卡门等。书末附有《力学大事年表》。

《中国大百科全书·力学》卷是我国编纂的第一部大型力学工具书。作为一部知识覆盖面广阔的综合性力学工具书，在世界百科全书出版史上也不多见。

1985年12月

（原载《人民日报》1986年1月10日）

集建筑学知识之大成

——介绍《中国大百科全书》的《建筑·园林·城市规划》卷

在《中国大百科全书》家族中,最近又有一个新成员——《建筑·园林·城市规划》卷宣告问世。按照出版先后,它是《中国大百科全书》的第32卷。全卷共收条目868个,插图1238幅,共计161万字,全面系统地介绍了建筑、园林、城市规划三个领域的基础知识和人类有史以来在这些领域中取得的成就。它是我国建筑学方面第一部包罗广泛、内容丰盈、检索方便、文图并茂的大型工具书,堪称集建筑学知识大成之作。全国404位专家、学者其中包括许多建筑师参加了编纂工作。这卷书是他们集体智慧的结晶,有如下一些特点。

合卷编纂,提供全面知识 建筑、园林、城市规划是三个密切相关的学科。它们有共同探索的对象——人类居住环境。它们在思维方式、艺术处理、技术运用上有许多近似之处。从学科的发展过程来说,它们是同源的。传统建筑学的研究对象既包括建筑、建筑群以及室内的设计，也包括园林和城市村镇的规划设计。到了近代，随着人类建筑文化的发展，园林和城市规划两个领域逐渐从建筑学中分化出来，成为相对独立的学科，不过三者在许多方面仍然相互交叉渗透。不少学者认为，广义的建筑学包括这三个学科，因此采取了融三学科为一卷的编纂方式。

全卷框架分为8个分支。建筑部分计有中国建筑史、外国建筑史、建筑设计、建筑构造、建筑物理、建筑设备6个分支，园林部分和城市规划部分各为一个分支。分支篇幅大小不一，取决于知识的容量。

在条目设置上，三个学科都设有综述条目、实例条目、类型条目和学说概念条目。综述条目是多层次的。例如在园林分支有断代综述条目；在建筑物理分支有"建筑物理"条，又有"建筑声学""建筑光学""建筑热工学"条，读者可以从不同层次查检本书，获取信息。三个学科都列有大量实例条目，如"天坛""巴黎圣母院""颐和园""大伦敦规划"等，并对每个实例作出基本情况介绍和技术上、艺术上的剖析。学说概念条目立有"浪漫主义建筑""广亩城市"等，具有释疑解惑的功能。这卷书的知识覆盖面是相当广泛的。

侧重设计，介绍古今佳例 建筑设计是建筑学的核心，因为指导设计创作实践是建筑学的最终目的。这卷书有关建筑设计的条目有两类。一类是探讨建筑设计一般规律的，如"建筑设计原理""建筑形式美法则"；一类是总结各种类型建筑设计经验的，如"居住建筑""图书馆建筑""银行建筑"。

建筑设计总是以昔为鉴、推陈出新的。研究历史上优秀建筑设计实例，既可探索建筑历史的源流变迁，又可为建筑设计汲取营养。因此中国建筑史、外国建筑史两个分支所占比重最大，共370条，占全卷条目43%，加上园林史和城市规划史条目，则超过全卷条目之半。其中有大量古今中外名作实例条目：从"半坡遗址"到"中山陵"，从"金字塔"到"戴高乐机场"。这些条目所介绍的，或为名城，或为陵墓，或为宫阙，或为别墅，或为园苑，或为摩天大厦和工程技术中心。它们组成一座规模宏伟的人类建筑历史博物馆。

这卷书对古今建筑佳例的介绍，不是一般导游式的，而是作出科学说明和艺术评价，指出它们的历史地位。例如"西尔斯大厦"条释文说，"大厦高443米，是当今世界最高建筑物"。大厦结构工程师F.卡恩"为解决像西尔斯大厦这样的高层建筑的关键性抗风结构问题，提出了束筒结构体系的概念并付诸实践。整幢大厦被当作一个悬挑的束筒空间结构，离地面越远剪力越小，大厦顶部由风压引起的振动也明显减轻"。"大厦造型有如9个高低不一的方形空心筒子集束在一起，挺拔利索，简洁稳定。不同方位的立面，形态各不相同，突破了一般高层建筑呆板对称的造型手法。"

纵目世界，突出中国内容　在世界建筑大观园中，中国古代建筑是源远流长的独立发展体系，以风格优雅、结构灵巧著称于世。在园林方面，中国同西亚和希腊，并列为世界园林三大系统的发源地。在城市规划方面，中国在春秋战国时代已经有规模宏大、功能多样的城市；从三国时代开始，规划城市就有明确的意图，整体的观念，以及处理大尺度空间的艺术手法和营造大城市的技术水平。因此，本卷的知识领域虽然是涵盖全球的，仍然把中国的内容置于主要地位。关于中国建筑史的条目为253个，比外国建筑史条目117个多一倍多。在城市规划方面，中国立有专条介绍的，如古代的殷墟、邺城、泉州、大都，现代的北京、合肥、兰州、台北等，共39个城市；外国立有专条介绍的，如古代的巴比伦、摩亨朱—达罗（印度）、庞培（罗马），现代的东京、新加坡、巴西利亚等，共18个城市。

这卷书对于中国建筑的介绍相当详备，从多侧面设置条目。例如从建筑类型角度为街巷、庄园、店肆、宫殿以至廊、亭、阙、坊表、影壁、台榭等设置专条；从施工专业角度为大木作、小木作、瓦作、雕作、彩画作等设置专条；从人物角度为喻浩、李诫、吕彦直、刘敦桢、童寯、梁思成、杨廷宝这些古今建筑大师设置专条。

介绍中国建筑的综述条目如"中国古代建筑""中国近代建筑"都是对丰富的史料加以梳理、归纳、提炼写成的，有事实，有分析，有总结，纲举目张，源流清晰。"中国现代建筑""中国现代园林""中国现代城市规划"三个条目客观地概述了中华人民共和国成立以来上述领域的发展状况，如实地记录了匠师们在几番风雨之中走过的曲折道路和创造的可贵业绩。

这卷书选收中国建筑、园林、城市规划的典型实例条目190个，约占全书条目四分之一。其中既有早已湮灭的故城遗址，又

集建筑学知识之大成 | 141

有迄今犹存的古刹丛林；既有中原地区优秀范例，又有边远地区的精心杰构。作为中国古代建筑的三大明珠的佛光寺大殿、独乐寺观音阁、应县木塔（佛宫寺释迦塔），被称为格鲁派六大寺的现存五寺——塔尔寺、色拉寺、哲蚌寺、扎什伦布寺、拉卜楞寺（另甘丹寺已毁）均设专条。可以说华夏建筑文化的代表作网罗无遗。

　　这卷书蕴含着十分丰富的关于中国古代建筑的知识。例如"斗栱"条对于中国传统木构建筑中这一独有的构件作了充分的介绍。斗栱由斗（斗形垫块）和栱（弓形短木）组成。"栱架在斗上，向外挑出，栱端之上再安斗，这样逐层纵横交错叠加，形成上大下小的托架。"释文介绍了斗栱起源的三种学说，并用大量实例和多幅图片说明斗栱的发展历程。

　　图文并重，构造艺术长廊　建筑、园林、城市规划的成果，都有视觉艺术性质，全卷共收千余幅图片，有很强的科学性、艺术性和文献性，是从上万幅图片中挑选出来的。彩图插页中刊有从浙江余姚河姆渡出土的新石器时代遗址的榫卯构件，到汉代陶器、青铜器上的建筑模型，以及希腊帕提农神庙、佛罗伦萨大教堂、伦敦水晶宫、美国流水别墅、悉尼歌剧院的大量照片和绘画，其中不少出自建筑师之手，弥觉珍贵。

1989年2月

（原载《中国图书评论》1989年第3期）

《中国大百科全书（精粹本）》体例之失
——关于人物条目把生卒地写进条头括号的问题

中国大百科全书出版社2002年出版的《中国大百科全书（精粹本）》（以下简称《精粹本》）在体例上有一项跟我社以往出版的综合性百科全书（如《中国大百科全书》第一版74卷本、《中国大百科全书（简明版）》）不同之处，就是人物条目把人物的生卒地写进条头括号中，分别置于生卒时间之后。此举并非创造，而是仿效《不列颠百科全书》（以下简称《不列颠》）。《不列颠》是一部历史悠久、饮誉全球的百科全书，值得借鉴的地方很多，不过在这一点上，中国的百科全书人物条目不应该学，学不起也学不了。

应该尊重中国重视乡贯的传统

为什么说不应该学，因为中西文化背景不同。

《〈中国大百科全书〉编辑方针》第3条规定："《全书》要有

中国的特点和风格，重视对我国历史文化遗产、科学技术成就和多方面情况的介绍。"关于中国特点，我社两任主持第一版的总编辑姜椿芳先生、梅益先生都作过论述。

就人而言，中国人重视乡贯，西方人重视出生地。中国的史书，从《史记》开始，人物传记大多只写籍贯（以"××××人也"形式表达），很少写生卒地。例如《史记·淮阴侯列传》："淮阴侯韩信者，淮阴人也。"（《史记》，中华书局点校本第2609页）《史记·司马相如列传》："司马相如者，蜀郡成都人也。"（同上书，第2999页）

近日看了我社人事处的两种表格。一种是"职工简历表"，有"籍贯"栏，无"出生地"栏；一种是"干部履历表"（中共中央组织部1999年制），既有"籍贯"栏，也有"出生地"栏。近月因为申请出国探亲，从美国大使馆领来"非移民签证申请表"，表中只有"出生地"栏，而无"籍贯"栏。从上述三个"表"中明显看出中西文化风俗上、价值取向方面的差异。

20世纪初年，商务印书馆出版中国第一部中小学德育教科书——《最新修身教科书》，署名是"浙江山阴蔡元培、福建长乐高凤谦、浙江海盐张元济修订"。其中的张元济曾任商务印书馆编译所长、董事长，原籍浙江海盐，"生于广州"（《张元济年谱》，商务印书馆1990年版第5页），可见署名不冠出生地，只冠籍贯。

这是百年旧事，但是乡贯情结至今依然。

我社老编审张遵修女士，籍贯河北南皮。她告诉过我，生于天津。《中国出版人名词典》（中国书籍出版社1989年版）"张遵修"条书"河北南皮人"，未见出生地。另一位老编审胡人瑞先生，籍贯浙江桐乡。他告诉过我，生于重庆，故乡从未去过。《中国出版人名词典》"胡人瑞"条书"浙江桐乡人"，也未提出生地。

中共中央胡锦涛总书记，报纸公布他是"安徽绩溪人"。从有关资料得知，他生于江苏泰州，他家迁居泰州已有五六代之久。新华社多次公布的简历，都未提到他的出生地。

中国人重视乡贯是一种民族心理，一种文化积淀。编纂有中国特色的百科全书应该尊重这种文化传统，没有必要轻率地去否定，换个新花样，何况这种重乡贯的文化传统并不妨碍中国实现现代化。当然释文中籍贯之外加上出生地也是可以的，第一版就是这样做的。例如《力学》卷"钱学森"条释文中有"祖籍浙江杭州"，"生于上海"字样。

把生卒地写进条头，我们学不了

《精粹本》把人物条目的人物生卒年作为一种体例，写进条头的括号内，就成为非有不可的信息。既然放在条头括号内，置于跟生卒时间的同等地位，编纂者就要像对待生卒时间那样，严肃地对待生卒地点。人物的生卒年查不到，考不出，释文内要说明"生卒年不详"，"生活在××年间"，对生卒年有疑要加"？"号，加"约""后"字样，等等，很少有缺项的。人物有籍贯，但不知道是不是等于出生地，怎么办呢？既不敢随便地把籍贯当出生地写进条头括号，又不便说"出生地不详"，这不是使编纂者为难吗？

为什么说学不了呢？我们重乡贯的文化传统决定了我们关于人物生卒地的资料积累不多。百科全书的编纂是"述而不作"，爱因斯坦提出相对论之前，百科全书就没有"相对论"条。文献上没有积累起立条人物生卒地足够的资料，编纂者也就无法贯彻关于把生卒地写进条目括号的体例要求。无米之炊，巧妇难为；少米之炊，难以果腹。

笔者抽查了《中国大百科全书·中国文学》卷张姓条目，共42人。其中现代作家两人——张恨水和张天翼，释文有出生地的也只有他们两人。张恨水"祖籍安徽潜山"，"出生于江西"；张天翼"出生于江苏南京"，"祖籍湖南湘乡"。其余40位文学家都有籍贯，有两种表述方式。一种如张衡，释文为"南阳西鄂（今河南南阳）人"；一种如张籍，释文为"原籍苏州（今属江苏）"，"迁居和州乌江（今安徽和县乌江镇）"。"××××人"，其含义可以是籍贯，也可以是出生地。在交通不便、人口很少流动的古代，籍贯往往就是出生地，但不能臆断为出生地。要查明或考定这40位只有籍贯的文学家的出生地恐非易事。此项体例制定者如果有兴趣不妨试试，查明（前人已经考定的）或考定（前人从未考定的）这40位文学家的生卒地需要多少个工作日？查考出一半又需要多少时间？我们学得起吗？说实话，能查考出半数，我就甘拜下风！

体例是否妥当，请看实践结果

一项体例规定得是否得当，要经过实践的检验。下面是《精粹本》中国张姓人物条目这项体例实践情况的统计。

表1　《精粹本》中国张姓人物条头生卒地统计

序号	项目	人数	比重
1	已故人物有生卒地的	22	14.0%
2	已故人物有出生地的	2	1.3%
3	已故人物有死亡地的	12	7.6%
4	已故人物无生卒地的	93	59.2%
5	已故人物小计	129	82.2%
6	在世人物有出生地的	15	9.6%
7	在世人物无出生地的	13	8.3%
8	在世人物小计	28	17.8%
合计		157	100.0%

表1的序号1"已故人物有生卒地的"22人，序号6"在世人物有出生地的"15人，两项共37人，信息是完备的。序号2"已故人物有出生地的"2人，序号3"已故人物有死亡地的"12人，两项共14人，完备率按折半计算，为7人。信息完备人数是22+15+[（2+12）×0.5]＝44人，即占总数157人的28%。

为了便于对照，笔者随机抽样调查了《不列颠百科全书（国际中文版）》S部第101～169页人物条目157条的条头括号内生卒地的情况，统计如表2。

表2 《不列颠》人物条头生卒地抽查统计

序号	项目	人数	比重
1	已故人物有生卒地的	123	78.3%
2	已故人物有出生地的	1	0.6%
3	已故人物有死亡地的	2	1.3%
4	已故人物无生卒地的	2	1.3%
5	已故人物小计	128	81.5%
6	在世人物有出生地的	29	18.5%
7	在世人物无出生地的	0	0%
8	在世人物小计	29	18.5%
合计		157	100.0%

表2的序号1"已故人物有生卒地的"123人，序号6"在世人物有出生地的"29人，两项共152人，信息是完备的。序号2"已故人物有出生地的"1人，序号3"已故人物有死亡地的"2人，两项共3人，信息完备率按折半计算，为1.5。信息完备人数是123+29+［（1+2）×0.5］=153.5人，即占总数157人的97.8%。

如果按百分制评分，《不列颠》得97.8分，应属优等；《精粹本》得28分，距及格也远得很，说句不中听的话，是个失败的纪录。

生卒地点和时间的失误和缺项

翻翻《精粹本》中国人物条目条头括号内的记载，问题不少。

第一，误把籍贯当出生地。举几个现代知名人物条目为例。

梁思成（1901，广东新会～1972-01-09，北京）中国建筑学家。梁启超长子。（《精粹本》）

这里说梁思成生于"广东新会"，错了，应作"日本东京"。《中国大百科全书·建筑》卷"梁思成"条说："广东省新会县人。1901年4月20日生于日本东京"。现成的资料不用，不可理解。他的父亲梁启超是1898年"戊戌变法"（又称"康梁变法"）的领导人。变法失败后，逃亡日本，是个"国事犯"。戊戌变法的参加者谭嗣同等六人都被处死（史称"戊戌六君子"），清廷怎能饶得了首领梁启超，让他的夫人在故乡广东新会生孩子？于事无据，于理不合。此外，《建筑》卷所写的梁思成出生的月日——"4月20日"，也应补上。

马寅初（1882-06-24，浙江嵊县～1982-05-10）中国经济学家。浙江嵊县人。曾获美国耶鲁大学和哥伦比亚大学博士学位。（《精粹本》）

这里说马寅初生于"浙江嵊县"，错了，应作"浙江绍兴"。中国社会科学院近代史研究所严如平、熊尚厚主编的"中华民国史资料丛稿"《民国人物传（八）》"马寅初"篇说："马寅初，初名元善,浙江嵊县人,1882年6月24日(清光绪八年五月初九)生于浙江绍兴。"(中华书局1996年版第401页)又上海人民出版社《民国掌故》中《马寅初和他的两位妻子》一文也说:"马寅初出生在浙江绍兴一个以酿酒为业的小作坊主家庭。"也要提到,马氏1982年5月10日在北京逝世,新华社发了消息,各报都登,可谓众所周知。我社1999年出版的《中华人民共和国国史百科全书》也有此记载,可是《精粹本》马氏条却没有传主的逝世地点。《中国大百科全书·经济学》卷"马寅初"条只说"浙江嵊县人",未说出生地,没有错。

此外,《精粹本》的"曾获美国耶鲁大学和哥伦比亚大学博士学位",这一说法有问题。《民国人物传(八)》说,马寅初"进美国耶鲁大学后,改学经济学。……1910年毕业,获得硕士学位,再进美国哥伦比亚大学研究院,……1914年年底修完学业,获得经济学、哲学双博士学位。"

张季鸾(1888-03-20,陕西榆林~1941-09-06,重庆)中国新闻家、政论家……接办《大公报》,任总编辑。(《精粹本》)

这里说张季鸾生于"陕西榆林",错了,应作"山东邹平"。名记者高集作《忆我姑父张季鸾二三事》文前简介说:张季鸾"榆林人","出生于山东邹平县"(见章立凡主编《往事未付红尘》,陕西师范大学出版社2004年版第93页)。徐铸成著《报人张季鸾先生传》(三联书店1986年版)也说张氏生于山东,14岁才随母亲扶父亲灵柩归葬,始到榆林。张季鸾被周恩来称为

"文坛巨擘，报界宗师"，现在知道张季鸾的人不多了。

第二，自家人不知自家人。《精粹本》卷首列有"中国大百科全书总编辑委员会"成员名单，其中张姓五人：张庚、张震、张友渔、张含英、张钰哲。他们在书中都立有条目。其中已故的张钰哲生卒地齐全，已故的张友渔缺出生地；健在的（就出版时而言）张庚、张震、张含英都没有出生地，而且只有出生年份，而缺月日。他们都在北京，打几个电话就能解决问题的事都没有做。大百科总编委会成员的信息不全，可以说是自家人不知自家人。

第三，生卒地点失之于粗。天文学家张钰哲的出生地，《中国大百科全书·天文学》卷说他"生于福建省闽侯县"（第550页），《精粹本》"张钰哲"条标示的出生地是"福州"。今福州市辖5区6县，其中包括闽侯县，这样张氏出生地就笼统化了。出版家张元济，据《张元济年谱》说"生于广州"（第5页），而《精粹本》张元济条条头标示出生地则是"广东"，抽象化了。小说家张爱玲，当今大红大紫，网络信息说她卒于美国加州洛杉矶，《精粹本》"张爱玲"条标示的死亡地是"美国"，粗了。

第四，顶级人物信息空白。中国人编的百科全书，中国人物尤其是顶级人物的生卒地的信息应该是齐全的。笔者抽查了"千古一帝"秦始皇、"万世师表"孔子、民族英雄岳飞三人《精粹本》的条目，三条条头括号内生卒地的位置上都是空白的，未免说不过去。《史记·秦始皇本纪》载："秦昭王四十八年正月生于邯郸"（《史记》，中华书局点校本第223页）；又载始皇三十七年"七月丙寅，始皇崩于沙丘平台。"（同上书，第264页）"沙丘"在今河北广宗县城西北。《史记·孔子世家》载："孔子生鲁昌平乡陬邑。"（同上书，第1905页）"陬邑"在今山东曲阜城东南。《史记》算不上僻典，这些信息不知为何不用。岳飞生于相州汤阴（今属河南省），被害于南宋都城临安（杭州），更属常识范围。

第五，张姓人物卒年有误。立条人物的生卒时间是比生卒地点更重要的信息。笔者抽查张姓人物生卒地点时，顺便也看到《精粹本》张姓立条人物生卒时间问题。国民党政要张群，《精粹本》标示的生卒年是"1889～1974"，而我社1999年出版的《不列颠百科全书（国际中文版）》标示为"1889-05-09～1990-12-14"，《中华民国史大辞典》（江苏古籍出版社2001年版）标示为"1889～1990"。可见《精粹本》说张群死于1974年是错的，《不列颠》等辞书说他死于1990年是对的。《中国大百科全书·中国历史》卷"张群"条条头生卒年标示为"1889～"。此卷为1992年出版的，可能撰稿时张群还健在，编辑印制过程来不及把他的死亡时间的信息补上（我记得新华社为张群去世发过新闻），但是仍可作为张群不是死于1974年的佐证。

电影艺术家张艺谋，《精粹本》标示的生年为"1950，陕西西安～"，出生年有疑。我社1999年出版的第一版《电影》卷说："1950年11月生于陕西西安"，但是，我社1999年出版的《中华人民共和国国史百科全书》"张艺谋"条说："陕西西安人。1951年11月14日生。"有待考证。

第六，没有遵循历史原则。同一聚落或地区，在历史上名称是有变动的。人物条目的生卒时间要同生卒地点名称取一致，也就是当时叫什么，就该写什么。可以用今注古，不能以今代古。《不列颠》很重视这一历史原则。例如德国哲学家叔本华条条头括注为："（1788-02-22，普鲁士但泽［今波兰革但斯克］~1860-09-21，美因河畔法兰克福）"。可是《精粹本》有的条目没有做到这一点。例如张学良条条头括注为："（1901-06-03，辽宁台安~2001-10-15，美国夏威夷）"。问题在于，1901年还没有"辽宁"这个省名，那时叫"奉天"。《辞海》"辽宁省"条说："清初置盛京，清末改奉天省，1929年改辽宁省。"

第七，未能利用我社先出百科的信息。请《精粹本》编辑同仁"上穷碧落下黄泉"搜求史料，要求未免过高，但是查证一下我社已出版的百科全书，似乎是可以做到，也应该做到的。因为发现《精粹本》"张群"条卒年有误，我就把《精粹本》张姓中国人物条目同我社1999年出版的《不列颠百科全书（国际中文版）》（此书中国条目是中国人执笔的）、《中华人民共和国国史百科全书》（简称《国史百科》）中张姓人物条目生卒时间和生卒地点作了对照。兹将《精粹本》未能利用《不列颠》《国史百科》两种先出百科全书而造成的信息失误和缺项的情况列表如下。

表3　《精粹本》和《不列颠》张姓人物生卒时间和地点对照表

条目	《精粹本》 （2002年版）	《不列颠》中文版 （1999年版）	说明
张国焘	1897～1979-12， 多伦多	1897-11-26～1979-12-03， 加拿大多伦多	《精》缺出生月 日，死亡之日
张恨水	1895～1967	1895-04-24，中国江西广信 [今上饶]～1967-02-15，北京	《精》缺生卒月 日和地点
张君劢	1887～1969	1887-01-08，中国～1969-02 -23，美国旧金山	《精》缺生卒月 日和地点
张群	1889～1974	1889-05-09～1990-12-14	《精》卒年误， 缺生卒月日
张天翼	1906，南京～ 1985，北京	1906-09-10，中国江苏南京～ 1985-04-28，北京	《精》缺生卒月日
张之洞	1837～1909	1837-09-02～1909-10-04	《精》缺生卒月日
张作霖	1875～1928-06-04	1875-03-19～1928-06-04	《精》缺出生月日

表4　《精粹本》和《国史百科》张姓人物出生时间对照表

条目	《精粹本》 （2002年版）	《国史百科》 （1999年版）	说明
张爱萍	1910～	1910年1月9日生	《精》缺出生月日
张春桥	1917～	1917年2月生	《精》缺出生月
张岱年	1909～	1909年5月23日生	《精》缺出生月日
张鼎丞	1898～……	1898年12月生	《精》缺出生月。一版《军事》 为"1898年生于福建永定"，缺出 生地
张君秋	1920～……	1920年10月14日生	《精》缺出生月日
张澜	1872～……	1872年4月2日生	《精》缺出生月日。一版《中国 历史》亦为"1872年4月2日生"

续表

条目	《精粹本》（2002年版）	《国史百科》（1999年版）	说明
张廷发	1918~	1918年4月9日生	《精》缺出生月日
张友渔	1899~……	1998年12月14日生	出生年有出入。一版《法学》为"1899~"，《新闻出版》为"1899年1月生"。存疑
张云逸	1892~……	1892年8月10日生	《精》缺出生月日。一版《军事》为"1892年8月10日生于广东文昌"，《精》缺出生地
张震	1914~	1914年10月5日生	《精》缺出生月日
张治中	1890~……	1890年10月27日生	《精》缺出生月日。一版《中国历史》亦为"1890年10月27日生"

体例的规定和修改，必须慎之又慎

百科全书体例的规定和变动，是牵一发而动全身的事，必须反复思考，权衡利弊，广泛征求意见，做到慎之又慎。修改要做可行性研究，不妨在局部范围内试验，看看执行起来有没有困难、窒碍、弊端，凡事不能专从"好处"想。笔者在编一版时，参加过体例的起草和讨论，深感此事之不易。今年春天，读到《吕叔湘全集》第12卷中初次发表的《〈现代汉语词典〉编写细则（修订稿）》，布局之严谨，设想之周详，思路之缜密，衡鉴之慎重，都令人叹为观止。《现代汉语词典》是中国第一部现代汉语规范型辞书，在辞书编纂理论、编纂工艺、编校质量方面都达到前所未有的新高度,其成就起源于这个出自语言学大师吕先生之手的《编写细则》,值得好好学习。

《精粹本》出版后,编辑部赠我一部,浏览中我觉得把生卒地点置于条头的做法不妥,因为未见书面资料,也就未便发表意见。近读《探讨》2004年第1期刊出孙关龙先生的大作《第二版条头的成书体例——兼谈对第一版体例的继承和发展》,文中提到:"2002年出版的《中国大百科全书(精粹本)》在简明版的基础上也前进了一步,把生卒地写进了括号内,释文中不再陈述。"笔者在上文所述的关于把生卒地写进括号内的诸多缺陷,能够叫做"前进了一步"吗?也许会说,这是由于时间有限无法严格贯彻体例之故。这项体例的规定者难道不知道领导给予《精粹本》编辑期限?难道不考虑执行和贯彻这项体例究竟需要多少时间?

孙先生把生卒地写进条目括号内也列为节省字数之列。我非常赞成百科全书要做到文约义丰,要用最少的符号承载最大的信息,自己也曾向这方面努力。把生卒地写进条头括号内,实际上是留下了70%以上的空白,其中有些是因为中国重乡贯的传统而无法填上的,有些是我们编辑上的疏失没有填上而"露怯"了,想用这种方式节约字数,用曾经流行一时的话说,叫做"占小便宜吃大亏"。

节省篇幅必须不损伤必要信息为前提,百科人物条目(主要就中国人物而言)释文即使写有出生地,一般也要写籍贯,因为这是一个人的基本信息。君不见,中华人民共和国公安部制的"居民户口簿",篇幅甚小,就既有"出生地"栏又有"籍贯"栏;上面提到的中央组织部1999年制的"干部履历表"也是这样。写出生地又写籍贯也便于知人论世。例如,第一版《新闻出版》卷"王云五"条释文说"原籍广东香山","生于上海"。据王云五著《岫庐八十自述》(台湾商务印书馆1967年版)说,1911年武昌起义后,孙中山先生于是年12月从海外返国至上海,王云五主持广东香山旅沪同乡会欢迎会(孙中山是广东香山人,香山于1925年为纪念孙中山而改名中山),其才能为孙氏所赏识。1912年孙中山就任中华民国临时大总统,就任命王云五为总统府秘书,成为王氏从政之始。如果不知王的籍贯,事情就成为无根之由。孙关龙先生说,"把生卒地写进括号内,释文中不再陈述。"这里所说"释文中不再陈述"的,如果指的是"生卒地",明达的编纂者当然不会这样做,如果指的是"籍贯",就值得商榷了。

2004年9月14日写完

(原载《探讨》2005年第1期)

第 二 辑

关于其他百科全书

中国第一部省的百科全书

——《黑龙江百科全书》简介

中国大百科全书出版社出版的《黑龙江百科全书》已于1991年8月问世。全书为1卷本，共175万字，图片275幅，其中地图40幅。它是我国出版的第一部省的百科全书。它的出版表明我国一个新的百科全书系列出版工作开始起步。

百科全书的三大系列

现代百科全书的出版是一个国家科学文化发展状况的反映。现代百科全书有三个基本系列，这就是综合性百科全书、专业性百科全书和地域性百科全书。

我国综合性百科全书的主体《中国大百科全书》自1980年出版《天文学》卷以来，到1991年10月为止，已出版54卷。全书74卷可望在一两年内出齐。综合性《中国大百科全书（简明版）》

（计划12卷）正在着手编纂。

专业性百科全书我国已有多种出版或者陆续出版。规模宏大、卷帙浩繁的《中国医学百科全书》和《中国农业百科全书》，分别于1980年和1986年开始出版。两卷本《中国企业管理百科全书》、单卷本《世界经济百科全书》和4卷本《中国水利百科全书》已分别于1984年、1987年和1991年出版。《中国电力百科全书》（计划8卷）、《中国军事百科全书》（计划11卷）、《中国冶金百科全书》（计划11卷）的编纂工作都已上马。

至于地域性百科全书，又称地方百科全书或地区百科全书，国外早有编纂，如英国的《伦敦百科全书》，日本的《北海道大百科事典》。苏联的15个加盟共和国除俄罗斯外都编有百科全书，而且规模颇大，例如《苏联白俄罗斯百科全书》共12卷，收3.5万个条目。中国大百科全书出版社于1988年拟定《地方百科全书编纂条例（初稿）》，开始同地方有关部门协作编纂地方百科全书。《黑龙江百科全书》就是这方面的第一个成果。《广东百科全书》《广州百科全书》等都已着手编纂。

全书结构

《黑龙江百科全书》由概述部分和条目部分组成。这是我国百科全书编纂工作的一个新的尝试。

概述部分是全书的纲领，系统地介绍黑龙江悠久的历史和40年（1949~1989）的发展状况，使读者对我国这个边疆省份有全面的认识。它分为12部分：古代史、近代史、地理、农业、工业、交通邮电、城市建设、财贸、教育、科学、文化、社会生活，共16.5万字，占全书的9.4%。条目部分是全书的主体，共收6687条，包括历史条目1191条，地理条目1882条，经济条目1273条，教科文条目993条，社会生活和党政机构条目386条，当代人物条目962条。这些条目可供读者从某一具体的人、事、地、物、组织机构等寻检查阅，释疑解惑，摄取信息。两部分之间和条目之间用参见系统联系起来，成为一个不可分割的整体。

本书刊有两种附录。《黑龙江省大事年表》简明扼要地记载大事462条，从远古到1990年；《黑龙江研究书目》著录图书740余种，是迄今为止关于黑龙江省搜罗最为丰富的一份书目，是研究黑龙江省有用的工具。

内容一瞥

黑龙江省地处祖国边陲，是我国纬度最北、经度最东的省份。这里山川雄伟，境域辽阔，土壤肥沃，物产丰饶。从古代直到清朝后期，这里一直是我国从古代的肃慎到后来的满洲等少数民族的生息繁衍之地。清廷至清末始准内地居民入境开发。在近代，这里受到沙俄和日本侵略者的蹂躏。1949年以后这里进行了大规模建设，新垦出4000多万亩良田美地，建设起全国最大的木材生产基地，开发出石油产量占全国之半的大庆油田，发电设备、冶金设备、切削机床、精密仪器、乳品、制糖、造纸、亚麻纺织等工业居于全国前列。《黑龙江百科全书》对这一切都作了充分的介绍。

先说历史 过去关于黑龙江历史的出版物不多。内地省份都出过几部通志、黑龙江省只印过一部《黑龙江志稿》(1932)。《黑龙江百科全书》概述部分用7万字写黑龙江简史,又用30万字立了近1200个历史条目。概述为纲,条目为目,纲目结合,对黑龙江的历史作出全面的反映。书中的民族条目,以及相关的历史人物和历史事件的条目向读者介绍了肃慎、山戎、东胡、涉貊诸族在这片土地上的活动,鲜卑的故事,靺鞨族所建的渤海国的盛衰,女真和满洲的崛起和衰落。本书所立的"雅克萨之战""尼布楚条约""瑷珲条约""江东六十四屯惨案""中东铁路""九一八事变""江桥抗战""东北抗日义勇军""东北抗日联军""满洲国""百万户移民计划"这些条目,记述了俄日帝国主义的侵略和中国人民的抗争。

再谈地理 本书收了山脉、河流、湖泊、岛屿条目300多条。大小兴安岭、张广才岭、老爷岭、黑龙江、松花江、乌苏里江、兴凯湖、镜泊湖、五大连池等当然入选,也还收有中苏边境上的黑瞎子岛,发生过重大事件的珍宝岛等条目。森林资源如红松(省树),被称为"三大硬阔"的黄波罗、水曲柳、胡桃楸,农业资源如大豆、亚麻、啤酒花、寒地水稻,动物资源如东北虎、驼鹿、丹顶鹤、乌苏里貉、天鹅(省鸟),水产资源如大麻哈鱼、鳌花鱼、哈什蟆;这些资源有的虽非黑龙江省所独有,但在黑龙江省具有特色,也都立有条目。对于地名,国内出版的辞书通常只收到县和某些镇，本书为全省1000多个乡镇全部立了条目，这在现有大型辞书中是独一无二的。

关于经济　本书概述部分对40年来全省农业、林业、工业、交通、财贸、城市建设作了系统的介绍。条目部分则为大中型农场、林场、水库、煤矿、金矿、油田、电站、工厂、铁路线、公司、饭店、商店立了专条。例如大庆石油管理局所属的大庆油田、萨尔图油田、喇嘛甸油田等12座油田都立有条目。

教育、科学和文化　全省高等院校、研究所、中等专业学校、重点中学都立了条目。全书收有解放前后405家报刊的条目，对于一个省，称得起洋洋大观了。介绍解放前哈尔滨出版的报刊，其中有俄语、日语、英语、德语以至乌克兰语、波兰语的报刊的条目，资料相当珍贵。

人物条目　本书立有人物条目1333条，占全书条目的1/5。清康熙二十二年（1683）任命抗俄名将萨布素为第一任黑龙江将军，是黑龙江成为一个政区的开始。1907年设黑龙江省，将军改称巡抚。辛亥革命后，从1912年起，省的军政长官先后改称为总督、民政长、巡按使、督军、省长、省主席。本书为所有任过这些职务的人物立条（个别的因资料不足除外），以存信史，并便于读者稽考。解放后担任中共省委书记、省主席、省长、省革命委员会主任的领导人，包括副职，一一立条，以备查阅。东北抗日义勇军将领马占山、李杜、苏炳文，东北抗日联军将领杨靖宇、赵尚志、李兆麟、周保中等都立有条目。在当代人物980人中，科技人物占30%，体现了科学技术是第一生产力的思想。立条人物中文艺界有萧军、萧红、白朗、曲波、梁晓声、张抗抗、晁楣、马可、张权、郭颂、李默然等；劳动模范有刘英源、马恒昌等；运动员有黄强辉、柳青等。夺得1990年世界速滑1500米冠军的运动员王秀兰，生于1971年，是立条人物中生年最晚的。生于黑龙江省后去台湾的知名人士立条的，有红衣主教于斌、名作家李敖等。

几个特点

《黑龙江百科全书》有下述几个特点。

覆盖面广。全书蕴含的知识相当广泛，古往今来，自然人文，都囊括进去，称得起一部关于黑龙江省的知识总汇。

实用性强。地方百科全书没有诸如数学、物理、哲学这些学科的深奥内容，所刊的人名、地名、物名、历史事件、典章制度、组织机构等占有绝大比重，切合实际应用。

信息量大。全书收条目近7000个，平均每条200字。条目字数限制严格，所以全书文字紧凑，信息密集度高。

规范性好。全书同类型条目都按编写提纲写成，符合百科全书规范化要求。例如水库条目内容为：（1）位置；（2）建设时间;（3）规模（控制流域面积);（4）工程特点（水坝性质、坝长、坝高);（5）经济意义（灌溉面积、养鱼面积、发电装机容量等);（6）其他。

资料价值高。全书大部分条目是根据第一手资料写成的。当代人物、机关团体、农场水库、工厂学校、县市乡镇条目大多未见于其他出版物,而是由撰稿人汲取档案文献内容写成的,第一次公之于众。

本书的不足之处是:自然地理方面未列地质、气象方面条目;某些部分选条不够严格,如学会条目收得过广;文内插图偏少,平均每4页才有一幅;个别数据尚存在分歧。

本书编委会主任是经济学家、原黑龙江省人民代表大会常务委员会主任李剑白,副主任是农业专家、黑龙江省副省长陈云林。

1991年11月

(原载《新闻出版报》1992年1月15日,现发表原稿)

西藏万象　聚于一书
——《西藏百科全书》评介

《西藏百科全书》是一部全面系统介绍西藏历史和现状的地域性百科全书（以下简称《藏百》）。30年前，中国还没有百科全书。1980~1993年，《中国大百科全书》（74卷，1.3亿字）问世，结束了没有百科全书的时代。如今，雪域高原也有了百科全书，怎不令人振奋！因为那里地处高寒，经济不很发达，只有255万人口，文化积累也不丰厚。例如新中国成立前的方志著作，浙江有590部，西藏只有44部（《中国大百科全书·地理学》第136页）。

《藏百》是西藏人民出版社2005年出版的，总编委会主任列确，主编苟天林。共收1284个条目，图表1000多幅，索引主题词5000个，210万字。全彩印刷，装帧精美。就其内容和编纂方法而言，颇有值得称道之处。

选条全面系统

所谓全面,《藏百》所选的条目涵盖西藏的自然景观、山脉河流、历史沿革、行政区划、社会经济、教育文化、宗教信仰、民习风俗,以及其他方面的知识。所谓系统,从"条目分类目录"得知,每个条目都归入小体系,然后层层集聚成中体系、大体系。卷首概述文章《西藏自治区》简明扼要地阐述了西藏的昨天和今天,并且稍稍展望明天,让读者对西藏有全景式的认识。

条目是层次有序的。以"历史"部分为例,先按时序划分为史前时期、吐蕃王朝、分裂割据时期、元朝时期、明朝时期、清朝时期、民国时期、中华人民共和国时期,每个时期大多有一个综述条目。例如"吐蕃王朝"条综述了7世纪至9世纪300年光景的史事。下面设"吐蕃氏族""松赞干布""唐蕃会盟"等23个条目。上下层次条目结合起来阅读,可以更充分地了解西藏吐蕃王朝的兴衰史。不妨说,《藏百》的历史部分是一部以条目形式出现的"西藏简史"。

宗教知识丰富

宗教知识丰富是《藏百》的一大特色。"宗教"部分收216条,分设教派、寺庙、术语、制度、经籍等条目群;加上"人物"部分的教派创立者、寺庙创建者38条,共为254条,约占全书的1/5。

宗教在西藏社会生活中极具重要性，从元朝到解放前，西藏一直实行政教合一制，地方首领和宗教领袖同为一人，政权和教权由一人执掌。藏族人绝大多数信奉佛教（藏传佛教），非常虔诚。民主改革前，西藏有寺庙500多所，超过唐代诗人杜牧说的"南朝四百八十寺"。有的历史悠久，如大昭寺建于唐贞观年间；有的规模宏大，如哲蚌寺可住僧众万余人。寺庙的建筑艺术、雕塑艺术、壁画艺术、造像艺术，以及珍藏的文物，都是西藏的瑰宝。

中国佛教分为三大系：汉语系、藏语系、巴利语系。汉语系佛教即汉地佛教，流传于中国内地，并曾外传于朝鲜、日本、越南；藏语系佛教即藏传佛教（俗称喇嘛教），流传于西藏，蒙古族、土族、裕固族等亦多信奉；巴利语系佛教，即南传上座部佛教，为云南傣族、布朗族等所信奉。藏传佛教主要宗派有宁玛派、噶当派、萨迦派、噶举派、格鲁派（在噶当派基础上发展而成的）。《藏百》给藏传佛教教派和西藏的原始宗教——苯教都立了条目，介绍它们的传承系统，拥有的寺庙，内部制度和社会影响。其中以格鲁派影响最大，寺庙最多。西藏两大宗教领袖达赖和班禅都出自格鲁派。西藏境外的青海塔儿寺、甘肃拉卜楞寺、北京雍和宫等也属于格鲁派。"藏传佛教"条说，20世纪下半叶藏传佛教已传布至西方50多个国家，意大利比萨有西方人当喇嘛、尼姑。这是未见于《中国大百科全书·宗教》卷的。《藏百》的宗教条目约近40万字，实际上具有"藏传佛教辞典"的功用。

地方色彩浓重

西藏同内地比较，几乎事事处处具有特色。《藏百》在地缘方面和人文方面都作了恰当的介绍。

喜马拉雅山有珠穆朗玛峰，高8848.13米（注：2005年测定高8844.43米），世界第一高峰，众所周知。《藏百》还告诉我们，山上还有世界第三（干城章嘉峰，8585米）、第四（洛子峰，8516米）、第五（马卡鲁峰，8463米）直至第十高峰，知道的就不多了。雅鲁藏布江是世界海拔最高的大河，在西藏境内长2057千米，总落差5435米，平均坡降居中国诸大河之首，江水安能不汹涌澎湃！"雅鲁藏布大峡谷"条记述了对大峡谷的历次考察成果。1998年中国科学家徒步穿越考察，用全球卫星定位系统测定，大峡谷长度为504.6千米，深度为6009米，均居世界之首（居第二的美国科罗拉多大峡谷，长370千米，深2133米）。

"冰川"是地学用语，一般地方百科全书可以不收，《藏百》收了。因为西藏是全球中低纬度最大的冰川分布区，也是中国冰川最多的省区，冰川总面积2.74万平方千米，约占全国的50%。

在人文方面，藏族、藏文、藏语、藏医、藏历、藏学、藏餐、藏戏、藏族服装、藏族人名等都立了条目。"藏戏"条写了2万多字，插图14幅，为西藏这一非物质文化遗产作了全方位的记录。藏族人名大多用四个字，如次仁旺堆、扎西多吉，为什么用四个字？笔者疑惑已久，这次读了"藏族人名"条，多年之惑，方得解答。

西藏人种青稞，养牦牛。在高海拔、低气压、冷季长、暖季短的西藏，粮食作物中只有青稞（裸大麦）最宜种植。解放前，青稞占播种面积的92%，目下仍占粮食总产量的2/3弱。青稞炒熟磨成面，加酥油茶等捏成糌粑，是西藏人的主食。牦牛是高原特有的牛种，耐劳而不择食，善走陡坡险路、雪山沼泽，能涉激流，负载量大，被誉为"高原之舟"。牦牛的奶、肉、毛，都是藏族生活中不可缺少的。真是一方水土养一方人。

哈达的礼仪功能，影视上见过不少。"哈达"条说，它有多种颜色，四个等级，五彩的最珍贵，应用起来还有不少讲究。"天葬"条说，天葬师解剖尸体喂秃鹰，直至完全消失，回归自然，是西藏的主要丧葬方式。

高原走向现代

《藏百》反映传统，也以足够篇幅介绍西藏正在走向现代化。交通和能源是实现现代化的主要内容。

1950年代初，笔者听过一位朋友用民谣介绍川藏交通状况说："一二三，雪封山；四五六，淋得哭；七八九，正好走；十冬腊，学狗爬。"蜀道难，藏道更难。那时西藏没有公路。1954年12月，全长2155千米的川藏公路（成都至拉萨）通车；同月，全长1943千米的青藏公路（西宁至拉萨）通车；1957年10月，全长1179千米的新藏公路（新疆叶城至西藏阿里地区首府狮泉河）

通车，这是世界上海拔最高的公路；1973年10月，全长715千米的滇藏公路（云南大理至西藏芒康县）通车。这四条公路是邻省邻区通向西藏的公路。1965年6月，中尼公路（西藏拉萨至尼泊尔首都加德满都，中国境内827千米）通车。改革开放以来，斥巨资对这些公路进行大规模整治和改建。1965年3月，北京—成都—拉萨民用航空航线正式通航。2003年，拉萨同国内城市通航的有成都、北京、重庆、西安、昌都、上海、昆明、广州、迪庆以及香港；旅客吞吐量70万人次，货邮吞吐量1.4万余吨。拉萨—加德满都国际航线已经开通。《藏百》报道了在冻土区建造世界海拔最高的高原铁路——青藏铁路的艰难工程。这条铁路在《藏百》问世后的2006年7月1日通车。

西藏1951年仅有一座92千瓦的电站。2004年电力总装机容量已近50万千瓦，发电量为12亿千瓦时，用电人口覆盖率为57%。羊八井地热电厂，总装机容量2.5万千瓦，是中国最大的地热电厂。

教育是反映现代化的重要内容。解放前的西藏，教育以寺庙为主，文盲、半文盲达95%以上。1951年开办第一所现代型小学——昌都小学。2004年有各类学校1010所，儿童入学率为94.7%，有高等院校4所：西藏大学、藏医学院、西藏民族学院、西藏警官高等专科学院。

图表运用出色

《藏百》图表的运用是相当出色的。每个县名条目都配置一幅按比例尺（大致在1∶1000000至1∶3000000之间）精绘的地图，标出全部乡镇名和大部村落名；并附县辖乡镇一览表，列出每个乡镇的面积、人口，以及所辖行政村和自然村数目。

照片的搜集挑选和拍摄颇具功力。"驻藏大臣及随行人员"是一幅百年老照片，有文献价值。"喜马拉雅山脉"条配照片两幅："喜马拉雅山夕照""喜马拉雅山主峰——珠穆朗玛峰"；前者夕阳辉映，珠峰如赤霞堕地，后者积雪层盖，珠峰似蜡虎卧原，令人悦目赏心，是从千百幅中精选出的摄影佳作。

《藏百》编制的条目附表是可圈可点的。"达赖喇嘛"条有附表"历代达赖喇嘛一览表"，列出世次、法名、出生地、生卒年等栏目，一目了然。"和平解放西藏"条有"和平解放西藏大事记"，以列表形式记述1949年4月至1952年2月的大事71则，眉目清楚。又如"河流"条有4幅表："西藏国际河流名称对照表""太平洋水系河流表""印度洋水系河流表""藏南主要内流水系流域面积表"。这些条目的释文和表格相互匹配，相辅相成。表格信息密集，节省篇幅，表述清晰，便于比较，可以济文之穷。不过，创制一幅表格，较之撰写同样篇幅的文字，费时要多得多。估计全书表格不下300篇，可知《藏百》编纂者为读者舍得付出更多的劳动。

不过在编校质量上，《藏百》还有一些值得改进的地方。

要了解西藏吗？请读《西藏百科全书》。西藏万象，纳于一书。

2007年6月11日写完

（原载《光明日报》2007年10月9日）

缘何似曾相识？

——评《中国小百科全书》

团结出版社于1994年推出8卷本《中国小百科全书》（以下简称《小百科》），洋洋2200万言。封面金赤相辉，一派富丽堂皇。《前言》说"历尽五个春秋"，成此巨著。在辞书出版史上，且不说《牛津英语大词典》历时70年，就中国而言，《辞源》初版，"历时18载而后成"（1898～1915年，见《商务印书馆九十五年》第685页），《辞海》初版，"亘时二十年之久"（1916～1936年），而这两部辞书都不超过1000万字。因此，对2200万字的《小百科》能在5年时间内成书的跃进速度，能不敬佩，能不赞叹！

笔者因为参加过《中国大百科全书·交通》卷（以下简称《大百科》，指的是《交通》卷）的编辑工作，自然也就浏览一下《小百科》的"交通运输"部分。翻阅时觉得一些条目释文似曾相识。这就驱动我做点调查工作——拿出《大百科》的《交通》卷对照阅读。不对不知道，一对吓一跳，发现《小百科》许多条目的释文跟《大百科》颇多雷同,我的心情也就由敬佩转向忧戚,由赞叹转向惊讶!

一项简略统计

《小百科》"交通运输"部分共388条,约9.8万字。现将它的下属分支"水路运输"(在第5卷第288~296页,共86条,约21300字)的条目跟《大百科》相关条目雷同的情况统计列表如下:

雷同情况	条目数	比重
完全雷同	61	70.9%
大部雷同	3	3.5%
半数雷同	1	1.2%
少量雷同	2	2.3%
未见雷同	19	22.1%
合　计	86	100.0%

表中的"完全雷同"是指《小百科》的条目释文有95%以上跟《大百科》的条目释文雷同,说得严格些,则包括完全雷同和几乎完全雷同。"大部雷同"是指《小百科》的条目释文有60%以上跟《大百科》的条目释文雷同,"半数雷同"是指《小百科》的条目释文有40%以上跟《大百科》的条目释文雷同。在这一分支的86条条目中,属于完全雷同和几乎完全雷同的条目共61条,占70.9%。

雷同现象分析

就完全雷同和几乎完全雷同的情况而言，因为《大百科》出版在先（它的《交通》卷是1986年6月出版的），《小百科》出版在后（1994年出版），故而认为后者是抄录前者的。抄录的方法，大而言之，可分为三种：照录，摘录，拼合。

先说"照录"。照录就是将《大百科》的短条目释文迻录下来，只抹去个别字句。例如，《大百科》的"船台"条只有220字，《小百科》的同名条除了有一句未录，改动无关宏旨的几个字以外，全部照录：

> 船台 修船厂和造船厂建在水域岸边供修造船用的场地。造小船时，天然岸坡加以修整可作为船台。修造大船用的船台，要求有足够的承载力，因此应铺设钢筋混凝土梁板式平台，或用桩基来分担船体荷载。船舶上船台和下水，一般要通过连接船台与水域的滑道，也可采用垂直升船机。船台上设有能拆移的支墩，以支承船体，便于施工。为改善工作条件和提高工作效率，在修理中、小型船舶的船台上可搭建顶盖。（《小百科》）

> 船台（building berth） 修船厂和造船厂建在水域岸边供修造船用的场地。修造小船时，可将天然岸坡加以修整作为船台。修造大船用的船台，要有足够的承载力，因此应铺设钢筋混凝土梁板式平台，或用桩基以分布船

体荷载。船舶上船台和下水，一般要通过连接船台与水域的滑道，也可采用垂直升船机。修造船较多的船厂，船台区内一般设有横移区，供移船用。船台上设有能拆移的支墩，以支承船体，便于施工。为改善工作条件和提高工作效率，在修理中、小型船舶的船台上可搭建顶盖。(《大百科》)

《大百科》200~300字的条目不多，所以《小百科》对这种方法也用得不多。

继说"摘录"。摘录是指《小百科》从《大百科》的同名条目中摘取部分释文作为自己的释文。这种方法使用得最多。原因很简单，《大百科》的条目每条平均1000多字，而《小百科》的条目较短，"水路运输"分支平均每条不到250字。而《小百科》如果条条照录，势非篇幅所许可，所以大量使用摘录的方法。

《小百科》使用的摘录方法，又可再分为三种。

1. 摘头舍身法。摘取《大百科》条目释文的开头一两段，舍去其余。例如《小百科》的"港务船"条就是把《大百科》的同名条目开头一段一字不改地照录下来，作为全条释文的。

> 港务船　保证港口正常工作的各种船舶。包括为大船提供各种服务的港作拖船、供油船、供水船和引航船、装运货物的驳船、上下旅客和装卸货物等作码头用的趸船、协助装卸大件货物的起重船以及执行各种特殊任务的消防船、巡逻船和浮油回收船等。(《小百科》)

> 港务船（harbour service boat） 保证港口正常工作的各

种船舶,包括为大船提供各种服务的港作拖船、供油船、供水船和引航船,装运货物的驳船,上下旅客和装卸货物等作码头用的趸船,协助装卸大件货物的起重船,以及执行各种特殊任务的消防船、巡逻船和浮油回收船等。

　　港作拖船　拖船的一种,最重要的港务船。主要用于帮助大船进出港口、靠离码头、移泊和执行各种拖带任务。……(《大百科》)

2. 截取头尾法。摘取《大百科》某一条目释文的开头部分和结尾部分,作为《小百科》同名条的释文。例如《小百科》的"系泊设备"条就是摘取《大百科》同名条开头的定性叙述,然后摘取最后的关于系泊设备的布置方式和自动系缆机械的功用部分。

3. 蜻蜓点水法。《小百科》的条目在摘录《大百科》同名条释文开头部分之后,再对其余部分每段摘一点。例如,《小百科》的"滑道"条,先是摘录《大百科》同名条的定性叙述,然后摘取"纵向滑道""横向滑道""垂直升降机"三个小标题和它们的定义。

　　再说"拼合"。拼合就是把《大百科》两个或两个以上条目的释文东摘一些,西录一些,组装起来,成为《小百科》的条目。例如,《小百科》的"码头"条,就是由《大百科》的"码头""港口"两条的部分释文组合而成的。《小百科》的"通航建筑物"条就是摘取《大百科》"通航建筑物""船闸""升船机""通航渡槽""通航隧道"5条中的部分释文拼凑而成的。这类条目为数不多，可能因为多条摘录组装不如"一对一"摘录方便。

玩弄文字游戏

《小百科》抄录《大百科》大量条目的释文，有全文每一个字都是抄来的（这里的"全文"是指《小百科》的全文），也有稍作改动的。看看这些改动中玩弄的文字游戏，倒是蛮有意思的。

更换同义词是常用的一种方法。汉语丰富的词汇为抄录者提供了方便。例如，《大百科》"灯塔"条定性语是：

> 设置于重要航道附近的塔形发光固定航标。用以指引船舶航行或标示航行险区。灯塔通常有人看守……

《小百科》同名条照录，只是把"用以"改为"用来"，把"通常"改为"一般"。又如《大百科》"天津港"条释文说：

> 天津港是首都北京的出海门户，对首都和华北地区的经济发展及对外贸易起着重要作用。

《小百科》同名条把后一个"首都"改为"北京"，其余照录。又如《大百科》"灯船"条释文说：

> 随着自动化技术的发展，有的灯船已改为无人看守。有人灯船比无人灯船大，设备较为齐全，有无线电通信设备……

《小百科》同名条把"有的"改为"有些"，把"有无线电通信设备"改为"具有无线电通信设备"。关于后者，表明修改者不很理解"有"和"具有"两词在用法上的细致差异。有，在这种情况下,可用于具体事物,也可用于抽象事物;具有,主要用于抽象事物。这里宜用"有",改为"具有",就差些了。

此外,还有把"大部分"改为"大多"("海上保险"条);把"录像设备"改为"录像装置"("潜水"条),出尔反尔,又把"操纵装置"改为"操纵设备"("船舶操纵性"条)。诸如此类,不一而足。这种改动,对于掩饰抄录行为究竟能起多大作用呢?

讹误随处可见

如果规规矩矩地抄而不出差错,也许好些,顶多被称为"文抄公",贻笑士林而已。不幸的是,从笔者查核的这一部分来看,《小百科》出于多种原因造成差错累累,贻害读者。

差错可分三类:擅改的差错,照抄的差错,编校的差错。

第一,擅改的差错就是把《大百科》中正确的内容改成了错误的(这跟玩弄文字游戏不同,玩弄文字游戏只是有点无聊,意思大体未变)。擅改的差错又可分为四个方面。

1. 擅改定义。例如《大百科》"油船运输"条的定义是:

使用油船将原油和散装成品油从一个港口运送至另一港口,是海上运输的重要组成部分。

《小百科》把条头改成"水路石油运输",定义则改成为:

在水运范围内用油船将散装液体石油或石油产品从一个港口或泊位送到另一港口或泊位。

《小百科》的定义有三点不妥。①油船载重量大,大的50多万吨,小的也以千吨计，主要航行于海上，并不能航行于任何水域，说"水运范围内"是扩大了外延。②港口包括泊位，两者是上下层次关系，不是并列关系，不能用选择连词"或"连接。③原来的"散装原油和成品油"的提法是恰当的，改成"液体石油或石油产品"则不确切，"石油产品"种类繁多，不是油船都能运载的。"液体"能不能作为"石油产品"的定语也有问题。再者"油船运输"是海运部门的专业术语，没有必要去改动它。

又如《大百科》"码头"条的定义是：

> 供船舶停靠、货物装卸和旅客上下用的水工建筑物。

《小百科》同名条的定义在照录之后，在开头加一"专"字，成为"专供船舶停靠……"。专者，单一也。码头既有"船舶停靠、货物装卸和旅客上下"三种功能，加了"专"，就前后矛盾了。

2. 擅改术语。《小百科》把《大百科》用的"碍航物"改成"阻碍航行物体"（"航标"条）。"碍航物"是航海学术语，编百科全书应该尊重专业术语，不能随意改动。有趣的是，同条另一处的"碍航物"却没有改，"浮标"条的"碍航物"也没有改。这就造成用语不统一，也说明《小百科》的抄录者既自作主张，又未能严肃处事。又如，《小百科》把"升船机"改作"升航机"（"通航建筑物"条）。"升船机"在《大百科》设有专条，岂可任意改动！

3. 擅改史实。1912年在北大西洋发生海难的大型豪华客轮"泰坦尼克号"，《大百科》正确地指明是英籍的，《小百科》硬要改成"美籍"（"泰坦尼克号海难"条），这是违背历史事实的。

4. 擅改句子。把通顺的句子删得不通。例如《大百科》"苏伊士运河"条释文的末句是：

> 运河第二期扩建工程计划将航道水深增至23.5米，水深11米处的宽度增至240米，过水断面面积5000平方米，可通航载重26万吨、空载70万吨的油船。

《小百科》同名条将这句话删成：

> 运河第二期扩建工程将可通航载重26万吨级、空载70万吨级的油船。

"工程将可通航……"讲得通吗？这是主语和谓语搭配不当的病句。又，"26万"不是成数，不能称为"吨级"。

从上述情况看，如果抄，还是老老实实地抄似乎要"好"些，玩些花样，就会出错。有一改就错的，有一加就错的，有一删就错的。归纳起来，就是一动就错！

第二，照录的差错。照录也会出差错？会的。这类差错发生于下述两种情况。

1.《大百科》的差错也录了下来。如《大百科》"马赛港"条说该港"位于北纬1°28′，东经130°51′"，《小百科》同名条把这个错误的位置也搬了过来。实际上马赛港的位置是北纬43°18′，东经5°24′。有人说，把错误东西也抄袭下来，是剽窃的最好证据。诚然。

2.《大百科》的内容在出版时是对的，现在时过境迁，《小百科》仍然照录就不对了。例如，《大百科》"大连港"条定性语是"中国第二大海港"，释文指出"1983年吞吐量为3520万吨"，仅次于上海港。后来，情况发生了变化。秦皇岛港吞吐量在80年代末已超过大连港，跃居全国第二位。1992年的吞吐量，秦皇岛为8121万吨，大连港为5909万吨。《小百科》抄80年代前期的老皇历，依然说"大连港"是"中国第二大海港"。

又如《大百科》"神户港"条末句说：

> 神户港正在制订以1995年为目标的长远计划，将填筑第三个人工岛。

这句话《小百科》的同名条也照抄了。1994年出版的书竟然还说"正在制订以1995年为目标的长远计划"，岂不令人啼笑皆非！

第三，编校的差错。这方面差错不少，可分为两类：错别字和数字、标点差错。

1. 错别字。"铝矾土"错成"铅矾土"（"散装船运输"条）；"灯光明灭性"错成"灯光明天性"（"浮标"条）；"格栅导架"错成"格栅货杂"（"集装箱船"条）；"重量仍较小"错成"重量仍较少"（"成组运输"条）。这些还只是不好理解和不合习惯。

有的错别字还错出另一种意思来。例如，"华南、中南地区最大的水陆联运枢纽"一句中的"中南地区"错成"中国地区"（"黄埔港"条）；又如，"船舶吨位小"错成"船胎吨位小"（"水泥船"条）。

2. 数字、标点差错。数字错，例如《大百科》"巴拿马运河"条说："运河通航后，大西洋和太平洋沿岸之间航程缩短

5000~10000多公里",其中的"5000~10000多公里"被《小百科》错成"5000-1000多公里"。标点差错不少,这里只举缺乏地理常识的一个例子。《大百科》"水路运输"条的"江河、湖泊"被《小百科》同名条改为"江、河、湖泊"。在古代,汉语的"江"指"长江","河"指"黄河";后来"江"和"河"成为河流的通称。大体说来,北方(不包括东北)的河流称"河",南方的河流称"江","江河"成了河流的总称,如同"湖泊"是湖的总称一样,中间不能加顿号。

看看"内容全新"

百科全书的内容有相对稳定的,也有时常变化的。《小百科》的抄录者对于相对稳定的东西已经把握不住,对于时常变化的东西,更显得无能为力。《小百科》在《序言》中标榜"内容全新"。好吧,且从"水路运输"部分看看是否如此。这里只谈两个问题:国名的表述和海港的信息。

第一,国名的表述。《小百科》"水路运输"分支出现的值得讨论的国名有:"联邦德国"("世界商船队"条),"原联邦德国"("基尔运河"条),"南朝鲜"("世界商船队"条),"前苏联"("内河航运网"条)。

大家知道,德国在第二次世界大战后分为东西两部分。20世纪80年代我国书籍报刊上的用法是:对东部的"德意志民主共和国",简称"民主德国";对西部的"德意志联邦共和国",简称"联邦德国"。1990年德国统一后,虽然国名仍为"德意志联邦共和国",因为"民主德国"已不再存在,简称已不用"联邦德国",而径称"德国"。这是常识。《小百科》"世界商船队"条抄录1986年出版的《大百科》同名条,仍称"联邦德国",已经不合时宜,至于《小百科》的"基尔运河"条称"原联邦德国"就更不妥当了。专名冠"原",表示这一事物过去存在过,现在已不存在,例如"原重工业部"。可是过去简称为"联邦德国"的"德意志联邦共和国"至今依然存在,能冠"原"吗?《大百科》"基尔运河"条的释文是"位于联邦德国北部,横贯日德兰半岛",只要看一眼《大百科》这个条目的附图就知道,运河位置在东西德分裂时期的"联邦德国"的北部,今天依然在统一的德国北部。抄录时动点脑筋,删去"联邦"二字就蛮好,妄加一"原"字,至少表明《小百科》抄录者不审慎。

"南朝鲜"作为地理概念,几十年来我国书籍报刊一直是这样用的。1992年8月,中国同韩国(全名"大韩民国")建立外交关系,报刊从此改称"韩国"。时移世易,《小百科》"世界商船队"条却依然称"南朝鲜",实在不妥。

再说"前苏联"的用法。《大百科》"内河航道网"条释文说:

> 目前世界上已基本形成三个现代化的内河航道网……以伏尔加河为主干的苏联欧洲部分航道网。

《小百科》的抄录者知道苏联已经解体,加个"前"字搪塞过去。殊不知政治上过去的事物可以加"前"字,例如"前苏联总统戈尔巴乔夫"。伏尔加河航道网属于自然地理,不管政治如何变化,它是依然存在的。如果抄录者有点地理常识，不难查到以伏尔加河为主干的内河航道网在苏联解体后属于哪国。

第二，海港的信息。《小百科》"水路运输"分支有一组群海港条目，共15条：鹿特丹港、马赛港、纽约港、杜伊斯堡港、新加坡港、神户港、上海港、秦皇岛港、南京港、青岛港、天津港、大连港、黄埔港、湛江港、香港港。这些条目的释文无一例外，都是从《大百科》抄来的。这是一组信息贫乏的条目，不是《大百科》贫乏，而是《小百科》贫乏。这里介绍3点。

1. 秦皇岛港、黄埔港、湛江港不知在何处。《大百科》的条目说："秦皇岛港地处河北省东部，南临渤海"；"[黄埔港]地处广东省珠江口内"；"[湛江港]位于广东省雷州半岛东北部的广州湾内"。这些内容《小百科》都没有，以致海港在哪个省，濒临什么水域这些基本信息均付阙如。

2. 许多海港条目都没有年吞吐量的数字。海港条目没有年吞吐量，正如同破纪录运动员的条目释文不提他们的比赛成绩一样，难以令人理解。可是《小百科》的新加坡、神户、上海、秦皇岛、南京、天津、大连、黄埔、湛江、香港10个海港条目，居然都没有年吞吐量的信息。在《大百科》中，这些条目都有年吞吐量信息，大多取1983年数字。抄录者大概意识到抄1983年的资料不好意思，自己又缺乏查找资料的能耐，只好留下空白，委屈读者了。

3. 一些港口的年吞吐量用的是陈旧的资料。《小百科》的鹿特丹、马赛、纽约、杜伊斯堡、青岛5个海港条目虽有年吞吐量，

缘何似曾相识？ | 187

但都是抄《大百科》20世纪80年代前期的数字，只是做了点手脚。以"青岛港"条为例，《大百科》这个条目释文说"1983年吞吐量约2183万吨"，年份清楚，数字具体。《小百科》同名条使用模糊手法把它改成"年吞吐量2000多万吨"。这种高明的手法经不住事实的检验。根据中国大百科全书出版社编辑出版的《中国百科年鉴》历年刊布的交通部统计资料，青岛港吞吐量早在1987年就突破3000万吨，达到3028万吨，1992年则为3125万吨。

这就是《小百科》自诩的"内容全新"！

（原载《辞书研究》1996年第3期）

《中华人民共和国国史百科全书》"大事年表"稿审读意见

大事年表的主要功能是供检索之用,是一种时序检索(有别于音序检索、分类检索等)手段,并便于对不同事物作时间上的比较对照。当代这方面综合性的优秀出版物,就个人所见,首推翦伯赞主编的《中外历史年表》(中华书局1961年版)。

大事年表无论是作为单独出版物,还是像此稿那样作为一种百科全书的附录,都要求做到内容准确,选事得当,相对平衡,表达精练。

此稿有可取之处是:(1)上限定得正确;(2)选事密度合适;(3)文字简明扼要。

我只读了1949~1955年的记事,谨陈管见,向作者求教。不妥之处,请不吝指出。

一、有欠准确

"大事年表"是史,尤其是当代人写当代事,留传下来,后人对它有一种信任感,因此,务求正确。于此,提两点意见。

1. 系年要准确。

(1) 1952年人民英雄纪念碑落成。

据《中国大百科全书·建筑》卷"中国现代建筑"条说:"人民英雄纪念碑高37.94米……1958年5月1日揭幕。"(第579页)《中国名胜词典》(上海辞书出版社)"人民英雄纪念碑"条说:"1952年8月正式动工兴建,1958年4月落成,同年5月1日隆重揭幕。"(第2页)

由此可见,例(1)说"1952年……落成",系年有误。此条应移置1958年。如改为"1952年……动工"也不相宜,以免给读者留下悬念:不知建成没有?此等事也不宜写两条,一条动工,一条竣工。

2. 事实要准确。

(2) 1949年12月16日至1950年2月14日,毛泽东访问苏联,两国签订中苏友好同盟互助条约。

据《新中国大事季刊(1950年第一季)》(新华书店1950年版)记载:"二月十四日,中苏友好同盟互助条约在莫斯科签订。……十六日,斯大林大元帅欢宴毛主席及周总理。……十七日,毛主席、周总理离莫斯科返国。"(第43页)

据此，例（2）有两点可议。

a）毛泽东访苏的下限至少是1950年2月17日，而不是"2月14日"。

b）中苏条约的签订，不能是一个跨年的"时段"，而只能是一个"时点"（某一天）。

此条似可改为："1949年12月16日至1950年2月17日（？），毛泽东访问苏联，1950年2月14日签订《中苏友好同盟互助条约》。"

（3）1955年5月，《人民日报》发表三批材料和按语，批判"胡风反革命集团"。

据入选《毛泽东选集》第五卷的《〈关于胡风反革命集团的材料〉的序言和按语》说："我们现在将《人民日报》在一九五五年五月十三日至六月十日期间所发表的关于胡风反革命集团的三批材料……编在一起。"可知，例（3）的"5月"不确切，应改为"5月13日至6月10日"。

（4）1950年5月1日，人民解放军解放海南岛。

（5）1955年1月18日至2月25日，人民解放军解放一江山岛。

上面两例对照，"海南岛"是大岛，一天就解放了；"一江山岛"是弹丸小岛，打了一个多月，令读者生疑。据《中国大百科全书·军事》卷"海南岛登陆战役"条说，1950年3月5日登陆，5月1日解放整个海南岛。同书"解放一江山岛"条说，1955年1月18日14时登陆，19日2时一江山岛解放。一江山岛解放迫使大陈、披山、渔山等岛的国民党军撤往台湾。至2月26日，浙江沿海岛屿全部解放。因此，例（4）宜改为："5月1日，海南岛全境解放。"例（5）宜改为"1月19日，一江山岛解放。"也可加一句："至2月26日，浙江沿海岛屿全部解放。"

二、划定范围

毫无疑义，我们国家是中国共产党领导的，因此，写大事记有时难免党政不分。但是我们这部书毕竟是中华人民共和国国史百科全书，党政之间能够分开的地方，应尽量分开，避免写成党史，大事记也是如此。下面两条属于党史，似可删去。

（6）1949年11月9日，中共中央纪律检查委员会成立。

（7）1950年10月27日，任弼时逝世。

前者是党的机构，似可不列。据我所知，任弼时是当时唯一不担任任何政府职务的中共领导人，也可不列。

最高人民法院、最高人民检察署是与政务院平行的机构，它们是1949年10月成立的，似须记事。

三、事有始终

大事年表的写法要以编年体为主，以纪事本末体为辅。以日记事，凡跨日以至跨月、跨年的事件，不妨记其本末。有的事件虽然跨日，也可以在事件终了之时记事。但求告诉读者以完整的事实，不留悬念。下面商榷几个例子。

（8）1949年6月15日，新政治协商会议筹备会在北平召开。

这次会议不止一天，开头宜写作"6月15~19日"。又"召开"有二义，似用"举行"更好些。

（9）1949年10月23日，中国少年儿童队成立。

"少年儿童队"名称早已不用了。因此宜加一句："1953年8月21日改名'中国少年先锋队'。"

（10）1950年9月25日，全国战斗英雄和工农兵劳动模范代表会议召开。

这次会议不止开一天，宜补结束日期。

四、注意序次

下面的例子宜按"文有序"的原则调整。

（11）1949年9月21日至30日，中国人民政治协商会议第一届全体会议在北平召开，通过中华人民共和国国都、国歌、国旗等决议案，通过中国人民政治协商会议组织法和中央人民政府组织法，通过《中国人民政治协商会议共同纲领》，选举毛泽东为中央人民政府主席。

这次会议内容无论按当时的议程先后，还是按逻辑顺序，都不宜把关于国都、国歌、国旗的决议放在开头，因为"国"还没有出现。首先应该写政协宣布自己执行全国人民代表大会的职权，然后宣告建立中华人民共和国。

会议通过的两个组织法宜加书名号，后一组织法宜用全称，以示庄重。

国都似须具体写明"建都北平,改北平为北京"。还须补上"采用公历纪年"。建都和改元,在我国历史上一直极为重视。此条请修改。

五、务求平衡

"平衡"是写大事年表的基本原则。《中国大百科全书》各科学卷写大事年表要求:一、地域平衡。包括中外内容的学科卷要求中外兼顾;写国外内容要考虑各个国家,不宜偏颇。二、时间平衡。即古今兼顾,不能给某一时代留下太大的空白。三、学科平衡。一个大学科要顾及各个分支,撰写者不能因为个人专业所在强调某一分支的重要性而造成记事失衡。当然平衡是相对的,要从实际出发,不能搞平均主义。

虽然这个大事年表跟《中国大百科全书》的学科卷情况不同,平衡的原则仍然要力求做到。下面提两点。

1. 选事的平衡。1949年11月记有"两航起义",1950年1月记有"香港招商局起义",都应该记。据我所知,1949年6月(本表的上限)以后,各地国民党将领纷纷起义。就省级而言,1949年8月湖南程潜起义;9月绥远董其武起义,新疆陶峙岳、鲍尔汉起义;12月云南卢汉起义,西康刘文辉起义。这些起义的意义和影响,不在两航、香港招商局之下,也应记其事。

2. 用词的平衡。

(12) 1955年4月3日,潘汉年错案发生。

潘案指明为"错案",而上引例(3)的"胡风反革命集团",未说明是冤错案,不平衡。尽管加上引号,而引号是有多种解释的。经历过那个时代的人都知道,胡风案株连之广,远远大于潘案。

六、避免笼统

上面说过,大事年表的功能是供检索之用的。因此要求所记之时之事是具体的,而不是某一时段或某类事件的概述。因此,我们感到下述记述失之于笼统。

> (13)1950年12月2日,中央人民政府委员会任命全国地方军政委员会和行政领导人。

例(13)所说的"地方",从乡到大行政区,都可称为"地方",意思含混,实际上这里是指设置华东、中南、西南、西北四个军政委员会(华北、东北则称"人民政府"),应写明确。这种全国性的大行政区的划分,历史上未有过。

此外,a)"任命……委员会"动宾不搭配;b)"行政领导人"提法未当,疏忽了"军政"之"军"。

此条似可改为:"中央人民政府设置华东、中南、西南、西北军政委员会,并任命领导人。"(不知已设"大行政区"条目否?如未设,应补。)

此外,凡是本书所述的时间范围内省级以上政区变革均应记事,如绥远归入内蒙古自治区,东北六省并为三省等。

（14）1949年8月中旬至9月底，人民解放军解放中南、西北和东南地区，湖南、绥远、新疆和平解放。

例（14）有几点可议：

a）"西北和东南"含义模糊，无明确范围，"中南"一词作为行政区划名称这时还未出现。

b）前后两分句既可作并列关系理解，也可作包容关系理解，因为"湖南"属于后来设立的"中南"地区。

c）湖南是8月4日和平解放的，广州、厦门是10月解放的，"至9月底"这个时间用语覆盖不住。

愚见以为这一条应该具体化。如写明"8月4日，程潜、陈明仁起义，湖南和平解放。"以一个省的解放或省会城市的解放为列条的界线，低于此一般不列。

（15）1949年10月3日起，中国政府决定和苏联等国建交，确立独立自主外交政策。

上条的"10月3日起"，到何时为止？"等"字，也是无边无界，这类词在年表里徒增麻烦，尽量少用。建立外交关系是国史的重要内容，似应具体起来。建议凡建交都立条，如果一个时期建交密度大，可放在一起写。此条似可改为："10月3日，中国和苏联建交；4日和保加利亚、罗马尼亚，6日和匈牙利、朝鲜、捷克斯洛伐克，7日和波兰，16日和蒙古，27日和德意志民主共和国，11月23日和阿尔巴尼亚，1950年1月8日和越南，先后建立外交关系。"

又，"确立独立自主外交政策"，"确立"很难说是哪一天的。

在20世纪50年代中苏蜜月时期,"一边倒"是公开宣布的,外交上也不例外,唯"老大哥"马首是瞻,人所共知,这几个字不妨删去。

七、大事有漏

篇幅有限,沧海遗珠之事难免。但重要事件不能遗漏。这里提两件事。

(16)1949年10月1日,中央人民政府成立,任命毛泽东为人民革命军事委员会主席,朱德为人民解放军总司令;举行开国大典,毛泽东宣告中华人民共和国成立。

同日,朱德发布中国人民解放军总部命令。

这条记述,未提到任命周恩来为中央人民政府政务院总理,宜补上。按次序,宜置于任命"人民革命军事委员会主席"之前。

又,在文字表达上,后一个"毛泽东"之前宜加"中央人民政府主席",以免误会为承前以"人民革命军事委员会主席"身份宣布的。

又,朱德是在开国大典上发布命令的,宜写在一起。现在另起行,加"同日",会被误会为在另一场合发布的。

(17)1950年10月19日,中国人民志愿军赴朝进行抗美援朝战争。……1951年7月10日,朝鲜停战谈判在开城举行。

上例只说"赴朝",年表中未提到志愿军回国。据《中国大百科全书·军事》卷"中国人民志愿军"条说，最后一批于1958年10月26日撤离回国。宜补上。凡是有头有尾的事件，务必做到前后照应，有始有终。

又，开城"停战谈判"不止谈一天，宜加"开始"字样。

八、选好角度

许多事物可从不同角度立条，从不同的方向切入，宜选最能说明事物的角度下笔。例如：

（18）1951年11月30日，中共中央批转刘青山张子善贪污案的报告。

此事，愚见以为，以1952年2月10日法院判处刘张二犯死刑立条更好，也表明案件结束。

（19）1952年6月中旬，教育部进行全国高校院系调整工作。

此等大事，教育部做不了主，也不是"中旬"（至多十天）办得完的。政务院有《改革学制的决定》文件，手头缺资料，请查一下，可否以发布文件作为记事的切入口？

九、典章制度

有些机构名称关系典章制度，不宜轻加改动。例如：

（20）1949年10月9日，中国人民政治协商会议第一次会议举行,通过毛泽东为全国委员会主席。

这次会议名称不准确,应是"中国人民政治协商会议全国委员会第一次会议"。

十、文字斟酌

1. 务必简明。例如:

（21）1950年人民解放军解放万山群岛。

似可改为"……万山群岛解放",并加月日。

2. 慎用动词。例如:

（22）两国签定中苏友好同盟互助条约。

"签定"宜用"签订",条约名加书名号。

又如上引例（20）的"通过毛泽东为全国委员会主席",宜改为"选举毛泽东为主席"。

3. 力求通畅。例如:

（23）1949年11月11日,中国、中央航空公司宣布"两航起义"。

此句宜改为:"中国航空公司、中央航空公司宣布起义。"也可加一句"称为'两航起义'"。

（24）1949年9月,中国军事顾问团帮助实施援越抗法边界战役。

文中"帮助"和"援"似乎重复,此句费解,请疏通。作者文笔不错,有可能是过分照顾了参见词而造成句子不顺。

十一、其他问题

（25）1951年5月20日，《人民日报》发表毛泽东撰写的文章，批判电影《武训传》。

实际上，那是一篇毛泽东撰写的《人民日报》社论（见《毛泽东选集》第五卷）。此句似可改为："《人民日报》发表毛泽东写的社论《应当重视电影〈武训传〉的讨论》，发动批判《武训传》运动。"

（26）1951年9月9日……发出农业生产互助的决议……

"决议"名称用了简称，省字有限，不如用全称"《关于农业生产互助合作的决议》"。

（27）1955年3月1日，中共中央指示批判资产阶级唯心主义思想活动。

（28）1952年，第一批女飞行员起飞。

例（27）所记之事内容太泛，似可不列。例（28）所记之事对后来影响不大，也未见出过杰出的女飞行员，似可不列。

此外"新中国""旧中国"之类字样，按《中国大百科全书》体例规定是不用的，最好避开。

标题《中华人民共和国史大事年表》中的"史"字似可删去。

1999年2月12日

（原载《探讨》2003年第1期）

第一部京剧百科全书
——介绍《北京京剧百科全书》

京剧喜讯频传。联合国教科文组织于2010年11月批准京剧列入人类非物质文化遗产名录,这是国际社会对中国京剧艺术的尊重和认可;京华出版社于同年12月出版了中国第一部京剧百科全书——《北京京剧百科全书》,以北京为重点,系统地介绍了京剧艺术。

世界上有三种历史悠久的戏剧文化:古希腊的悲剧和喜剧,印度的梵语戏剧,中国的戏曲。中国的戏曲虽成熟较晚,宋元迄今,亦近千年,经过长时期繁衍融合,形成了当今遍布中华大地的300多个剧种。戏曲百花园中群芳争妍,京剧以艺术精湛,巨星灿烂,被誉为第一剧种,独领风骚。

《北京京剧百科全书》(简称《京剧百科》)设置京剧史、表演艺术、舞台美术、艺术造型、流派、人物、剧目、综合8个分支。有条目876个,图片960余幅,知识检索主题4400多个,总字数130万字。

三大板块

《京剧百科》的主要内容可归纳为历史、艺术、人物三大板块。

先说历史板块。主要是"京剧史"分支和正文后的《大事年表》。"京剧史"条告诉我们，京剧形成于北京，但非渊源于北京。清乾隆五十五年（1790）起，徽调三庆戏班等次第进京。徽班以唱二黄为主，兼唱昆腔、吹腔等，以诸腔并奏、节目丰富而风靡京师。稍早入京的秦腔（西皮调）艺人纷纷加入，形成徽秦合流。嘉庆、道光年间，湖北的汉剧艺人接踵来京，搭入徽班，形成徽汉合流。徽班兼容并蓄，逐步把西皮调和二黄调融合起来，吸收昆腔、梆子等声腔的精华，又在剧目、舞台语言、表演风格等多方创新，到同治、光绪年间终于形成皮黄戏，称雄京师梨园。清末民初，北京皮黄班源源赴沪，占领上海剧坛。沪上观众称皮黄戏为京戏或京剧，成为京剧名称的由来。京剧继之流布全国，达到繁荣的高峰。

历史板块记述往事，书中设有科班、戏班、票房、戏楼、堂会戏等条目。科班是当时培养戏曲艺人的教育机构，一般招6~10岁男童入科，学制7年，因材施教，强调基本功训练。轻文化，重技艺，学员每天要做长时间、超强度的严厉练习。富连成科班造就人才最多。老生马连良，花旦筱翠花，花脸侯喜瑞、裘盛戎，武丑叶盛章，小生叶盛兰都创立自己的流派。梅兰芳、麒麟童早年也曾在此搭班习艺。现在报刊常谈过去的大学,这部书里可以看到过去的戏曲学校。

次言艺术板块。戏剧是综合的艺术,京剧蕴含文学、音乐、舞蹈、美术诸艺术要素。《京剧百科》的表演艺术、舞台美术、艺术造型和剧目4个分支可归入艺术板块。

京剧是诗剧。"剧目"分支立有流布广泛、久演不衰的剧目如《空城计》《玉堂春》《打渔杀家》《闹天宫》《贺后骂殿》《追韩信》《宇宙锋》等约190个条目,每条都引出精彩的唱段。《嫦娥奔月》的唱段是:

> [南梆子]碧玉阶前莲步移,水晶帘下看端的。人间匹配多和美,鲜瓜鲜酒庆佳期。一家儿对饮谈衷曲,一家儿同入那绣罗帏。想嫦娥独坐寒宫里,这清清冷冷有谁知?

脸谱是净角、丑角、红生、勾脸武生的脸部勾画图案的性格化装,具有辨忠奸、寓褒贬、别善恶的功能。经过历代艺人的创造和改进,《脸谱大全》一书载有谱式1038个,其中京剧795个,占3/4强。脸谱已成为京剧的标志,脸谱一挂,表示要演京剧了。

再说人物板块。京剧是演员表演的,人物板块当然是全书的主体。这个板块包括人物和流派两个分支。人物分支收177人,有演员,也有编剧、导演、乐师,加上流派条目中的人物,以及知名票友,共有300多人,足以编出一部《京剧名伶传》。

《京剧百科》列有创立流派的名伶39人,其中生行22人:程长庚、余三胜、张二奎、俞菊笙、孙菊仙、谭鑫培、汪桂芬、尚和玉、杨小楼、盖叫天、高庆奎、姜妙香、言菊朋、余叔岩、麒麟童、马连良、谭富英、杨宝森、奚啸伯、李万春、叶盛兰、李少春；旦行11人：龚云甫、王瑶卿、李多奎、梅兰芳、尚小云、荀慧生、筱翠花、程砚秋、黄桂秋、宋德珠、张君秋；净行4人：郝寿臣、金少山、侯喜瑞、裘盛戎；丑行二人：萧长华、叶盛章。就京剧发展而言，以程（长庚）派、谭（鑫培）派、梅（兰芳）派的影响最为广大深远。谭氏一家，献身菊坛，绵延七世。

传记条目对于人物生平写得简明扼要。麒麟童之死是这样表述的："'文化大革命'初期，《海瑞上疏》被诬蔑为'大毒草'，因而受到迫害。1975年3月8日逝于上海。1978年获平反。"对于艺术评价则写得深中肯綮。梅兰芳的唱工是这样描述的："梅兰芳嗓音高宽清亮，圆润甜脆，音域宽广，音色纯净饱满。唱工平和中正，雍容华贵，端庄凝重，体现出古典美……梅兰芳精通音律，吐字讲究五音、四声、尖团，发声善用共鸣。"

本书秉持"生不入志"的原则，而书中的流派条目，则采取以"派"系人的方式，简要地介绍了当代有影响的演员如刘长瑜、张学增、李维康、冯志孝、于魁智、李胜素等人的艺术成就，并列入索引。

编纂亮点

《京剧百科》引人注目的编纂亮点有四。

一是图文并茂。京剧是表演艺术，无图就成了纸上说戏，艺术类工具书理应配置较多的图片。本书正文平均每页配图1.6幅，主要是名伶舞台形象，还有人物、戏装、建筑、乐器、书影、文献等照片，称得起琳琅满目。"同光十三绝"之一徐小香卒于1902年，书中刊出他的便装照片，弥足珍贵。

二是雅俗共赏。京剧既是高端的艺术的殿堂，又深入于市井乡野。《京剧百科》和京剧一样，也是雅俗俱赏的。一般读者，包括戏迷、票友可以随意翻阅，会心欣赏，增长知识；对于戏剧（包括京剧）研究家来说，则是一部不可或缺的工具书。

三是信息丰富。仅就表格而言，全书共收表126幅，储藏信息极为可观。《京剧图书表》著录书籍200种，是一条通向书海的桥梁。《锣鼓经术语表》列出术语85条，分别说明含义、用途和用例；给人印象是，任一专业，都有说不尽的学问。

四是检索方便。当今出版的辞书，以《中国大百科全书》的检索渠道最多，周有光先生誉之为"路路通"。《京剧百科》也是如此，安排了音序检索、分类检索、笔画检索、主题检索、时序检索诸渠道。其中主题检索编成卷末的《条目主题分析索引》，最为完备。书中所载京剧脍炙人口的唱段如《玉堂春》的"苏三离了洪洞县……"，《甘露寺》的"劝千岁杀字休出口……"都以首句列入索引，颇具新意。

本书编辑委员会主任唐大生、王宁、王刚、张建东。主编段炳仁，副主编李德平、马铁汉等。

2011年8月27日于北京

纳万象于一卷之中

——介绍《剑桥百科全书》中文版

中国友谊出版公司最近推出的《剑桥百科全书》（以下简称《剑百》）是单卷本案头型百科全书。此书英文原版宣布的主要宗旨"在于提供构成人类知识总体的事实、事件、观点、信仰和成就的简明、系统而又可读的知识信息"。《剑百》中文版共475万字，正文部分收条目24000余条。其中自然科学和应用技术条目约占47%，社会科学、人文科学以及文化艺术方面的条目约占53%。有插图、地图400多幅，彩色插图16页；最后附有汉字笔画索引。这部书有值得称道的地方。

英国风格。《剑百》英文原版是英国剑桥大学出版社和钱伯斯兄弟出版公司合作编纂出版的。剑桥大学出版社作为世界著名学府的出版机构早已蜚声宇内。钱伯斯公司自从1859～1868年出版十卷本《钱伯斯百科全书》以来，以内容精当、体裁严谨、文字整饬和富有学术性而为读者称颂，历百年而不衰，成为英国百科全书界的巨擘。《剑百》为我国首次引进的英国百科全书，就具有上述风格。

时代气息。百科全书卷帙浩繁，编纂旷日持久，处在科学技术日新月异，世界风云迅速变幻的时代，往往书一出版，某些内容就有老化之感。《剑百》为单卷本，正所谓"船小好掉头"，可以说是跟上时代的。书中电子革命、计算机科学、太空探测等高科技内容，均已达到20世纪90年代初期的水平。

信息密集。全书24000多个条目，每个条目往往都是可以写成一部大书的主题压缩在几百字之中，知识浓度很高，没有掺兑水分和说空话的余地。全书7万多个参见词起了相互补益和触类旁通的作用。例如"中国"条释文之末，就介绍读者参阅35个条目。这样不但丰富了每个条目的内容，而且条目之间互相交织，把人类知识结构成多维的信息网络。

独特设计。百科全书有它的共性。《剑百》自出机杼的设计表现出独有的特色。整体结构是知识门类平衡协调。人物条目占22%，地名条目占16%，事物条目占61%，切合实用。引人注目的是书中附录《百科便览》，用图表形式按知识门类辑录了大量资料。天文地理、历法时差、符号数据、节日庆典等无所不有。例如20世纪世界各国政治领袖的完整名录则为各种标准工具书所仅见；体育运动的冠军资料也极为完备。这一部分即使随意浏览也颇有益智功能。

《剑百》的编纂者和翻译者都是出色的队伍。条目撰写者是来自各个高等学府、博物馆及其他权威学术部门的一支国际阵容的专家队伍。中文版编译委员会成员都是各学科专家，大都参加过百科全书的编纂和编译工作，将近半数为《中国翻译家辞典》的立条人物。这样两支队伍合作出书，称得起是"珠联璧合"。

（原载《人民日报》1997年10月14日）

《苏联百科词典》将出新版为平反人物立传

《苏联百科词典》是《苏联大百科全书》的浓缩本。前者遵循《苏联大百科全书》的传统，在人物选条方面，凡是原属敌对阵营中的重要人物是给他们立条的，例如十月革命后发动叛乱的沙俄海军上将高尔察克立有条目；国际共产主义运动中被批判的人物如德国的拉萨尔、考茨基也立有条目。可是苏共党内被镇压的反对派人物如布哈林等则不立条目。

据苏联《消息报》1988年4月11日登载的文章说，苏联百科全书出版社社长潘诺夫宣称：《苏联百科词典》正在准备的第五版，作了重大修改，同以前各版有很大不同，篇幅也稍有增加。在人物传记方面引人注目的变动是，新版将刊出关于积极参加十月革命和在苏维埃政权最初几个十年从事党和国家工作，而在20世纪30~40年代和在50年代初遭到镇压的人物传记。条目释文将写出这些人物的死亡年份和死亡原因，以及死后恢复名誉的事实。人物传记材料来自苏共中央政治局委员会以及像苏共中央马克思列宁主义研究所这样的权威科学研究机关。潘诺夫说，新版

《苏联百科词典》业已发排，预定1989年年初问世。

（原载《书林》1988年第8期）

【附记】苏联百科全书出版社于1969～1978年推出《苏联大百科全书》第3版，共30卷；继之于1980年出版浓缩本单卷案头工具书——《苏联百科词典》（Советский Энцикаопедический Cаоварь）。中国大百科全书出版社根据该书1980年第1版进行翻译，又按1983年第2版作了必要的修订和增补，并于1986年出版中文版。苏联百科全书出版社原拟于1980年代末再出新版，因苏联解体未能如愿。

苏联解体后，由苏联百科全书出版社改组而成的"俄罗斯大百科全书"科学出版社于1991年出版了《大百科词典》（Боаьюой Энцикаопедический Cаоварь）第1版，实际上就是解体前的《苏联百科词典》，只是适应新的环境少有修订而已。1998年出版第2版，才作大幅度的更新，采取了新观念，采用了新信息。对书中的资本主义、帝国主义、社会主义、共产主义这些条目都重新改写，阶级斗争这一条目干脆删除。

独树一帜的百科全书
——《康普顿百科全书·社会与社会科学卷》介析

《康普顿百科全书》全名《康普顿百科全书及事实索引》（*Compton's Encyclopedia and Fact-Index*，以下简称《康普顿》），是美国最著名也最畅销的几部百科全书之一。它是一部供学校、家庭、图书馆使用的一般性参考书，主要是为小学高年级学生、中学生、中等文化水平的成年人编纂的，以文字晓畅易懂、内容富含情趣而闻名遐迩。

《康普顿》自1922年问世以来，经过不断修订，到20世纪末叶已有七八十年历史，称得上是"老字号"百科全书。它经历了社会的挑剔，时间的考验，市场的风波，以自己独树一帜的风格而历久不衰。当然，近年来网络百科的兴起，纸质百科全书普遍受到挑战，《康普顿》自不例外。

商务印书馆从美国康普顿知识出版社引进的《康普顿》是1994年版，戴尔·古德主编，全书26卷，分为正编和事实索引两部分。第1~25卷为正编，共收条目5700条，折合中文约1700万字，平均每条约3000字，所以有的评论家说它是大条目主义（当然不能跟《不列颠百科全书·详编》有长达数十万字的长条目相比）百科全书。《康普顿》为了补救正编条目偏少之"偏"，第26卷《事实与索引》收资料性词条28500条，提供简明扼要的信息，以满足快速检索的需要。

商务印书馆为出版这部皇皇巨著，设置了《康普顿》中文版编译出版委员会统筹其事，由副总编辑、翻译家徐式谷任主任，聘请百科全书编纂家、翻译家金常政、徐慰曾任顾问；采取大类分卷方式出版，将正编条目分为5个学科卷，现已全部出齐。它们是：《技术与经济学卷》2001年出版，主编吴衡康；《生命科学卷》2003年出版，主编杨枕旦；《自然科学卷》2003年出版，主编周志成；《文化与体育卷》2005年出版，主编赵景纯；《社会与社会科学卷》2006年出版，主编徐奕春。以下，笔者以《社会与社会科学卷》为对象，简析一下《康普顿》的几个编纂特点。

第一，所含内容，包罗万象。《社会与社会科学卷》的内容相当广泛，共设10个分支：社会与社会活动家，政治与政治家，国际关系、外交，战争与军队，法律，人类学、民族、民族领袖，社会学和心理学，哲学，宗教，其他。全卷共设条目809条。以"社会与社会活动家"分支而言，既立有讨论重大问题的条目，如：文明、封建主义、资本主义、社会主义、共产主义，也立有社会上普遍关注的条目，如：家庭、婚姻、儿童保育、人口、就业、劳工运动、社会保障、自杀、贫困、礼节、传播、交流技巧,等等。

第二,提供知识,全面扼要。人们查阅百科全书,通常有两种要求。一种是希望解释一个术语或者专名,例如关税是什么税?枫丹白露在哪里?另一种是希望知道某一事比较全面的知识。《社会与社会科学卷》的正编是为满足后一种需求而编的。例如"人口"条开头说:

1987年当世界人口超过50亿这个里程碑时,联合国估计这个记录在21世纪末增加一倍以前不会稳定下来。世界人口达到第一个10亿所需要的时间,是从史前有人类开始一直延续到19世纪初叶。世界人口的第二个10亿用了一个世纪多一点的时间。1960年达到30亿,是不到50年的时间。此后多增加的几十亿人口是在每10亿大约用12年时间积累起来的。

尽管世界人口出生率在逐渐下降,但是人口仍继续以每年超过9000万人记录的比率在增长。这个增长数的90%是在非洲、拉美和亚洲(日本除外)的发展中国家——主要是中国和印度。

人口的这种惊人的增长的基本原因,是死亡率的下降。19世纪,由于工业化带动在健康和生活条件等方面的改善,新发展的农业和交通工具帮助增加了食物的供应,欧洲、加拿大和美国的死亡率开始下降。19世纪末,这些地区出生率也开始下降,人口的增长放慢了。

上面三段话给世界人口状况勾勒出一个总的轮廓。第一段从时间角度说明世界人口总的趋势，第二段从空间角度说明世界人口总的格局，第三段从发展角度说明世界人口增长的原因。不仅如此，接下来还介绍了人口统计学家的预计：到2100年之前，世界人口增至100亿时，人口出生率和死亡率才能相抵。到那时，印度人口将从1990年的8.53亿增至17亿。肯尼亚人口将增加5倍，由2500万增至1.16亿。在人口压力下，吃饭、教育、医疗、就业都有困难。

条目释文还说明了发达国家的人口趋势，各大洲人口的老龄化、城市化、婴儿死亡率和寿命预测。在谈到婴儿死亡率时，释文用事实说明教育的重要：斯里兰卡的女孩几乎全部都上小学，而沙特阿拉伯只有半数多一点；斯里兰卡妇女都有一些卫生常识，所以该国婴儿死亡率（婴儿出生后一年内死亡）为33‰，而沙特则为109‰，尽管沙特的人均收入为斯里兰卡的24倍多。

第三，条目释文，信息丰富。条目无论长短，都以内容充实见称。"元旦"条只有千字，却介绍了世界多地庆祝新年在时间上的差异和风俗的不同。4000年前的两河流域，巴比伦的新年从靠近春分的新月（一般在3月中旬）开始，亚述的新年则靠近秋分在9月份开始；埃及、波斯在秋分当天庆新年；希腊的新年定在冬至（现在的12月21日或22日）前后；罗马的新年原为3月1日开始，公元前153年改为1月1日，公元前46年颁行儒略历仍沿用这一制度。释文还介绍了犹太人、印度、日本的新年，也记述华人过春节的情况："凡是有很多中国人居住的地方，就会庆祝中国新年。正式的庆祝从1月底或2月初开始，持续一个月。过年时还在街上游行和放焰火。"

第四，罕见事物，亦有收录。社会是个万花筒，无奇不有。如"海盗和海盗行径"条介绍了海盗船的一些"规矩"。船长由选举产生，他平时是普通船员，战时才有绝对权威。军需官权力大于船长，也由选举产生，他负责分配战利品，有权惩罚犯错误的海盗，如不称职就被罢免。海盗对战利品感兴趣，对战俘不感兴趣。俘获船只，洗劫之后连人带船放走，有时扣押战俘只是为换取赎金。海盗船不许带妇女，不许骚扰被俘妇女。逃跑或偷窃别人财物者则被放逐到荒岛上渴死。释文评论说："海盗不是浪漫的生活方式，而是严肃的职业。"应了一句古话：盗亦有道。读者不妨同当今的索马里海盗作个比较。

第五，图、表并茂，济文之穷。《康普顿》1922年问世时，书名为《康普顿图解百科全书》，1968年版开始，书名虽然舍去"图解"，然而仍然以图表出色驰誉书林。如"人口"条的附图——"1750—2100年世界发展中和发达地区人口增长"。这是一幅时间、地域、数字三元结构的动态统计图，它回顾过去250年，展望今后100年。明达之士读此图无不触目惊心！绘制这些插图颇具匠心。

附表也值得称赞。如"战争"条有两幅表，一为"重要的战争与战役"，列出重要战争43次，重要战役86次；一为"重要的围困"，列出重要围城战36起，短的14天，长的20多年。两表共占全条版面字数的44%。表格信息密集，查检方便，可以相互比较，一目了然，同插图一样，能济文字之穷。制作同样篇幅的表格较之撰写同样篇幅的文字，往往要付出更多的劳动。

第六，厚今薄古，侧重现代。"政治与政治家"分支，共收政治家195人，但古代和中世纪仅各收录1人。按出生年排序，第三位就是卡尔·马克思（1818～1883）。收入《康普顿》的政治家绝大部分是近现代以来活跃在各国、各区域或全球的人物。例如东亚、南亚各国的现代领导人基本上都列有条目。

应该提到，《康普顿》编译者的两项值得称道的决策。一是大类分卷出版，以便读者可以根据自己的专业要求和兴趣所在购买需要的学科卷。二是对原文只译不改，使读者可以通过《康普顿》这个窗口观察西方的文化风尚和学术观点，不受干扰地认知内容和作出判断。

（原载《出版发行研究》2011年第8期）

第 三 辑

关于语文辞书和专业辞书

于精微处见功夫
——管窥《现代汉语词典》第5版条目释文的修改

《现代汉语词典》第5版（以下简称《现汉》5版）自2005年7月出版后，好评如潮。普遍认为这一版有两大特色：一是新增条目6000多条，删除条目2000多条，吐故纳新，体现出与时俱进；二是给条目全面标注词类，为前所未有。

条目释义是辞书的灵魂。中外名牌辞书的编纂者无不在释义上倾其全力。《现汉》5版除上述两大变革之外，在释文修订上也下了很大功夫。《现汉》本来就是一部划时代的中型汉语辞书精品，这一版的修订本着精益求精的旨趣，反复推敲，用心打磨，殚精竭虑，认真锤炼，取得越修越好的成果。下面仅就管窥所及，谈谈5版在释文（包括释义和用例）修改上的成就。为便于介绍，姑且分为加、减、改、分、合、照应六个方面举出实例说明。

一、加：丰富释义，充实内容

《现汉》惜墨如金，释文几乎达到针插不进、水泼不进的地步。不过为了丰富信息、传播知识，有时也是舍得篇幅，在释义上使用加法的。例如：

（1a）[飘尘] 颗粒较小、能够长时间在空中飘浮的灰尘，可以随气流飘到很远的地方，造成大范围污染。（4版附《新词新义》条目）

（1b）[飘尘] 颗粒极小（直径小于10微米）能够长时间在空中飘浮的灰尘，可以……（5版）

"飘尘"既是普通用语，也是科学术语。例（1b）加了括注"直径小于10微米"，增进了环境保护知识。环境科学家认为，颗粒物直径小于10微米的，借助于空气浮力能在大气中飘浮，大些的，会很快沉降，称为"降尘"。又，改"较小"为"极小"，同括注匹配，因为"小于10微米"，可到无穷小，正是"极小"。

（2a）[平台] ①晒台。②平房②。③生产和施工过程中，为操作方便而设置的工作台，有的能移动和升降。（4版）

（2b）[平台] ①晒台。②生产和施工过程中，为操作方便而设置的工作台，有的能移动和升降。③指计算机硬件或软件的操作环境。④泛指进行某项工作所需要的环境或条件：科技推广站为农民学习科学知识、获取市场信息提供了～。（5版）

例（2b）中的义项③④是新增的，很有必要。义项③是随着计算机的普遍应用而出现的，在《现汉》4版所附的《新词新义》中已经立条，只是释义写得不如5版简约。义项④是纯粹新增的，"平台"这一含义近年应用极广，什么教育平台、竞技平台、服务平台、交易平台等等，屡见于媒体，大有无事不平台、无处不平台之势。又，删去例（2a）的义项"平房②"，做得对。这本来就是个方言词，近年用得更少。

二、减：净化释义，抹去冗例

减法的应用主要有两个方面，一是删去释义中非必要词语，二是抹掉非必要用例。例如：

（3a）[飘曳] 随风摆动；摇曳：柔软的柳枝在晨风中~。（4版）

（3b）[飘曳] 随风摆动；摇曳：柳枝在在晨风中~。（5版）

《现汉》的释义以结构严谨、用语精练著称于世，不过偶尔也不免有微量水分。例（3a）的"柔软的"，作为例句的用语是多余的，可能是编纂者漫不经心地为语料所左右。

（4）[普遍] 存在的面很广泛；具有共同性的：~化｜~性｜~真理｜~现象｜~流行｜~提高人民的科学文化水平｜乒乓球运动在我国十分~。（4版）

例（4）"普遍"条4版有7个用例，5版删去"普遍化""普遍性""普遍真理""普遍流行"4例,是必要的。以"化、性"作后缀组成的合成词,数量可观,用作例词,自应有所控制。保留下来的"普遍现象"的"普遍"作定语用,"普遍提高人民的科学文化水平"的"普遍"作状语用,"乒乓球运动在我国十分普遍"的"普遍"作谓语用,已很全面。"普遍真理"的"普遍"也是定语,"普遍流行"的"普遍"也是状语,自然不必重复。况且,"普遍真理"造句功用不广。

三、改：更易一字，都有道理

文学史上有不少改动一字流传千古的故事。例如唐人《早梅》诗"前村深雪里,昨夜数枝开",后改"数枝"为"一枝",紧扣题中"早"字。《现汉》5版也有更易一字的佳例。古代诗文改动一字,旨在增强修辞效果;5版更易一字,则是出于体例要求,力求逻辑严密。

（5a）[平正] ②不歪斜：墁的砖又～又密合。(4版)

（5b）[平正] ②不歪斜：地面铺的砖又～又密合。(5版)

例（5b）改"墁"为"铺",合乎《现汉》释文用常用字的要求。"铺"字列入《现代汉语常用字表》的2500个常用字中,"墁"字则列入收字7000个的《现代汉语通用字表》中。《现汉》体例规定要求以浅释深,可以用"船"释"舟",用"大"释"巨",不能相反。

（6）[分文不取] 一个钱也不要（多指应给的报酬或

应收的费用）：我要是治不好你的病，～。（4版）

"分文不取"一语，是从"取者"也就是"收方"的立足点说话的。5版将括号中"多指应给的报酬"的"应给"改为"应得"，这么一改，就同前后的"不取""不要""应收"的立足点一致起来，语气就顺了。

四、分："飘、漂"分工，又一创新

《现汉》曾为梳理汉字形、音、义纠缠的工作费了大力。例如"检、捡、拣"都有拾取义，"捡、拣"都有挑选义，"检"还有检查、检点义。《现汉》秉持规范化方针，采取尽可能分化的原则，参考《新华字典》等，使这三个字有了分工。《现汉》第1版"检"条释作：①查，②约束、检点，③同"捡"；"捡"条释作：拾取；"拣[1]"条释作：挑选；"拣[2]"条释作：同"捡"。这三个字释义的表达方式1至5版保持不变，只是举例有部分变动。实际上是由"捡"承担拾取义，由"拣"承担挑选义，由"检"承担"捡、拣"本来就不承担的检查、检点义。"检"同"捡"，"拣[2]"同"捡"，只是聊备一格而已。若干年来，已经很少看到三字混用的情况。

《现汉》5版又做了"飘、漂（piāo）"释义分化工作，因为这两个字长期以来应用时也纠缠不清。

（7）[飘] ①随风摇动或飞扬：～摇｜红旗～～｜外面～着雪花。（4版）

（8）[漂] piāo　②顺着风向、液体流动的方向移动：远远~过来一只小船。（4版）。

5版"飘"条释文仍旧，"漂（piāo）"条释文删去了"风向"和后面的顿号，表明给"飘、漂"二字作了分工：随风摇动或飞扬用"飘"，随波移动用"漂"。这就影响到一系列多字条目释文的修改和调整。例如：

（9a）[飘荡]　①随风飘动或随波浮动：红旗迎风~｜小船在水中~｜校园里~着欢乐的歌声。②漂泊②：弃家避难，四处~。（4版）

（9b）[飘荡]　①随风飘动：红旗在空中~｜校园里~着欢乐的歌声。②漂泊②：弃家避难，四处~。（5版）

5版删去（9a）的释义中的"或随波浮动"字样和例句"小船在水中飘动"，并为此增立"漂荡"条：

（10）[漂荡]　①随波漂动：小船在水中~。②漂泊②。

同样地，"飘动"条4版释义中的"（随着风、波浪等）摆动"，5版也删去"波浪"和前面的顿号，增立"漂动"条，释作"随着波浪等移动"。

"飘、漂"都是形声字，它们的分工有偏旁作为依托，符合人们的用字习惯，可以预期，将会带来良好的社会效果。

五、合：条目并合，颇为必要

辞书的修订，对于条目总是有分有合，上面说的是分条的例

子,下面说说并条的例子:

(11a)[蟠桃]¹ ①桃的一种,果实扁圆形,汁不多。核仁也可以吃。②这种植物的果实。‖有的地区叫扁桃。(4版)

(11b)[蟠桃]² 神话中的仙桃。(4版)

(11c)[蟠桃] ①桃的一种,果实扁圆形,果肉味甜。②这种植物的果实。‖有的地区叫扁桃。③神话中的仙桃。(5版)

神话中的桃和现实中的桃,在意义上是有关联的,没有现实的桃,幻想不出仙桃。同形同音的两条"蟠桃¹"和"蟠桃²"自有必要合并,因此,例(11c)把"蟠桃²"的释义改为"蟠桃"条的一个义项。又,此条义项①的修改也很得体。

"判官"条释文的情况则同"蟠桃"相反:

(12a)[判官] 唐宋时期辅助地方长官处理公事的人员,迷信传说中用来指阎王手下管生死簿的官。(4版)

(12b)[判官] ①唐宋时期辅助地方长官处理公事的人员。②迷信传说中用来指阎王手下管生死簿的官。(5版)

例(12a)把历史上曾有过的判官同幻想中鬼神世界的判官放在一起说,不很妥当,例(12b)把它分为两个义项就对了。这样处理又可以同"蟠桃"条在体例上求得一致。应该提到,据《元史·百官志》和《明史·职官志》记载,元明两代地方官府都设有判官。"判官"一职,并不限于"唐宋时期"。

于精微处见功夫 | 225

六、协调：前后照应，彼此契合

辞书的协调主要有两个方面。一是条目释文内部的照应，尤其是释义和用例的照应；二是条目和条目之间、条目群和条目群之间的照应。《现汉》1版问世后，我曾经查阅过五色（红、黄、蓝、白、黑）、五味（甜、酸、苦、辣、咸）、五音（宫、商、角、徵、羽）三组15个条目的释文，其规范性、协调性令人钦佩。《现汉》5版在这方面又有改进。例如：

（13）[不论]　①连词，表示条件或情况不同而结果不变，后面往往有并列的词语或表示任指的疑问代词，下文多用"都、总"等副词跟它呼应：～困难有多大，他都不气馁｜他～考虑什么问题，总是把集体利益放在第一位。（4版）

5版在"不论"条上述释文之末加一个例句："～是语文、数学、外语，他的成绩都相当好。"这样用例同释义就完全相照应了。因为释义说"不论""后面往往有并列的词语或表示任指的疑问代词"，4版所举的两个例句都只同"表示任指的疑问代词"相照应，现在5版补充的例句同"并列的词语"相照应，释文就完备了。不过，5版补充的例句应该置于诸例之首，使举例的序次跟释义的序次相一致。

（14）[爬泳]　游泳的一种姿势，身体俯卧在水面，两腿打水，两臂交替划水。用这种姿势游泳，速度最快。（4版）

5版在上述释文末尾加了一句"通称自由泳"。

（15a）［自由泳］ ①游泳项目之一，运动员可以用任何姿势游泳。②爬泳。(4版)

（15b）［自由泳］ ①游泳竞技项目之一，运动员可以用任何姿势游完规定距离。②爬泳的通称。(5版)

"自由泳"和"爬泳"是两个相关条目。其释义既要说明"自由泳"有广义和狭义之分，又要说明"爬泳"的通称是"自由泳"（狭义）。例（14）未说明"爬泳"同"自由泳"两个名称的关系；例（15a）虽然说明"自由泳"和"爬泳"是同一种游泳姿势的两个名称，但未说明何者为本名，何者为通称。5版在例（14）之末加了"通称自由泳"，又在例（15a）义项②"爬泳"之后加了"的通称"，上述两个问题就交代清楚了。《现汉》历版"汞"条释义之末有"通称水银"字样，"水银"条释作"汞的通称"；5版的"爬泳""自由泳"两条也这样做了，使同一事物不同名称的条目呼应起来。

总之，《现汉》第5版条目释文的修改，称得上是百尺竿头，又进一步。

（原载《语言文字应用》2006年第1期）

"唯、惟"议

——《现代汉语词典》第5版"唯、惟"条处理之我见

摘要 文章针对孔见、景迅《辞书中"唯"、"惟"的处理》一文，认为商务印书馆《现代汉语词典》第5版对"唯、惟"条目的处理，是继续进行它一贯重视的异形词整理与规范工作，是合适的。

关键词 《现代汉语词典》第5版 唯 惟 异形词 规范

《辞书研究》2008年第4期刊出孔见、景迅先生的《辞书中"唯"、"惟"的处理》一文（下文简称"孔文"）说：

> 《现代汉语词典》第5版把以前各版的"唯"、"惟[1]"分立改为"唯"、"惟[1]"通用，这种处理有欠妥当，势必引起相关词语使用的混乱。

《现代汉语词典》（下文简称《现汉》）（第5版）关于"唯、惟"条目的修订，主要是对以"唯、惟"打头的多组异形词加以整理，愚以为，似无不妥之处。

一、《现汉》第5版的修订情况

（一）"唯、惟"单字条目：

《现汉》第4版（即2002年版，孔文说"以前各版"，姑且以第4版作为代表）"唯、惟"条释文如下：

  唯　wéi 同"惟[1]"，用于下列各条（属"惟[1]"的条目有时也作"唯"）。

  唯　wěi〈书〉表示答应的词。

  惟[1]　wéi ① 单单；只：～一无二。② 只是：他学习很好，～身体稍差。

  惟[2]　wéi〈书〉助词，用在年、月、日之前：～二月既望（既望：农历十六）。

  惟[3]　wéi 思想：思～（今多作思维）。

《现汉》第5版"唯"（wéi）、"惟[1]"条（其余"唯"[wěi]、"惟[2]"、"惟[3]"同本文讨论的问题无关，略）释文如下：

  唯　wéi 副 ① 单单；只：～一无二。② 只是：他学习很好，～身体稍差。

  惟[1]　wéi 同"唯"（wéi）。

本文讨论的对象是含义为"只"的"唯"（wéi）和"惟[1]"两字，从《现汉》两种版本对照可知，第4版以"惟[1]"为主条，以"唯"（wéi）为副条；第5版以"唯"（wéi）为主条，以"惟[1]"为副条，因此互换释文。在现代汉语中，"唯"（wéi）或"惟[1]"

单独使用的机会不多,而作为词素则有很强的构词能力。第5版选"唯"(wéi)为主条,是为了同一群以"唯"或"惟"打头的多字条目选取"唯"字打头为推荐词形的修订相互照应。

（二）属"唯、惟"的多字条目

《现汉》第5版属"唯、惟"两个字头的多字条目的修订,主要是为了重新选择若干组异形词的推荐词形。为便于了解,现将两种版本所收多字条目列表对照。每组异形词横线前为推荐词形。

《现汉》第4、5版"唯、惟"所属多字条目对照表

第4版	第5版	第4版	第5版
唯物辩证法	唯物辩证法	惟独—（唯独）	唯独—惟独
		惟恐—（唯恐）	唯恐—惟恐
唯物论	唯物论	惟利是图—（唯利是图）	唯利是图—惟利是图
唯物史观	唯物史观	惟妙惟肖	惟妙惟肖
唯物主义	唯物主义	惟命是听—（唯命是听）	唯命是听—惟命是听
唯心论	唯心论	惟其	惟其
唯心史观	唯心史观	惟我独尊—（唯我独尊）	唯我独尊—惟我独尊
唯心主义	唯心主义	惟一—（唯一）	唯一—惟一
		惟有—（唯有）	唯有—惟有

关于上表要说明三点。一是条目按《现汉》第4版的序次列出,第5版的则按对照要求列出;二是第4版加括号的条目为原书所无,是笔者根据第4版"唯"(wéi)条释文中"属'惟[1]'的条目有时也作'唯'"一语和第5版立条情况补加的;三是第5版增

立的"唯美主义""惟命是从"等条目因跟本文讨论的问题无关而省略。

二、用"唯"还是"惟",经书各有所好

"唯"和"惟"的纠葛,可谓历史久远。在先秦,"唯"和"惟",还要加上"维",三字相通,经书各有所好。宋代学者洪迈在《容斋随笔》的"六经用字"条说:

> 六经之道同归,旨意未尝不一,而用字则有不同……惟、维、唯一也,而在《书》为惟,在《诗》为维,在《易》为唯,《左传》亦然。(《容斋随笔》,中国世界语出版社1995年版第347页)

就整体而言,这几部经书用字确实如洪氏所说的那样,不过也有个别的例外。例如,《诗·小雅·斯干》有"唯酒食是议"句,《易·屯》有"惟入于林中"句(均见中华书局版《十三经注疏》)。

不仅洪迈提到的《书》《诗》《易》《左传》用字各有所好,唐代和宋代先后列入经书的《论语》《孟子》也是这样。作为"只"义的wéi,《论语》多用"唯",《孟子》全用"惟"。杨伯峻译注的《论语译注》和《孟子译注》(均中华书局版)书后所附的《论语字典》和《孟子字典》有"唯、惟、维"三字出现次数的统计,并分别说明含义。

《论语》用"唯"16次。其中作副词含义"独、只、仅仅"14次,如"父母唯其疾之忧"(《为政》);作应对词1次,为"曾

子曰：'唯'"（《里仁》）；作语首词（无义）1次，为"唯何甚"（《述而》）。用"惟"2次。其中作衬字（无义）1次，为"《书》云：'孝乎惟孝'"（《为政》）；作副词含义"只、独、仅仅"1次，为"惟我与尔有是夫"（《述而》）。用"维"作系词含义"是"1次，为"相维辟公，天子穆穆"（《八佾》），此句引自《诗·周颂·雍》。

《孟子》用"唯"0次，用"惟"44次。其中作副词含义"仅、只、独"34次，如"惟士为能"（《梁惠王上》）；作动词含义"思"1次，为"惟兹臣庶"（《万章上》）；作系词含义"是、为"3次，如"其命惟新"（《滕文公上》）；作语首语中词（无义）6次，如"我武惟扬"（《滕文公下》）。用"维"作系词含义"是"1次，如"《诗》曰：'永言孝思，孝思维则'"（《万章上》）。按：此处用"维"是引文，可以认为《孟子》全部用"惟"。

从上述对《论语》《孟子》两书的用字统计和说明可以知道，"唯、惟"虽为多义字，但以作副词、含义为"只"的使用频率最高，占绝对优势。古代如此，至今依然。

三、第5版修改，理据充分

"唯、惟、维"通用，起自六经，继之《论语》《孟子》。"维"的"只"义早已退场。"唯、惟"在"只"义上互争雄长长达两千余年。时至今日，人们仍然各有所好，有爱用"唯"的，有爱用"惟"的；也有信笔而下，忽此忽彼的。从《现汉》（第5版）的条目释义看，编纂者似乎着意使"唯、惟"两个同义字有所分工，让"唯"主要作副词，承担"只"义，让"惟"主要作助词，承担加强语气的任务。

《现汉》曾经为同音字含义纠缠做过梳理工作。例如"检、捡、拣"都有"拾取"义，"捡、拣"都有"挑选"义，"检"还有"检查、检点"义。《现汉》就力求使它们分工。1978年版《现汉》"检"释作：①查。②约束、检点。③同"捡"。"捡"条释作：拾取。"拣[1]"条释作：挑选。"拣[2]"条释作：同"捡"。这三个字的释义历版不变，只是举例有所更换。实际上是由"捡"承担"拾取"义，由"拣"承担"挑选"义，由"检"承担"捡、拣"本来就不承担的"检查、检点"义。"检"同"捡"，"拣[2]"同"捡"，只是姑存备考。《现汉》（第5版）对"唯、惟"条目的修订，也应作如是观。不过，在现代汉语中，"检、捡、拣"既可单独使用，又作词素使用，而"唯、惟"已经很少单独使用，主要作词素使用。《现汉》（第5版）的修订，让"唯独、唯恐、唯一、唯有"取代"惟独、惟恐、惟一、惟有"成为推荐词形，连类而及，也让"唯利是图"等成语取代"惟利是图"等成为推荐词形。笔者以为，这样处理是有充分理据的，试述如下：

（一）通用性

通用性就是选取公众当前普遍使用的词形作为推荐词形。1973年印行的《现汉》（试用本）"唯"（wéi）条释文中括注："'惟[1]'下各条有时也作'唯'，但作'惟'的多"（1978年正式出版的第1版删去"但作'惟'的多")。可知当初选择"惟"字作为"惟独"等词语的首字，是因为"作'惟'的多"。40年来的社会语言生活情况已经发生变化。据统计，《人民日报》1978～1996年的19年中用"唯一"的文章有12577篇，用"惟一"的只有12例，除去专名和引语，"惟一"实际只有8例。笔者为写此文搜集资料的时间是2008年9月30日，通过"百度"检索"唯一、惟一"等词结果如下：

"唯"字头	"惟"字头	比例
唯一　4710万篇	惟一　1630万篇	2.89∶1
唯有　1590万篇	惟有　746万篇	2.13∶1
唯独　551万篇	惟独　264万篇	2.08∶1
唯恐　253万篇	惟恐　179万篇	1.41∶1

从上表可以看出，当前情况已经不是"作'惟'的多"，而是"作'唯'的多"。《现汉》连续四版在20多年里提倡用"惟"。如果没有这种"力挺"，用"唯一"等词的比例可能更大。

（二）一致性

笔者参加过全国术语标准化工作。术语学要求定名的一致性，同一概念要用同一载体（字词）。载体不一致时，可此可彼的一方要尽可能向约定俗成的一方靠拢，这一原则在整理异形词选择用字上似也适用。"唯、惟"都有"只"的含义。"唯物论""唯心主义"选"唯"，是因为自唐代出现"唯识论""唯识宗"以来已经约定俗成，不可变易，而"wéi独"等词的wéi,

则可"唯"可"惟",有选择余地。《现汉》第1~4版,术语(如"唯物论")首字用"唯",普通用语和成语首字用"惟",以致第1~2版出现"唯我主义"和"惟我独尊"两条并存的情况(第3版删去"唯我主义"条),稍欠严谨。第5版舍"惟一"等而取"唯一"等为推荐词形,就符合一致性原则了。

(三)浅易性

"唯、惟"二字,对于受过良好教育的人来说,无深浅之分;对于受教育不多的人来说,就有差异了:"唯"较浅,"惟"较深。国家语言文字工作委员会、国家教育委员会1988年1月发布的《现代汉语常用字表》收3500字,分为两级,常用字2500字,次常用字1000字。国家语言文字工作委员会、中华人民共和国新闻出版署1988年3月发布的《现代汉语通用字表》收7000字,包括《常用字表》中的3500字。"唯"列入2500个常用字中,"惟"列入7000个通用字中,差异显然。在功能及其他条件相同的情况下,《现汉》(第5版)舍深取浅是合乎异形词整理选字原则的。

(四)顺应性

这里说的是顺应基础教育教科书的内容。当前使用的人民教育出版社出版的小学语文课本四年级上册课文有李白诗《黄鹤楼送孟浩然之广陵》,其中"孤帆远影碧空尽,唯见长江天际流"句中出现"唯"字。六年级上册有《唯一的听众》一课,出现"唯一"字样。六年级下册收文言文《弈秋》(选自《孟子》),有"惟弈秋之为听"句,出现"惟"字。不过编者并不把它列入生字表中，似有聊备一格的意思。"惟一"一词直到高二课本中才出现[①]，已经超出义务教育范围。全国每年有数以亿计的学生接受义务教育，教科书的影响不可低估。小学生学了"唯一"，往往要记一辈子。《现汉》选用小学课本就出现的"唯一"，应称善举。

应该提到，《现汉》第5版"唯、惟"的处理，还是自我完善、精益求精的举措。上面提到的第4版"唯"条释文中的"属'惟¹'的条目有时也作'唯'"这句话，是有可商酌之处的。因为《现汉》的体例只有属"惟"的条目，没有属"惟¹"的条目，一般读者不易从中析出。例如"惟妙惟肖"条，一般读者就不知道此条是否属于"惟¹"，也不知道其中的"惟"可不可以写作"唯"。第5版把这句话删去了，凡是可"唯"可"惟"的异形词，都分别立为主条、副条。《凡例》说明，作注解的主条为推荐词形。第5版立"惟妙惟肖"条，不另立"唯妙唯肖"，表示此词只宜写作"惟妙惟肖"。这样，读者用词就有准则了。

"惟妙惟肖"这个成语从语源上说，语本《尚书·说命上》："说筑傅岩之野，惟肖。"刘洁修编著的《成语源流大词典》（江苏教育出版社2003年版）考出最早的书证是宋·岳珂《英光堂帖赞》："马牛其风，神合志通；彼妍我峭，惟妙惟肖。"从词性上

[①] 高二语文课本收鲁迅1933年2月8日写的《为了忘却的记念》，有"那时我在上海，也有一个惟一的敢于随便谈笑……的柔石"句，出现"惟一"。同《孟子》的"惟"一样，对于鲁迅笔下的"惟一"，教科书编者是不便改动的。不过，前面说过，《孟子》专用"惟"，但鲁迅并不专用"惟一"，他在1933年3月22日写的《出卖灵魂的秘诀》中有"这是出卖灵魂的唯一秘诀"句，就用"唯一"了。两文写作时间相隔不过一个多月。

说,"惟"为助词,起加强语气的作用,同"惟^2"相照应。《汉语大词典》、《汉语成语大词典》(中华书局2002年版)、《中国成语大词典》(上海辞书出版社1996年版)等虽立有"唯妙唯肖"条,但所引书证都是"五四"以后的作品,历史尚浅。第5版未予立条,是合宜的。

《现汉》从一开始编纂就很重视异形词的整理和规范工作,辞书学家韩敬体教授在《积极稳妥地整理和规范异形词》[①]一文中作了全面系统的阐述。中华人民共和国教育部、国家语言文字工作委员会2001年12月发布的试行规范《第一批异形词整理表》列有异形词338组,据笔者统计,有93%是以《现汉》的推荐词形作为试行规范的推荐词形。可知,《现汉》事实上成为有关方面整理异形词的学术先导,功莫大焉!

总之,《现汉》(第5版)对"唯、惟"条目的处理,只是继续进行它一贯重视的异形词整理和规范工作。笔者以为,绝不会像孔文所说的"势必引起相关词语使用的混乱"。就当前社会语言使用的趋势而言,加上《现汉》的权威引导,"唯"作为"唯一、唯有、唯独、唯恐"等词的词素,作为"唯利是图、唯命是听、唯我独尊"等成语的词素,将会有更多的人使用。就"只"义而言,假以岁月,持续两千多年之久的"唯、惟"并驾齐驱的时代有可能演变为"唯"字独步华夏的时代。

(原载《辞书研究》2009年第6期)

---

① 见:《〈现代汉语词典〉编纂学术论文集》,商务印书馆2004年版。

挑剔《现代汉语词典》(六则)

语言学大师吕叔湘、丁声树先后任主编的《现代汉语词典》(以下简称《现汉》)是当今声望最隆的中型语文辞书,为推广普通话,促进汉语规范化,以及为繁荣教育文化事业做出卓绝的贡献。出版至今已发行4000万册,这个数字就是这部书以质量优越驰名于世而受到广大读者欢迎的有力证明。笔者是做文字工作的,而且是个辞典迷,先后置备有《现汉》1973年内部发行的试用本,1979年和1983年的公开发行本,1987年的倒序本,1989年的补编本,1996年的修订本,2002年的增补本。其中,1973年试用本,还是辗转托人,走后门买到的。在那个辞书荒的年代,我和上学的儿子都非常高兴,视同拱璧。儿子说,学校都没有。1979年我从事百科全书编辑工作以来,不仅经常请《现汉》释疑解惑,而且还从中汲取辞书编纂的经验和方法,真是启示良多,获益匪浅,因为这部书为辞书编纂树立了崭新的模式和良好的榜样。笔者经常使用,不免看出个别问题,不揣冒昧,陈述管见。

一、"生员"条：四点可议

《现汉》（2002年版）"生员"条的释义为：

> 明清两代称通过最低一级考试得以在府、县学读书的人，生员有应乡试的资格。通称秀才。

这条释义有四点可议。

1. "最低一级考试"，应言明范围。凡是说"最低一级"之类，都应如此，考试也是这样。《现汉》"殿试"条就释作"科举制度中最高一级的考试"。有点科举制常识的人，当然知道"生员"条释义中的"最低一级考试"和"殿试"条释义中的"最高一级考试"对举。既然"殿试"条指明"科举制度中"，"生员"条也应在"最低一级考试"之前加"科举制度中"，让读者知道这种考试是什么范围内的"最低一级考试"。

2. 这条释义只说考试的"级"，未提考试的"名"。为最高一级考试的名称——殿试立了条目，何不让最低一级考试的"名称"也出现，并立出条目。明清科举制考试具有阶梯意义的分四级：童［子］试、乡试、会试、殿试。《现汉》各版后三者都已立条，独缺"童试"。从收条系列化来说，缺了一个台阶。这既是选条顾此失彼，又使得"生员"条的释文舍简（"童试"）就繁（"最低一级考试"）。

3. "生员"条说"得以在府、县学读书"，应作"得以在府、州、县学读书"。《现汉》"廪生"条的释义是："明清两代称由府、州、县按时发给银子和粮食补助生活的生员。""贡生"条的释义是:"明清两代科举制度中,由府、州、县学推荐到京师国子监学习的人。"既然"廪生""贡生"条释义中都是"府、州、县学"并提,"生员"条也就不能只说"府、县学",不提"州学"。

史书上也是"府、州、县学"并提的。《明史·选举志一》云:"学校有二:曰国学,曰府、州、县学。"(《明史》,中华书局点校本第1675页)《清史稿·选举志一》云:"有清学校,向沿明制。京师曰国学,并设八旗、宗室等官学。直省曰府、州、县学。"(《清史稿》,中华书局点校本第3099页)

4."生员"条说"生员有应乡试资格",此说不够严格。实际上生员要参加科试,成绩好的才有资格参加乡试。王道成著《科举史话》说:"生员参加科试,凡名列一、二等及三等名列前茅(大省前十名,中、小省前五名)者,就取得了参加乡试的资格。"(中华书局1988年版第39页)

据此,"生员"条释义建议改为:"明清科举制度中称通过童试得以在府、州、县学读书的人,成绩好的有参加乡试的资格……"当然,相应地要设"童试"条。

二、"科举"条:首句可商

《现汉》(2002年版)"科举"条的释义为:

> 从隋唐到清代的封建王朝分科考选文武官吏后备人员的制度。唐代文科的科目很多,每年举行。明清两代文科

只设进士一科,考八股文,武科考骑射、举重等武艺,每三年举行一次。

释义的第一句似可改为:"从隋唐到清末朝廷通过分科考试选拔官吏的制度。"理由是:(1)不是讲社会生产方式,似不必引进"封建"字样,何况汉语中"封建"原有的含义并不等同于feudalism。(2)用"考试"不用"考",因为这是科举制的核心,要突出一些。(3)"通过考试选拔"出来的,有马上任官的(如殿试后的一甲进士),并不都是"后备人员"。(4)"文武官吏"中的"文武",下文已有说明,可省。

三、民国时期文官官等条目:未能观一斑知全豹

《现汉》1983年版、1996年修订本和2002年增补本都收有民国时期的文官四个等级的条目,条头和释义如下。

1983年版的条目:

[委任] ②辛亥革命以后到解放以前文官的最末一等,在荐任以下。

[荐任] 辛亥革命以后到解放以前文官的第三等,在简任以下,委任以上。

[简任] 辛亥革命以后到解放以前文官的第二等,在特任以下,荐任以上。

[特任] 辛亥革命以后到解放以前文官的第一等,在简任以上。

1996年修订本和2002年增补本的条目:

［委任］②辛亥革命以后到解放以前文官的最末一等,在荐任以下。

［荐任］民国时期文官的第三等,在简任以下,委任以上。

［简任］民国时期文官的第二等,在特任以下,荐任以上。

［特任］民国时期文官的第一等,在简任以上。

系列条目释文的规范化,是《现汉》编纂特色之一,在上述民国时期文官官等名称条目中也充分显现出来。这种规范化看起来平常,因为现代汉语词汇中能组成系列的,不知凡几,做起来要费很大的功夫。这一点,称得起是我国辞书编纂的创举。

《现汉》编纂期间,"左"风盛行。民国(中华民国)的存在虽为历史事实,也是不便提及的。编纂者为了把知识介绍给读者,不得不绕弯子,把"民国时期"写成"辛亥革命以后到解放以前",苦心孤诣,令人钦佩。

1996年修订本把"荐任""简任""特任"条释义中的"辛亥革命以后到解放以前"都改成"民国时期"(偶有疏忽,"委任"条未改)。这样修改,不仅从11字减至4字,而且把一般时间概念,改成朝代("民国"可视为一个朝代)概念,符合官制必须冠朝代的要求。历史上有不少职官名称相同,而职掌和品级大有出入。例如"文华殿大学士",在明初本是辅导太子之官,正五品；在清代则是宰相，正一品。

《现汉》民国文官官等名称条目释文都没有错，但给人以只见个体不见群体之感。民国时期文官共分几等，只有把四个条目查齐了才知道。因此，建议将释文改为："［委任］民国时期文官分为特任、简任、荐任、委任四等，委任为最低等。"余类推。这样，观一斑就知道全豹了。

四、"眉题"条：释义和选条可议

《现汉》（2002年版）"眉题"条的释义为：

> 报刊等排在正式标题上方的提示性标题。字号比正式标题略小。

此释义有两点商榷。一是"报刊等"范围大了些。刊物很少用这种标题，即使用也不过是借用报纸的制题方式而已；"等"更谈不上，如指书籍，也同样是偶然借用。就报纸而言，眉题也只用于新闻横排标题。二是"正式标题"，新闻学似无此术语。1990年代我国出版的两部规模较大的新闻学辞书——《新闻学大辞典》（主编甘惜分，收词5368条，河南人民出版社1993年版）和《中国新闻实用大辞典》（总主编冯健，收词4491条，新华出版社1996年版）均未收"正式标题"为条目。依上下文看，"正式标题"似指新闻学中常用的"主标题"，在复合型标题中，主标题用最大的字体。主标题在同"辅题""引题""副题"等并提时也称"主题""正题"。

再说选条。在新闻学中,"眉题"只是"引题"的一个别称。"引题"还有另一个别称叫"肩题"。三个术语以"引题"为主。上面提到的两部新闻学辞书都收"引题"条,未收"眉题""肩题"条,只是在"引题"条释文中提到这两个别称。《现汉》1978年版和1983年版未收"引题""眉题""肩题"条,1996年修订本单收了"眉题"条,在选条上是考虑欠周的(2002年增补本仍然如此)。如果只选一条,应该选"引题",不应该选"眉题"。辞书选条对同一概念有两个以上名称,在正名和别名(副名)不能兼收的情况下,只宜选"正"舍"副",不宜选"副"舍"正"。

笔者试为"引题"条草拟释义:

> 多行新闻标题中排在主标题前,主要起导引、说明、烘托主标题作用的标题。横排时像眉毛横在主标题上又称眉题,竖排时因高出主标题又称肩题。

要说明两点。一是开头按新闻学术语要称"复合型新闻标题",《现汉》为语文辞书,通俗些,故改用"多行新闻标题"。二是引题是以功能得名的,眉题和肩题是以形式得名的,功能重于形式,所以新闻学辞书都以"引题"设条。

五、"凼"和"氹":宜用"氹"为首选字,因为澳门有个"氹仔岛"

《现汉》"凼(氹)"(dàng)条释义为:

〈方〉水坑；田地里沤肥的小坑：水~｜粪~。

"凼"和"氹"同音同义，是一组异体字。中华人民共和国文化部和中国文字改革委员会1955年发布的《第一批异体字整理表》中未作处置，可知两字都有做规范字的资格。《新华字典》早期版本以"氹"为正体字，排在条头，以"凼"为异体字，加上括号，我手头的1962年版就是这样的。后期版本两字易位，"凼"为正体字，"氹"为异体字，至少是1971年版开始的。《现汉》从1973年试用本到2002年增补本，历版都是以"凼"为正体字，以"氹"为异体字，加上括号。把一个字作为异体字放入括号内，实际上是把这个字淘汰出局，因为上面提到的文化部和文改会1955年在《关于发布第一批异体字整理表的联合通知》中规定："从实施日起，全国出版的报纸、杂志、图书一律停止使用表中括弧内异体字。"《现代汉语规范字典》的处理方式较为合适。它把"氹""凼"都立为条目。"氹"条释作"同'凼'"。"凼"条释作："〈方〉田地里蓄水的池子或沤肥的小坑▷水~｜粪~｜~肥。也作'氹'。"两条的释义虽有倾向性，但是毕竟给了两字同等的正体字合法地位。

"凼"或"氹"在别的地方使用频率不高，不过作为澳门的岛名"氹仔"则常常出现，尤其是在1999年澳门回归前后关于澳门的出版物中。书籍如《澳门百科全书》(中国大百科全书出版社1999年版)、《澳门总览》(澳门大学研究中心编、澳门基金会1996年出版)，地图如《最新实用中国地图册》(中国地图出版社

1999年版)、《珠海市全图》(广东地图出版社1995年版)等等都用"氹仔"。值得注意的是《澳门总览》是澳门大学编的,地名用什么字,当地学者最有发言权。从书中得知,由"氹仔"岛派生出一系列带"氹"的地名,如"大氹山""小氹山""澳氹大桥""路氹大桥"。澳门岛名用"氹"不用"凼",已为《中华人民共和国澳门基本法》用法律形式肯定下来。《基本法》序言开宗明义说:

> 澳门,包括澳门半岛、氹仔岛和路环岛,自古以来就是中国的领土……

Dàng仔岛澳门同胞已选定为"氹仔岛"是无可变易的,"氹""凼"二字都有作规范字的资格,辞书编纂者取何字为首选字则是可以调整的。因此建议《现汉》编纂者,还有《新华字典》编纂者,考虑澳门人的习惯,按照《澳门基本法》的规定,以"氹"字为首选字。

六、"养殖"条:释义宜拓宽

《现汉》(2002年版)"养殖"条的释义为:

> 培育和繁殖(水生动植物):~业|~海带。

在全国报纸编校质量评比活动中,有的报纸曾经因为把"养殖"一词应用于更大范围被指为误用。这在新闻出版报资料室编的《编校鉴戒》(辽宁大学出版社1992年版第79页)中留下了记载:

《厦门日报》在33家市报编校质量检查评比中名列第十一。……用词不当6处。……"野生动物养殖场","养殖场"应改为"饲养场"("养殖"单指水生动植物的饲养和繁殖)。

　　上面这条纠错意见,当初是笔者依据《现汉》的释义提出的,现在感到考虑不周。从近年报纸用词情况来看,"养殖"一词并不止用于水生动植物,姑举两例。

　　《张家口晚报》1997年8月18日说:

　　　　全系统投入资金334万元,人员121人,从事鸡、猪、牛、羊、蓝狐等养殖业,养殖存栏数20460只(头)。

　　《南方周末》1999年12月3日说:

　　　　不知从什么时候起,环境卫生、城镇建设、物价涨幅、税收征收,甚至厕所改造、家畜养殖、报刊征订……都被列入地方党委、政府、单位等不同级别的"一票否决"。

　　"养殖"一词的应用越出水生动植物有两点值得注意。一是字面含义。"养殖"之"养",可释为"培育""饲养";"养殖"之"殖",可释为"繁殖"。字面上看不出只用于水生动植物的意思。二是无可取代。一个又饲养又繁殖家畜家禽以至野生动物的场所,如果不叫"养殖场",也没有适当的词语可以取代。叫"饲养场",用于专事饲养的场所则可,用于兼事繁殖的场所就未免以偏概全了。

　　"养殖"条如何修改?笔者俭腹,尚无成熟的建议。初步想法是将释义"培育和繁殖（水生动植物）"中的"水生"二字删去。原有的例子"~业｜~海带"保留，再加一个非水生动植物的例子。

下面顺便讨论另一部辞书——《现代汉语实词搭配词典》（商务印书馆1992年版）"养殖"条的释文：

> 养殖　水产动植物的饲养和繁殖。
> [谓]①~+名：a. ~鲤鱼　~金鱼　~带鱼　~水獭　~蜜蜂　~对虾　~益鸟　~益虫　b. ~花　~花木　~草　~树木　~树苗　~杜鹃花　~月季花　~海带　~海参　~珍珠　②……

上面的释文可议之处有三。一是释义同实例不匹配。释义中为"水产动植物"，而实例有"蜜蜂""益鸟""树木""杜鹃花"这些非水产动植物。二是词的解释不妥。"养殖"的"养"扩释为"饲养"，未当。殊不知"养"的对象可以是植物（如养花），也可以是动物（如养鸡），而"饲养"的对象只能是动物，不能是植物。《现汉》将"养殖"的"养"释作"培育"，既可用于动物，也可用于植物。一字之释，可见高下。三是举例过宽。用例中有"养殖带鱼"字样。在渔业经济中，带鱼是海洋捕捞业的作业对象，而不是海洋养殖业的作业对象。这些都不符合这部辞书书名标示的"搭配"要求。

（原载《深圳商报通讯》2003年第2、3期）

《现代汉语规范词典》释义求疵（十三则）

《现代汉语规范词典》是一部中型汉语语文辞书，2004年1月由外语教学与研究出版社、语文出版社联合推出，由于宣传声势浩大，颇受业界注目。今年"两会"期间，全国政协委员、中国社会科学院副院长、中国辞书学会会长江蓝生女士等提出《辞书应慎用"规范"冠名》议案，并指出《现代汉语规范词典》（以下简称《规典》）诸多不规范之处，引起社会普遍关注，学术界也展开热烈的讨论。

笔者是个"辞书迷"。今年年初，《规典》一上市，立即置备，有时翻翻，觉得《规典》在词条释义方面存在一些问题。20世纪50年代以来，国家颁布了许多种关于语言文字方面的规范文件，主要是同音、形有关，至于释义是无法规范的。辞书学家认为，释义是辞书的灵魂。爰就阅读所见，写下《规典》释义求疵笔记若干则，求正于方家。

一、彼此抵牾

写文章要求各部分内容协调,辞书释文也是如此。《规典》下述条目未能做到这一点。

  弘 ②使广大;发扬▷恢~士气。

  宏 ②使广大;发扬。现在一般写作"弘"。

  [恢宏]②发扬光大▷~正气。☞不宜写作"恢弘"。

上述"弘"条举例有"恢弘士气","宏"条释义中有"现在一般写作'弘'"字样,按这个思路宜设"恢弘"条。可是,不仅只设了"恢宏"条,而且在"恢宏"条的释文中用提示方式告诉读者"不宜写作'恢弘'",这就令人无所适从了。

这种疏失出在不同条目的协调上,看单条是看不出问题来的。条目和条目之间,条目组群和条目组群之间的互相匹配,是辞书编纂工作非常吃力的所在。在现代汉语的辞书中,离群索居的条目较少,绝大多数的条目都同其他条目或多或少有牵连。这些条目都是一个辐射源,含义辐射到许多条目,形成纵横交错的网络。相关条目的协调,是许多辞书的薄弱环节,时髦话叫做"软肋",《规典》看来在这方面也没有做好。

二、互不照应

下面是《规典》的一组相关条目:

［后任］接替前任职位的人（跟"前任"相对）▷~县长……

　　［前任］现任之前担任这一职务的人（跟"现任"相区别）▷他是~经理。

　　［现任］①正在担任▷他~校长。②正在任职的▷我是~，他是前任。

这组条目存在下述问题。

第一，"后任"条释义中有括注"跟'前任'相对"，可是在"前任"条中却没有与之呼应的括注"跟'后任'相对"。

第二，"前任"条释文中有括注"跟'现任'相区别"，同样地，"现任"条也没有与之呼应的括注"跟'前任'相区别"。

第三，"前任"条括注"跟'现任'相区别"，"现任"有两个义项，没有说明跟哪个义项相区别，不合书的体例。

笔者认为，"后任"是在任何情况下都是"前任"的对举词，不管这个"后任"是不是"现任"。因此，"前任"条释文中以加括注"跟'后任'相对"为宜。

三、难以契合

下面是《规典》有牵连关系的两个条目。

　　［后学］〈文〉晚辈学者（常用作谦词）▷先生对~勉励有加。

　　［学者］在学术上有一定造诣和成就的人 ▷ 著

名~ | ~风度。

"后学"条释文单独看还过得去,但是一查释文中关键词"学者"条,矛盾就出来了。"后学"既然释作"晚辈学者(常用作谦词)",而"学者"又释作"学术上有一定造诣和成就的人",这就跟括注"常用作谦词"难以契合。自命为"学术上有一定造诣和成就的人",能算表示谦虚吗?

"后学"一词,《辞源》所引的最早的书证是《后汉书·徐防传》,起源颇早。《规典》释"学"为"学者",愚以为其含义不仅指学有专长的人,还要包括唐代韩愈《师说》里所说的"古之学者必有师"中的"学者"——求学的人。用"学者"的此一含义,才能同"常用作谦词"相照应。因此,《现代汉语词典》(以下简称《现汉》)"后学"条释义"后进的学者或读书人(常用做谦词)",较为妥当。通常所见的"嘉惠后学""奖掖后学"之类中的"学",应该理解为"学者或读书人"。

四、有违常识

下面是《规典》两条名异实同的条目。

[后臀尖] 食用的动物臀部的大块瘦肉。

[臀尖] 猪臀部隆起处的肉。

有几点可商。一是"后臀尖"为猪屠宰后分解出售时臀部隆起部位的肉的名称,不适用于其他"动物"(如牛羊),释作"食用的动物臀部",失之于宽。二是跟同书"臀尖"条释义相左。

三是释"后臀尖"为"瘦肉",不准确,只能说大部分是瘦肉,里脊才是瘦肉。四是"后臀尖"和"臀尖"是同一概念的两种名称,选条时考虑不周,未能把它们一作正条、一作副条处理,以致释义互相扞格。"后臀尖"是方言,流行于北方。陈刚编《北京方言词典》(商务印书馆1985年版)"后臀尖"条释作:"猪臀部隆起部分的肉",正确。因为猪屠宰后出售时各地分解习惯不同,上海等地菜市场上就未闻有"后臀尖"一词。

五、亦步亦趋

后出的辞书当然要吸收前出的辞书的成果。例如"洪灾"一词,《现汉》释为"洪水造成的灾害",意义明确,释义又含有"洪""灾"两个词素,可以说无懈可击。《规典》沿用,自无不可。

不过在继承的同时要有鉴别、增益和改进。前出辞书的释义有不很理想之处,不宜亦步亦趋。《规典》有时未能做到。例如:

[后记] 写在书籍、文章等后面的短文,用以说明写作目的、经过或补充个别内容。(《现汉》)

[后记] 放在书刊或文章的正文后面,用来说明写作目的、经过或介绍其背景等的短文▷……(《规典》)

笔者要讨论的是"短文"一词。长短是相对的概念。在文化快餐式的报纸副刊中,通常以千字文为度,两三千字的就是长文了;像《历史研究》这样的学术刊物中,两三千字只能是短文。

鲁迅先生的一些文集中,"后记"往往很长。举例而言,《伪自由书》的"后记"近20000字,《准风月谈》的"后记"约19000字(见《鲁迅全集》第5卷,人民文学出版社1981年版),就不能算短文了。

商务印书馆2000年出版的《应用汉语词典》的"后记"条释义是:

> 附在书籍、文章等后面的文字,多用于介绍写作始末、成书经过或评论内容等(跟"前言"相对)。也叫书后。

用"文字"不用"短文",含义就宽了;"跟'前言'相对"和"也叫书后"则补充了信息。这是后出的书对前出的书的改进和增益。

再举一例:

> 后² ①君主的妻子:皇~ | ~妃。
>
> [君主] 古代国家的最高统治者;现代某些国家的元首。有的称国王,有的称皇帝。(《现汉》)
>
> 后¹ ②君主的正妻▷皇~ | ~妃。
>
> [君主] 奴隶制、封建制及现代实行君主立宪制国家中的皇帝或国王。(《规典》)

《现汉》释"后"为"君主的妻子",释"君主"为国王或皇帝,两条是匹配的,因为"后"只有"皇后"和"王后"的称谓("太后"等是由此引申出来的)。《规典》也是如此,只是改"妻子"为"正妻"。窃以为,两书"君主"条的释义外延窄了。例如,欧洲的卢森堡是个君主立宪国,它的元首称"大公"。

大公是君主，却不是皇帝或国王。修改不难，以《规典》而言，可在"君主"条释义之末加一"等"字即可；《现汉》也可作相应的修改。可是这么一来，"后"条释作"君主的妻子（正妻）"又成了问题。君主包括大公，大公之妻能称"后"吗？卢森堡用德语、法语，我不懂，不管德语法语叫什么，译为汉语恐怕不能译成"大公后"的，因为汉语没有这种称谓。因此，两书"后"条释义似应改成"皇帝或国王的妻子"。

为什么不用《规典》释义中的"正妻"呢？因为"妻"不冠"正"也是正的。"正妻"只是在有"副妻"（妾）的情况下才用。例如说"她是某人的大老婆"，只是在她的丈夫有小老婆时才这么说的。在一夫一妻制的情况下，"老婆"是不冠"大"字的。中国的帝王都是妃嫔成群以至"佳丽三千"，说"后"是正妻是合适的。但是对于实行一夫一妻制的现代国家的君主未必合适。例如，当今的日本明仁天皇的夫人就只有皇后正田美智子一人，假如写文章说正田美智子是明仁天皇的正妻，就有可能引起联想，甚至惹出麻烦。一字之差，非同小可。

六、当条撞车

上面几则大多是较远距离的条目之间彼此不协，《规典》下面这个条目则是零距离的当条撞车。

[聘任] 聘请并任命一定职务 ▷ ~校外辅导员｜另行~。

释文中的"聘请"和"任命"互不协调:聘请是平行关系,任命是上级对下级的关系。"聘任"之"聘",《规典》"聘"条义项②释作:"古代指用礼物延请贤者;现代指请人担任某个职务或参加某项工作 ▷ ~他为总经理丨延~丨解~丨应~丨~书。"这里无论古代和现代都用了敬词"请",对于被聘的对象无论是贤者或者他人,当然要持尊敬的态度。《规典》"任命"条释义说:"下令委派(某人担任某种职务)。"由此可知,"任命"同"聘请"是无法并列的。例如某公司请一位律师担任法律顾问,动词用"聘任""聘请"均可,用"任命"就不免失礼。

《现汉》"聘任"条释为"聘请人担任(职务)",用的是兼语式短语,把"聘""任"两个词素写了进去,十分准确简洁。这一释义《规典》倒不妨亦步亦趋。

七、概括欠周

请看《规典》下面这个条目:

[后宫] ①皇帝嫔妃居住的宫室。②借指嫔妃 ▷ 这首诗描绘了~们的愁怨。

讨论两点。

第一,后宫的居住者概括欠周。后宫是皇宫或王宫的内廷。中国的帝王宫殿是按《周礼·考工记》"前朝后寝"或"外朝内廷"的规制建造的。"内有九室,九嫔居之;外有九室,九卿朝焉。"(《周礼·考工记》,载《十三经注疏》,中华书局1980年版第928页）外朝是颁布政令、举行朝仪、办理政务的行政区，内廷主要是供居住用的生活区。北京紫禁城大致以乾清门一线以北为内廷，居住者为皇帝、皇后、妃嫔等。朝鲜受汉文化影响，韩国首都汉城至今犹存的朝鲜李氏王朝的王宫——景福宫也是按外朝内廷的规制建造的。因此，"后宫"条义项①宜改作"帝王后妃居住的宫室"。"帝王后妃"比"皇帝嫔妃"概括周全。

第二，义项②例句中"后宫们的愁怨"的"们"字似可删去。"后宫"既然借指嫔妃，本身即表示复数，可不加"们"，何况在修辞上也不很和谐。

八、避同有失

前面说过，《规典》的编纂看来是参考了《现汉》的，这可以理解。然而有时却因为避免跟《现汉》的释义相同而加以修改竟出现疏失。例如：

[后面] ①空间或位置靠后的部分：房子~有一个花园｜前面坐满了，~还有座位。（《现汉》）

[后面] ②空间的次序或位置靠近末尾的部分▷你的座位在~｜~的别往前挤。（《规典》）

《现汉》的释义"靠后的部分"是恰当的；《规典》释作"靠近末尾的部分"不很恰当，因为"靠近末尾"就是把"末尾"排除在"后面"之外了。《规典》"靠近"条义项②例句说，"靠近村边有一条小河"，小河当然不包括"村边"；同理，"靠近末尾"

也就不包括"末尾"。凭常识也知道,"末尾"是属于"后面"的。

"前"和"后"相对。"前面"和"后面"是对举条目。我们不妨看看这两部词典"前面"条的释义:

[前面] ①空间或位置靠前的部分:亭子~有一棵松树|~陈列的都是新式农具。(《现汉》)

[前面] ②次序靠前的空间或位置▷请向里走,~还有空座位|他住在院子最~的那座楼里。(《规典》)

《现汉》的"后面"和"前面"两个对举条目的释义措辞完全一致(只更换"前""后"一字),除了正确性,还显示出编纂工艺的精致性。相比之下,《规典》就稍逊了。

九、求异出偏

《规典》有些条目的释义可能是因为追求有别于《现汉》而出了差池。例如:

谰〈书〉①诬赖。②抵赖。

[谰言] 诬赖的话;没有根据的话:无耻~。(《现汉》)

谰 抵赖;诬赖▷~言。

[谰言] 没有根据的话;诬陷的话▷无耻~。(《规典》)

《规典》"谰言"条释作"诬陷的话",是一种拆字释义法:释"谰"为"诬陷",释"言"为"(的)话"。可是这样解释有两个问题。一是"谰"字条只释作"抵赖"和"诬赖",未见"诬陷",上下条互不照应。二是"诬陷"的分量比"诬赖"重得多。《规典》"诬陷"条释作"诬害","诬害"条又释作"捏造罪名陷害他人",这同"谰言"条另一解释只是"(说了)没有根据的话",差得太远了。

十、八卦之议

看了《规典》"八卦"的乾、坤、坎、离、震、艮、巽、兑八个字头,有些想法。先录出要讨论的条目释文。

乾 ①八卦之一,卦形为"☰",代表天▷~坤。→②代表男性(跟"坤"相对)▷……

坤 ①八卦之一,卦形为"☷",代表地。→②指女性▷……

坎¹ ①〈文〉地面低洼的地方;坑……→②八卦之一,卦形为"☵",代表水。……

离¹ ①分开;分别……

离² 八卦之一,卦形为"☲",代表火。

震 ①〈文〉雷。→②猛烈颤动;使颤动▷地~……③特指地震▷抗~……→④情绪非常激动▷~惊……→⑤八卦之一,卦形为"☳",代表雷。

兑¹ 八卦之一,卦形为"☱",代表沼泽。

兑² ①交换;……

《现代汉语规范词典》释义求疵(十三则) | 259

上述条目释文有几点可议。

第一,"坤"条释文要同"乾"条相对应,举例宜加常用词例"乾坤"和括注"跟'乾'相对"。

第二,"坎¹"条义项①和②,要互换位置,即八卦义居前。《辞源》"坎"条义项㊀为"地面低陷的地方",所引词源为《易·说卦》:"坎,陷也。"《说卦》是对八卦的解说,《辞源》说,《说卦》相传为孔子所作。卦名应在先,否则解说就没有对象。因此,"坎¹"的"八卦之一"这一义项宜放在前面。

第三,"震"条把"八卦之一"列为义项⑤,放在义项④"情绪非常激动"之后,加有"→"表示由义项④引申而来,令人不解,悟不出其中的脉络关系。此其一。其次是"震"的义项①是"雷",义项⑤的八卦义又是"代表雷",这就造成义项序次循环不息。

一部语文辞书如果义项按历史原则排序,必须有书证作依据,即有书为证,不知《规典》"震"条义项的序次是否有文献可征?"震"有"雷"义,文献甚早。《易·说卦》有"震为雷"(《十三经注疏》,中华书局1980年版第95页)一语。上面说过,先有卦名,后有解说,"震"条似应以"八卦之一"为诸义项之首。

第四,"离¹"义项①的"分开"义,《汉语大字典》"离"条这一义项所引的较早书证为《史记》,论时代在"离²"的"八卦之一"这一含义之后。《规典》既然宣布按"词义发展脉络排列义项",那么,分立字头也应该按历史原则排列。就八卦的分立字头的字而言,"兑¹""兑²"是做到了,"离¹""离²"却是逆序的,似应倒过来。

　　《现代汉语规范词典》主编李行健先生在书的《前言》中说："编写组的同志提出，词语义项应按历史发展脉络排列，这是王力先生几十年前就提出的愿望。《现代汉语规范词典》编写组集中了这方面学有专长的专家，广泛搜集资料进行了研究。通过对词义发展历史的考察，并按意义引申脉络排列义项"。立意甚美。上面第二、第三、第四提到的问题如果成立，只能说是智者千虑之偶失。

　　笔者以为，按词义的历史发展脉络排列义项这项任务，最好由通贯古今的历时性大型语文辞书来承担。如果从甲骨文算起，汉语已有3000多年的历史。汉语词的产生、孳乳、发展、废失，词义的扩大、缩小、转移，以及诸如此类的演变，只有在历史的长河中才能看得清楚。共时性（断代）的中型语文辞书来做这项工作，是承担了过重的任务。梳理词义发展脉络至少会遇到两个困难。

　　首先是时代的限制。《现代汉语规范词典》书名中的"现代"，通常从"五四"算起，至今不到百年。近百年的社会变革和科技发展所引起的汉语词汇和词义的发展和演变是历史上任一时代所不能比拟的。但是，一部断代辞书要给多义项词条理梳出词义发展轨迹不是易事，每有追溯，往往会突破书名所标示的"现代"的樊篱。

　　其次是篇幅的限制。中型辞书篇幅有限，难于给每个词的始见，以及词义的由来和演变提供书证，标示出处，以致编纂者潜心求索、言之有据的研究成果无法为社会共享。与此同时，读者对某些词条的义项排列另有见解，也难以提出商讨。

十一、一条三误

《规典》下面这个条目的释文有三点不妥。

[科举] 我国古代一种设科取士、选拔后备官吏人才的制度。始于隋代。唐代科目较多，明清以来只设进士科，分文、武两科。文科考八股文，武科考骑射、武艺。1905年以后推行西方学校教育，科举被废除。

第一，"明清以来只设进士科"中的"以来"一词欠妥。"以来"一词，《规典》释作"指从过去某时到说话时的一段时间▷立春～|改革开放～……"据此，"明清以来"也就是从明清起，到"说话时"的21世纪初，即包括明朝、清朝、中华民国、中华人民共和国。试问，中华民国、中华人民共和国时期有科举制度吗？有"进士科"吗？因此，"明清以来"的"以来"应删去，或者改为"两代"之类，方合史实。

第二，"1905年以后推行西方学校教育，科举被废除"一语也有问题。一是"西方学校教育"在中国究竟何时开始推行的？应该说早于1905年，而不是"1905年以后"。为此，宜选择有标志性的事件。京师大学堂（北京大学的前身）的成立可以作为标志。《中国大百科全书·教育》卷（以下简称《教育》卷）说：

  1898年6月，清光绪帝下《明定国是诏》宣布变法，诏书中强调要举办京师大学堂，后由梁启超草拟了学堂的章程。1898年7月，光绪帝正式下令批准设立京师大学堂，同年12月正式开学，学生近百人。（"北京大学"条）

清政府颁行学制，也可作为标志。《教育》卷说：

  清光绪二十八年（1902）颁布《钦定学堂章程》（亦称壬寅学制）未及实施，光绪二十九年十一月二十六日（1904年1月13日）另颁《奏定学堂章程》（亦称癸卯学制），为中国现代学制之始。（"中国学制"条）

  二是"科举"制是哪一年被废止的？应该说是1905年，而不是"1905年以后"。历史事实是，科举制度在清光绪三十年（1904）举行了最后一科（甲辰科）考试。《教育》卷说，"光绪三十一年（1905）清政府下令'停科举以广学校'"（"科举制度"条）。因此，《规典》"科举"条的"1905年以后推行西方学校教育，科举被废除"一语，宜改为"清末推行学校教育，科举于1905年被废除"。

  第三，"武科考骑射、武艺"中的"骑射"和"武艺"不宜并列。"骑射"也是一种武艺，两者是上下层次关系。此句可改为"武科考骑射等武艺"之类。

2004年4月15日写完

十二、未能协调

辞书编纂中，条目释文本身的协调和条目释文之间的协调，是一项颇费力气的工作。《规典》"呼应"条既有自身的协调问题，也有同他条协调的问题。为便于说明，先引"呼应"的词素词"呼¹"条的释文。

呼¹　①……②大喊▷~口号｜~天抢地｜~喊｜高~｜欢~。③称呼；唤▷直~其名｜一~百应｜~应｜招~。

如果审察一下"呼¹"条义项②和义项③的区别，似乎前者意思是"喊"，大声的，有"呼天抢地"例为证；后者意思是"唤"或"叫"，非大声的，有"直呼其名"例为证。可知两个义项是以音量强弱（通常意义的，非科学意义的）为区分。"呼¹"既然有两个义项的划分，凡是含有词素"呼¹"而且同这两个义项有关的词条释文，就要同"呼¹"条协调。可是"呼应"条在这方面疏忽了。《规典》"呼应"条释文是：

[呼应]　①呼喊与答应，指相互联系▷二人遥相~，配合默契。②前后关联，相互照应▷剧情前后缺乏~。

那么，"呼应"之"呼"，究竟属于大声的"喊"一类，还是属于非大声的"唤"或"叫"一类？《规典》的解释有分歧。一方面在"呼¹"条中把"呼应"作为义项③，即非大声的"唤"的例子；另一方面又在"呼应"条中用拆字法把"呼应"之"呼¹"释作"呼喊",把"呼应"之"应"释作"答应"。何谓"呼喊"?《规典》释作"喊叫""叫唤",举例有"呼唤救命",这样又把"呼应"之"呼"归入"呼¹"条义项②,即大声喊的范围里去了。

再说,"呼应"条义项①的释义和举例也不协调。"呼应"义项①释为"呼喊与答应",举例则为"二人遥相呼应,配合默契"。何谓"默契"?《规典》释作"形容彼此无需用语言表达,即可心灵相通"。"呼应"条的释义是有声的,用例则是无声的,未免扞格,用"呼应"条义项②所举实例的话来说,就是释文"前后缺乏呼应"。

十三、史事有错

下面讨论《规典》"改元"条的释义。

[改元] 历史上新皇帝即位或在位期间改换年号。新年号开始的一年称元年,故称。如朱元璋即位后改元洪武。

这个条目的释义和举例都有不妥之处。

释义说"改元"是"历史上新皇帝即位或在位期间改换年号"。本此说,似乎只有"新皇帝"才能改换年号。其实,"老皇帝"改换年号的,也不乏其事。例如,唐高宗李治于唐永淳二年(公元683年)改元"弘道"。那时唐高宗已经55岁,皇帝已经当了32年,无论按岁数还是按在位年头都够得上称"老皇帝"了。再者,皇帝有年号,有的不称"皇帝"的君主也有年号。例如,1884年为越南国王简宗阮福昊建福元年。因此,"改元"条释义似可改为:"君主继位或在位时改换年号。……"

　　再讨论举例。"改元"条举例说:"如朱元璋即位后改元洪武。"此例自身说法有误,也根本不能用作"改元"条的例子。中国纪元用年号始于汉武帝。年号的变更有两种情况。一种是一个朝代开始建立年号,一般称为"建元";一种是在一朝代之中变更年号,称为"改元"。中国历史上开国皇帝建立年号,始于东汉光武皇帝。《后汉书·光武帝纪上》记载:"于是建元为光武,大赦天下。"(《后汉书》,中华书局点校本第22页)。朱元璋是明朝开国之君,他当皇帝宣布以洪武为年号,是"建元"不是"改元"。《明史·太祖本纪》记载:"洪武元年春正月乙亥,祀天地于南郊,即皇帝位。定有天下之号曰明,建元洪武。"(《明史》,中华书局点校本第19页)两部史书对两位开国之君变更年号都用"建元"。既然朱元璋是"建元洪武",那么就不能用此事做"改元"的例子。

2004年6月

(本文前11则原载《拯救辞书——规范辨证、质量管窥及学术道德考量》,学林出版社2004年版;后2则原载《探讨》2005年第1期)

对大师的扬和抑

孟子说，不以规矩，不能成方圆；不以六律，不能正五音。人们对于"规范"从来有一种尊崇敬仰的心情。

《现代汉语规范词典》用"规范"冠名，抓住了人们崇仰"规范"的心态，占领了宣传上的制高点，居高临下，大有"一览众山小"之态势。虽说辞书要以质量高下论英雄，但毕竟要等到秋后才能算账。先声夺人，就棋高一着了。

词典主编李行健先生是一位高明的宣传家。他的高明之处是在已故的语言学泰斗、辞书编纂大师吕叔湘（1904~1998）先生身上做足文章，又扬又抑。扬很讲求方法，抑也颇费心思。

《现代汉语规范词典》的《序》，用的是吕叔湘先生多年前为语文出版社1998年出版的《现代汉语规范字典》写的《序言》。《规范字典》问世时，曾承主编李行健先生、副主编季恒铨先生、特邀审稿人李建国先生联名签署赐赠，盛意尚存心版。书编得不错，我曾在《三个俗体字：桔、肖、咀》等文中多次援引，作为论据。此为题外话。

我要说的是一序两用，似为罕见。除了丛书之序刊于每种书的卷首以外，出版业中似乎很少有一篇序言用在两本书上的，何况是吕先生已归道山，他人代作主张。借重吕先生的士林硕望，当然有益于词典的行销。

不仅此也，在一家报纸的《专版·广告》页上还刊有吕先生署名文章，题为《为什么要编〈现代汉语规范词典〉》。乍一看，满以为是吕氏生前为此书问世准备的文章，粗粗翻一下辽宁教育出版社2002年出版的19卷本《吕叔湘全集》，没有找到吕氏写的广告词。读了吕氏这篇文章才知道：原来就是《现代汉语规范字典·序言》，砍去一部分，换个新题目。如果说，吕氏原拟在《现代汉语规范词典》出版时另作一序，因不幸逝世，权以《现代汉语规范字典·序言》代之尚有可说的话，那么，将吕氏遗文删节改题当作广告词印行就有失严肃了，但不知曾否在吕氏生前得到允诺。一序两用，进而成为广告，当然是传扬了吕叔湘先生的声名。

对于吕先生不仅是扬，也有抑的一方面。李行健先生在2003年12月26日《中国图书商报》发表《为什么说〈现代汉语规范词典〉是规范、标准的？》一文，在文内小标题"《现代汉语规范词典》按词义的发展脉络排列义项"之下说：

> 编写组的同志提出，词语义项应按历史发展脉络排列，这是王力先生几十年前就提出的愿望。《词典》

编写组集中了这方面学有专长的专家,广泛搜集资料进行了研究。通过对词义发展历史的考察,并按意义引申脉络排列义项,我们感到有几大好处。……

3.为字头的分合提供科学的依据。自从词的概念引进到字、词典的编纂中后,在我国的词典中第一次有了诸如"白^{1}白^{2}白^3"字头分立的形式。

究竟是哪部词典"第一次有了诸如'白^{1}白^{2}白^3'字头分立的形式"的?作者运用泛述辞书编纂史的方法含糊其辞。但是因为文章的大小标题都是讲《现代汉语规范词典》的,这就给读者一个错觉,以为"第一次"是属于《现代汉语规范词典》。

1978年公开出版的《现代汉语词典》上出现"白^{1}白^{2}白^3"的字头,是众所周知的。因为说的是"第一次",还得向前追溯。字头分立是以学术研究为基础的富有创意之举,只有大学者主持编纂的辞书才有可能。笔者查了中国大辞典编纂处(黎锦熙教授任总主任)编的《国语辞典》(1947年版)和魏建功教授主编的《新华字典》(1953年开始出版)两部辞书,"白"字头都只有一条。从1996年版《现代汉语词典(修订本)》的《修订说明》中得知,此书在公开发行前,印行过"试印本"和"试用本",先后由吕叔湘先生和丁声树先生主编。笔者手头有一本1965年排印,商务印书馆1973年出版,标有"内部发行"字样的《现代汉语词典(试用本)》,书中已有"白^{1}白^{2}白^3"的字头。因为不备"试印本",仍无从断定这是"第一次"。

对大师的扬和抑

19卷本《吕叔湘全集》已由辽宁教育出版社于2002年推出，编入第12卷的《〈现代汉语词典〉编写细则（修订稿）》规定：

（19）单字在形、音、义上有错综关系的，如下处理：……

（C）没有形和音的分歧，但所含多项意义中有彼此不相联系的情况，就把这一条分成几条（在字的右肩上加1、2……为记），每条包含一个意义或互有联系的几个意义。如"和"分四条，"帮"分三条。（第417~418页）

由此可以推知，"第一次有了诸如'白¹白²白³'字头分立的形式"的，是吕叔湘主编、1960年印行的《现代汉语词典（试印本）》。这种分立字头设条的方式，既为此书历版沿用，又为《汉语大词典》等辞书所采用。

李行健先生是语言学家，又是多部语文辞书的主编，想必是知道字头分立的首创之功属于《现代汉语词典》，属于吕叔湘先生的。可惜，文章中既没有提到《现代汉语词典》，也没有提到吕叔湘先生，也许是疏失，也许是着意避开，客观上是忽视了吕氏的这一贡献，姑名之为"抑"。

无论是"扬"还是"抑"，对于以770万字皇皇遗著沾溉后学，并且先后主编《现代汉语词典》和《现代汉语八百词》这些旷世辞书泽被四方的大学者吕先生来说，都只是微不足道的砝码。我只是想说，凡事务必求实。

（原载2004年3月31日"人民网"和同日《中国青年报》）

这样的辞书，何必引进
——评《建宏成语义类辞典》

新闻出版总署2003年10月17日公布了19种不合格辞书的名单。其中，中国国际广播出版社2001年出版的《建宏成语义类辞典》名列第七（按差错率由高到低排列），差错率属于万分之五到万分之十五一档。

《建宏成语义类辞典》（以下简称《建宏》）是从台湾引进的，版权页上写着："本书获得台湾建宏出版社版权许可"。全书收成语5000余条，按意义和使用习惯分为72类，190目，字数为124.5万字。笔者按新闻出版总署"2003年辞书专项质量检查"的要求，随机抽查了第301～400页，约10万字。仅就这10万字而言，问题不少，现在分为七个方面讨论。

整个条目可议

下面是"喑恶叱咤"条的释文。

（1）yìn wū chì zhà

喑 恶 叱 咤

［注解］喑恶：发怒声。叱咤：怒喝。

［释义］发怒而大声叫喝。

［出处］汉·司马迁《史记·淮阴侯列传》："项王喑恶叱咤，千人皆废。"

上面这个条目的条头、出处、注解、注音都值得讨论。

一、条头"喑恶叱咤"应作"喑噁叱咤"。条头的"喑噁"误作"喑恶"，同"出处"栏的引文有关。

二、"出处"栏引用司马迁的《史记》，不知道用的是什么版本。《建宏》既然在大陆出版，书中的引文要用大陆出版的最好的版本。例如，二十四史要用中华书局的点校本，《红楼梦》等文学作品要用人民文学出版社等名牌出版社的版本。上述引文据中华书局1985年版《史记》点校本为："项王喑噁叱咤，千人皆废"（第2612页）。

"喑噁叱咤"中的"噁"，不是在任何情况下都可以简化为"恶"的。这既有读音问题，也有应用语境问题。《辞海》（1999）"噁"条有两个义项："㊀'恶㊃'的繁体。㊁（wù误）见'喑噁叱咤'"。翻到"恶㊃"条，释作："［恶、噁］（ě）见'恶心

②③'。"再看"恶心"条,释作"②(ě-)形容讨厌到极点。《红楼梦》第六回:'这话说的叫人恶心。'③(ě-)一种急迫欲呕的感觉。常为呕吐的先兆……"

由此可见,"噁"读wù时,不是"恶"的繁体字;读ě时,组成"噁心"一词,意思是使人厌恶或要呕吐,"噁"才可简化为"恶"。《辞海》对"噁""恶"的繁简体对应关系和非对应关系解释得十分透彻,还为成语"喑噁叱咤"单独立条。因此,引文要用中华书局版《史记》的"喑噁叱咤",条头也是如此。

三、"注解"栏说:"喑恶(黄按:应作噁):发怒声。叱咤:怒喝。"不妥。唐代学者司马贞所撰《〈史记〉索隐》的解释是:"喑哑(噁),怀怒气;叱咤,发怒声。"这一权威解释为中华书局版《史记》所援引;《汉语大字典》"喑噁"条也释作"怀怒气"。司马贞把"喑噁叱咤"分作两步解释,先"怀怒气",后"发怒声",是合乎逻辑顺序的。《建宏》释作"发怒声"和"怒喝"就前后雷同了。司马贞的解释千年以后仍为今人认同,《建宏》舍弃前人的训诂成果而自作主张,并无必要。

四、"注音"可议。"喑噁叱咤"之"噁",《辞源》《汉语大词典》《汉语大字典》,还有前面提到的《辞海》,无一例外,都注wù音。《建宏》误写作"喑恶叱咤",给"恶"注音wū,也是不妥的。"恶"读wū时,《汉语大字典》给出两个义项:"① 代词。表示疑问,相当于'何'、'怎么'。……② 叹词。《孟子·公孙丑上》'恶!是何言也?'赵岐注:'恶者,不安事之叹辞也。'"就"恶(wū)"的这两个含义而言,它也不宜作为词素取代

这样的辞书,何必引进 | 273

"喑噁叱咤"中的"噁"字。

释义未甚妥当

辞书学家认为,释义是辞书的灵魂。《建宏》在条目释义方面颇有未妥之处。例如:

(2)"指手划脚"条释义说:"说话时手脚并用以示意。形容……"

按:例(2)的"指手"和"划脚"可以作为偏义复词来理解,偏于"指手"。至于"划脚",只起陪衬作用,释义时可以不提。不过这一陪衬,则暗示有行为的多次性和多样性。用"手、脚"构成的别的四字格,也有这种情况。"大手大脚"是指花钱或用东西没有节制。花钱只用手,同脚无关,"大脚"也只起陪衬作用。《汉语成语大词典》(中华书局2002年版)"指手画脚"条解释得对:"说话时使用各种手势动作示意。"

(3)"兴高采烈"条释义说:"原指文章、诗歌富于辞采,旨趣高超。现一般指兴致高昂,情绪热烈饱满,不觉疲乏。"

按:例(3)的"兴高采烈",并无"不觉疲乏"之意,何必画蛇添足。

(4)"破门而入"条释义说:"打破大门,冲了进来。形容……"

按:例(4)的"破门"之"门",不限于"大门"。加"大"字,外延缩小了。破"二门""侧门""小门"等,都可以说是

"破门"。

例（3）（4）的释义都加进了成语本身所没有的意思，过犹不及。

（5）"探头探脑"条释义说："伸着头张望、窥视。想知道某事又怕被人发现。形容躲躲藏藏的样子。"

按：成语的释义必须是整体性的，覆盖周延。"探头探脑"的两个"探"字表示行为的重复性（"头"和"脑［袋］"则为同义语），暗含"头"时伸时缩之意。释义只说"伸着头张望、窥视"，不免片面。这个成语似可释作："时而伸头张望，时而缩头隐蔽"之类。

（6）"乐此不疲"条释义说："因笃好而不觉疲倦。"

按：以"笃好"释"乐此"，不妥。一是以深释浅。"笃好"是文言词，不能作解释用词。而且"笃好"可读dǔhào，意为十分爱好；也可读作dǔhǎo，意为极为亲善（据《汉语大词典》）：读者无所适从。二是成语中"此"字没有着落。"乐此不疲"似可释作"喜欢某事不知疲倦"。

以浅释深是辞书编写者的共识。《〈现代汉语词典〉编写细则（修订稿）》明文规定："可以用常用的词注不常用的词（特别是不单用的词素），不可倒过来，如可以用'船'注'舟'，不可用'舟'注'船'……"（《吕叔湘全集》，辽宁教育出版社2002年版第12卷第431页）例（6）恰好是"倒过来"了。

六个人名错误

就笔者检查第301~400页所见，有六位知名人物的姓名搞错了。

（7）"怅然若失"条"出处"栏说："南朝·宋·谢灵运《拟魏太子邺中集诗八首·徐幹》：'中饮顾昔心，怅恶若有失。'"

按篇名中的"徐幹"应作"徐幹"。徐幹（171~218）是东汉末年的文学家，文学史上的"建安七子"之一，辞赋成就很高。"徐幹"之"幹"，罕有用于人名的，凭常识也能通读出来的。又，谢灵运诗"怅恶若有失"中的"恶"应作"焉"，见昭明太子萧统编《文选》（商务印书馆国学基本丛书版第438页）。

（8）"怅然若失"条"出处"栏又说："唐·李白《李太白全集·十三·闻丹企子于城业山营石门幽居》……"

按："丹企子"应作"丹丘子"。这位"丹丘子"姓元，叫"元丹丘"，是隐士，李白的好友。李白诗中多次提到，如他的另一首诗题为《酬岑勋见寻就元丹丘对酒相待以诗见招》，题中就有"元丹丘"的姓名；在《将进酒》诗中有句："岑夫子，丹丘生，将进酒，杯莫停！"此外，"怅然若失"条所引诗题中的"城业山"应作"城北山"，见《李太白全集》（中华书局1977年版中册第659页）。

（9）"地主之谊"条"出处"栏说："韩翃《送王少府归杭州》：'吴郡陆机称地主，钱塘苏小是乡亲。'"

276 | 第三辑 关于语文辞书和专业辞书

按："韩翊"应作"韩翃（hóng）"。韩翃是唐代诗人，生卒年不详，文学史上"大历十才子"之一。他的七绝《寒食》："春城无处不飞花，寒食东风御柳斜。日暮汉宫传蜡烛，轻烟散入五侯家。"脍炙人口，流传千古。

（10）"亲如手足"条"出处"栏说："元·关汉卿《魔合罗》第四折：'想兄弟情亲如手足。'"

按：元杂剧《魔合罗》，全名《张鼎智勘魔合罗》，它的作者是孟汉卿。元代有两位名"汉卿"的剧作家，关汉卿和孟汉卿。关汉卿名气大，以致造成"关冠孟戴"，不过孟汉卿也非等闲之辈。他是亳州（今属安徽）人，生卒年不详，元世祖时代人；《魔合罗》流传至今。

（11）"杯弓蛇影"条"例句"栏说："自如……为众所弃，杯弓蛇影，处处设防。（蔡东藩、许仅父《民国通俗演义》第六十一回）"。

按："许仅父"应作"许廑父"。许廑父，浙江萧山人，鸳鸯蝴蝶派作家，20世纪上半叶在世。

（12）"惴惴不安"条"例句"栏说："我觉得十分内疚，很想当面道个歉意，但又害怕鲁迅先生会责备我，颇有点惴惴不安。（唐韬《琐记》）"

按："唐韬"应作"唐弢"。唐弢（1913～1992）是当代文学家，浙江镇海人。"弢"虽跟"韬"同音同义，1955年公布的《第一批异体字整理表》和1986年重新发布的《简化字总表》都没有把"弢"列为被淘汰的异体字，所以"弢"仍保有"合法"的正体身份，尽管《现代汉语词典》把"羢"放入"韬"条的括号内。如果拘泥于《现汉》，用"唐韬"不用"唐羢"，熟人就变成生人。《简化字总表》中是由几个繁体字合并简化为一个简化字的，用于姓名时，也不宜用简化字。例如，"發""髮"合并简化为"发"，用之于鲁迅著作中多次提到的辛亥革命时绍兴都督王金發，或者用之于20世纪30年代前后象征派诗人李金髮，就不宜写作"王金发"和"李金发"。这样两位"金发"就分不清了。

上面提到的徐幹、韩翃、孟汉卿、唐羢都是文学史上知名人物，《中国大百科全书·中国文学》卷为他们立了条目。许廑父在《浙江古今人物大辞典》（江西人民出版社）有传，蔡东藩和他合著的《民国通俗演义》坊间仍在出售。如果读过李白的名篇《将进酒》（君不见黄河之水天上来），也会对丹丘生有印象。这些错失显示出《建宏》编辑者的文学史知识准备不足。

篇名随意改动

《建宏》的"出处"栏引用了不少古书，然而书名（包括篇名）存在差错。这里只举《史记》的篇名和一条中有两处书名差错的为例。

一、《史记》篇名，多处失范

（13）"沾沾自喜"条"出处"栏说："《史记·窦婴列传》：'太后岂以为臣有爱，不相魏其？魏其者，沾沾自喜耳……'"

按：《史记》没有《窦婴列传》，只有《魏其武安侯列传》，这是魏其侯窦婴、武安侯田蚡两人的合传，不宜改篇名为《窦婴列传》。例（13）引文见于中华书局点校本《史记·魏其武安侯列传》(《史记》第2841页）。

（14）"心向往之"条"出处"栏说："《史记·孔子世家论》：'诗有之："高山仰止，景行行止。"虽不能至，然心乡往之。……'"

按：文中篇名《孔子世家论》的"论"字为衍字，应删。又，条目为"心向往之"，而引文为"心乡往之"，互不契合，宜注明"'乡'通'向'"，以释疑。

（15）"刎颈之交"条"出处"栏说："《史记·张耳列传》：'馀年少，父事张耳，两人相与为刎颈交。'"

按：《史记》篇名为《张耳陈馀列传》，不宜略去"陈馀"。何况，引文正好讲两人相交之事。

二、一条之内，书名数错

上文例（7）（8）已经提到"怅然若失"条两个篇名有三处错字。再举一例：

（16）"明哲保身"条"出处"栏说："《诗经·大雅·丞民》：'既明且哲，以保其身。'唐·白居易《杜佑到仕制》：'尽悴事君，明哲保身……'"

按："丞（chéng）民"应作"烝（zhēng）民"，"到仕制"应作"致仕制"。前者任一版本《诗经》都作"烝民"，后者据《白居易集》卷五五。

用字有欠斟酌

《建宏》是从台湾引进在大陆出版，台湾用繁体字，大陆用简化字，因此应该特别注意大陆用字的规范和习惯。下面讨论《建宏》在用字上的三个问题。

一、用了已经不用的异体字

（17）"一见如故"条"出处"栏说："唐·李钰《故丞相太子少师赠太尉牛公神道碑》(《文苑英华》八八八）：'时韦崲州作相，网罗贤隽，知公名……'"

按："崲州"之"崲"，现代已经很少使用了。国家语言文字工作委员会、国家教育委员会1988年公布的《现代汉语常用字表》，只收"崖"字，而且列入2500字的"常用字"中，未收"崲"字。就连台湾出版的《新编国语日报辞典》（2002年版）也是收"崖"字，未见"崲"字。因此，完全没有必要拘泥于古籍用"崲"字。

（18）"超凡入圣"条"出处"栏说："《景德传灯录·卷十八·福州玄沙宗一大师》：'所以超凡越圣，出生离死，离因离果，超毗户，越释迦……'"

按："超毗户"应作"超毗卢"。"户"为"卢"的错字。"毗"应作"毗"，因为中华人民共和国文化部、中国文字改革委员会1955年发布的《第一批异体字整理表》规定，以"毗"为正体字，"毗"为异体字。

二、用了不应该用的简化字

（19）"恋恋不舍"条"出处"栏说："宋·王明清《挥麈后录》卷六：'钱穆父与蔡元度俱在禁林，二公雅相好。元佑末……'""元佑"为年号，应作"元祐"。《现代汉语词典》历版附录《我国历代纪元表》宋代的年号景祐、皇祐、元祐等均未简化为"×佑"。

（20）"惴惴不安"条"出处"栏说："宋·周孚《铅刀编·滁州莫枕楼记》：'干道八年去（黄按："去"字疑误），济南辛侯（辛弃疾）自司农寺簿来守滁……每大风作，惴惴然不自安。'"

按："干道"作为南宋孝宗的年号，应写作"乾道"。乾读作qián，为八卦之一，用作年号的词素，如乾元、乾隆等，不简化；读作gān，表示没有水分或水分很少，组成"gān 燥"等，则简化为"干"。

三、把近代才用的疑问代词"哪"用进古书

（21）"喜从天降"条"出处"栏说："《京本通俗小说·西山一窟鬼》：'教授听得说罢，喜从天降，笑逐颜开道："……这个小娘子如今在哪里？"'"

（22）"睹物思人"条"出处"栏说："清·曹雪芹《红楼梦》第四十四回：'俗话说"睹物思人"，天下的水总归一源，不拘哪里的水舀一碗……'"

按：古代白话文中，疑问代词用"那"（nǎ），不用"哪"（nuó，ná）。"哪"读nǎ，作疑问代词用是近代才出现的。《汉语大词典》"哪"（nǎ）条引用的书证最早的是《孽海花》第十七

回："哪里有功夫留心彩云的事？"《孽海花》第十一至第二十回初版于光绪三十二年（1906）。可知，"哪"（nǎ）的产生，当在清末。此后，"哪"（nǎ）渐长，"那"（nǎ）渐消。商务印书馆1947年出版的《国语辞典》还只立"那（nǎ）怕"条，未立"哪（nǎ）怕"条。到了1962年出版的《新华字典》已只收"哪"（nǎ）条，未立"那"（nǎ）条。2006年商务印书馆出版的《新华多功能字典》"哪"（nǎ）条"知识窗"栏提示："哪（nǎ）在古代白话文里写作'那'。"因此，例（21）（22）引文中的"哪"字，都要用"那"字。因为《京本通俗小说》中的《西山一窟鬼》，其实就是明末冯梦龙所编《警世通言》中的《一窟鬼癫道人除怪》；《红楼梦》众所周知，是清乾隆时代的作品。人民文学出版社出版的《红楼梦》就保持原作用字，用"那里"不用"哪里"。

"出处"大量短缺

《建宏》封面上印出条目的五项内容，也就是条目的五个栏目：注解、释义、出处、例句、辨误。其中的"出处"应是必备栏目，可是颇多短缺，有下列几种情况。

一、根本没有"出处"。笔者检查了《建宏》十万字，共529个条目（实条），其中有51条释文中没有"出处"这个栏目，约占9.64%。这些不写"出处"的条目中，既有带有文言气息的"信马由缰""黯然神伤"，也有该不该入选成语词典都值得斟酌的"似懂非懂""满怀信心"。

二、只有部分"出处"。这又可分为两种。一种是同一含义的成语往往有不同的表达形式，姑称之为异形成语，《建宏》往往只给出一种形式的"出处"。例如：

（23）"依依不舍"条"出处"栏说："明·冯梦龙《警世通言》卷十一：'次早，老婆婆起身，又留吃了早饭，临去时依依不舍……'一作'依依难舍'。"

按：没有给出"依依难舍"的出处。

另一种是一个成语有两个义项，只给出一个义项的出处。例如：

（24）"拍案而起"条释义说："一拍桌子，猛然站起。①形容愤怒至极，起而抗争。②形容十分得意，非常高兴。""出处"栏说："清·况周颐《蕙风词话》卷一：'此时曼声微吟，拍案而起，其乐何如！'"

按：出处只有照应表示"非常高兴"的含义的书证，没有照应表示"愤怒至极"的含义的书证。实际上"拍案而起"更多地用于表示愤怒。

三、"出处"书证不到位。例如：

（25）"告老还乡"条"释义"说："年老退职，回归故里。""出处"栏说："《左传·襄公七年》：'冬十月，晋韩献子告老。'"

按：条目为"告老还乡"，出处却是"告老"，不见"还乡"。形和义都不到位。

(26)"耿耿于怀"条"释义"说:"心里总是想着,不能忘怀。""出处"栏说:"《诗经·邶风·柏舟》:'耿耿不寐,如有隐忧。'"

按:条目为"耿耿于怀",出处却是"耿耿不寐"。同上例一样,给人以鱼目混珠之感。

四、有意源而无形源。入选成语辞书的有些成语是先有意思的源头,后有跟条头书写形式相同的源头。"星火燎原"的意源出于《尚书·盘庚》:"若火之燎于原,不可向迩";而形源,据《成语源流大词典》,则出于明·贺逢圣《致族人书》:"天下事皆起于微,成于慎,微之不慎,星火燎原,蚁穴溃堤。"这是笔者所见到的"星火燎原"一词的最早出处。而《建宏》一些条目的出处,往往只有意源而无形源。例如:

(27)"追悔莫及"条"出处"栏说:"《尚书·盘庚》'汝悔身何及。'"

按:应补上"追悔莫及"一词书写形式的出处。

《建宏》的"出处"为什么有如许短缺,愚以为主要原因有二:一是编撰者对成语辞书"出处"的要求意识薄弱,二是词典的编纂程序未当。

成语辞书除了袖珍式的小型的(例如商务印书馆1950年代开始出版的《汉语成语小词典》)以外,稍具规模的,书中所有的条目,每个条目释文提到的所有的义项和书写形式都应该有出处,即使不能提供"始见"的书证,也要提供前人(越早越好)已经用过的书证。这一条应该作为成语辞书的基本要求。我们不妨作个对比，商务印书馆1992年出版的《成语熟语词典》（刘叶秋等编）93万字，收7500余条，条均124字，条条有书证，形同义不同和义同形不同的也各有书证。《建宏》124.5万字，收5000余条（姑且按5500条计算），条均为226字，条均字数多，书证反而残缺不全，恐怕不能以"限于篇幅"作为遁词的。

在编纂程序上，优秀的语文辞书都是从搜集资料入手的。《现代汉语词典》开始编写之前，就用一年多时间积累了100多万张卡片。江苏教育出版社2003年出版的《成语源流大词典》，614万字，收成语48000条，条均为128字，是当今篇幅最大、收词最多的成语辞书。编著者刘洁修先生在《自叙》中说："从1972年起，我为了编一本成语词典而开始搜集资料，过了8年之后，于1981年着手编写，至1985年年底交稿付排，又过了4年，于1989年9月出版了《汉语成语考释词典》，历时17年之久；从1986年起开始第二次搜集资料，3年后转入大幅度的增补和修改，至1999年4月底脱稿，名为《成语源流大词典》，再至此书出版，历时又是十五六个年头……"仅仅是第一次搜集资料就用了八年功夫！这部书是根据浩瀚的资料编写的，所以没有一个成语没有出处，因为穷源溯流，大量条目都有多则书证。反观《建宏》，"出处"大量短缺，表明它没有充分的资料储备。如果拥有资料，那就会是条目未写，出处已备。不作资料准备要编出好辞典，难矣！

其他问题多多

《建宏》还有其他一些问题，只提四点。

一、**"注解"失当**。例如：

（28）"多愁善感"条注释说："善：容易，长于。感：感伤。"

按：善固然有"长于"义，但用于此处不合适，宜改作"易于"。长于，用于能力，如善歌，表示擅长唱歌；易于，用于性格，如善怒，表示容易发脾气。成语词素的解释，要有针对性，不宜越出注解对象的语境。

二、**"辨误"考虑未周**。例如：

（29）"老成练达"条辨误说："练不可误写为'链'。"

按："辨误"要写的应该是常见的错误，罕见把"老成练达"之"练"写作"链"的。相反的，"按部就班"条却没有提醒读者不可误写作"按步就班"。

三、**编校粗率**。错讹衍夺触处可见。上面已经提到一些，现再举《孟子》引文两则：

（30）"独善其身"条"出处"栏说："《孟子·尽心上》：'穷则独善其身，达则兼济天下。'"

按："兼济天下"应作"兼善天下"，据中华书局版《十三经注疏》第2765页。这是常被征引的孟子名言，不应该错的。

（31）"濯缨濯足"条"出处"栏说："《孟子·离娄上》：'有孺子歌曰："沧浪之水清兮，可以濯我缨；沧浪之水浊兮，可以

濯我足"。孔子曰："小子听之,清斯濯婴,浊斯濯足,自取之也。""'

按:"濯婴"应作"濯缨","浊斯濯足"后脱一"矣"字,均据《十三经注疏》第2719页。又,"小子听之"后应断句,可用叹号;"浊斯濯足矣"后应断句,可用句号。短短一句,问题不少。

四、互不照应。例如:

(32)"劈头盖脸"条"出处"栏说:"一作'劈头劈脸'。明·施耐庵《水浒传》第十四回:'(晁盖)夺过士兵手里棍棒,劈头劈脸便打'"。"例句"栏说:"你当时那么凶,劈头盖脸地骂我。"

按:有两点互不照应。一是条头"劈头盖脸",未提供出处。二是"劈头盖(劈)脸"主要用作"打"的状语。《汉语大词典》"劈头盖脸"条连引三条书证,都是讲"打"的。"例句"讲"骂"跟"出处"不照应。

引进台湾的出版物,必须在质量上是上乘的,为大陆所缺少的,引进前要做质量鉴定。引进的出版物要作原稿看待,按规定经过三审的编辑程序,语文辞书务必使之符合有关部门公布的语言文字规范要求,而不是当作成品,把繁体字转换成简化字就出片付印。就检查结果看,《建宏》远非上乘之作,况且大陆近20多年出版的汉语成语辞书估计已有100多种(其中分类排列的也有十多种),颇多优秀之作,例如江苏教育出版社出版的、刘洁修编著的《成语源流大词典》(它的前身是商务印书馆出版的《汉语成语考释词典》),中华书局出版的、朱祖延主编的《汉语成语大词典》。总之,像《建宏成语义类辞典》这样的不合格出版物,根本不必引进!

2003年11月13日初稿

2007年3月16日改写毕

(原载《中国出版》2007年第10期)

《新华大字典》篆书失宜

《新华大字典》的《前言》说:"本字典是一部……提供了汉字的行、隶、草、篆4种书写方法的新型语文工具书","精心提供标准书法,引导读者探寻汉字的源头和流变……学习汉字的书法艺术"。为此,书中大多数条目释文中都列出行书、草书、隶书、篆书四种书写形体。笔者应新闻出版总署之邀,参加辞书出版质量检查工作,发现《新华大字典》(以下简称《新大》,商务印书馆国际有限公司2004年5月第1版,2006年1月第8次印刷本)所列篆书存在一些问题,爰作此文提出商兑,并求正于方家。

中国古代多种辞书,有在单字后列出篆隶诸体的体例。辞书学家刘叶秋著《中国字典史略》说:"明人编《永乐大典》,对单字下并列篆隶各体,似出新裁;实际皆为《韵海镜源》所早已有之。"(中华书局1992年版第185页)《辞源》的"《韵海镜源》"条说:"唐颜真卿撰,已佚。五百卷,或云三百六十卷……先起《说文》为篆字,次为今文隶字,并列别体为证"。可见,字典列出篆书字体以汉代《说文解字》的小篆为范本,在唐代就开始了。清代《康熙字典》，当代徐中舒主编的《汉语大字典》（四川辞书出版社、湖北辞书出版社联合出版），曹先擢、苏培成主编的《新华多功能字典》（商务印书馆出版）单字所列篆书，也都是以《说文》字体为准。此事历时千年，已经形成传统。可惜《新大》未能继之。例如"賓"（宾）字的篆体按《说文》写作𗥍，而《新大》则写作𗥎。两者区别在于："賓"在《说文》属"貝"（贝）部，不属"宀"部（《康熙字典》《辞源》《汉语大字典》《汉语大词典》也是如此），所以宝盖头只罩住上一半；后来有的人学篆字，没有理解古人的苦心，把"賓"当做"宀"部的字，写成宝盖头罩到底的别体。这在其他场合使用（例如刻图章）是不妨的，但应用在宣布"提供标准书法"的《新大》里就未免失范。做学问要求"言之有据"；字典提供篆字，也要求"书之有据"。凡是《说文》未收的字，可让它空缺，因为书之无据，《康熙字典》等辞书莫不如此。

下文谨就阅读《新大》所见有关问题举例讨论。

一、李代桃僵

条目中列出的篆体字一定要同条头字（包括括号内所附的繁体字和异体字）相对应，不能用别的字来代替。下面的例（1）（3）就有李代桃僵之嫌。

（1）浜〈方〉小河，多用于地名：bāng 河~｜沙家~。

行书：浜 草书：浜 隶书：浜 篆书：🅟

按：上例篆书"濱"字，不当。"濱"（简化字为"滨"）音bīn，名词义为"水边"，动词义为"靠近（水边）"，形、音、义都跟"浜"不同。"浜"为吴语，在古字书中始见于北宋的《广韵》。"浜"未见于《说文》，篆书宁缺。

此外，"滨"条也有可议之处。

（2）滨（濱）bīn 水边；靠近水的地方：～江｜湖～｜长江之～

行书：滨 草书：滨 隶书：滨 篆书：🅟

按："濱"字在先秦虽已出现，然《说文》未收，篆书无所凭借，不宜用后人仿写的，宁缺。再者，例（2）的释义有偏，"滨"的动词义未列，以致举例"～江"没有释义可资依托。

（3）棒 bàng ①棍子：棍～。②能力高；成绩好：他说得真～……

行书：棒 草书：棒 隶书：棒 篆书：🅟

按：上例以篆书"棓"作为"棒"的篆书，不妥。棒、棓二字都读bàng，都可释作棍、杖，都可用作动词（用棍棒打），这是相通的方面。但"棓"读bàng还有连枷义，读póu有跳板义，读péi为姓（均据《辞源》"棓"条），都是"棒"所没有的。两者形异，音、义只有局部相同，不是一个字，篆书不能以此代彼。《说文》未收"棒"字，篆书宁缺。

二、四声失辨

当今按音序排列的字典对于同形异音的字都分别立条,《新大》也是如此。可是《新大》在条目中所列篆书就存在四声失辨的情况。例如:

(4) 斗 dǒu ①我国市制容量单位,一斗相当于十升。②用木头或竹子制成的量粮食的器具……⑥星宿名。a) 二十八宿之一,也叫"南斗"。b) 北斗星的简称:~柄。⑦星的通称:星~满天……

行书:斗 草书:斗 隶书:斗 篆书:🦴

按:上例用篆书"鬥"(dòu)作为"斗"(dǒu)的篆书,不对。"斗"(dǒu)的篆书按《说文》应作🦴。"升斗"的"斗"跟"战斗"的"斗"两者音和义都不同,是很普通的常识,不用多说。

(5) 发(髪)fà 人生长在头部的毛发:理~|~廊|白~。

行书:发 草书:发 隶书:发 篆书:🦴

按:简化字"发"有两个读音:fā和fà。读fā,同繁体字"發"对应;读fà,同繁体字"髪"对应。例(5)条头括注繁体字"髪"是对的,可是篆书作"發"就错了,应作🦴。

顺便说说,释"发"为"人生在头部的毛发",不妥。"人生在头部的毛发"还有眉毛、胡须,释义失之于宽。

（6）干（①-⑨乾）gān ①表示没有水分或水分很少（与"湿"相对）：沙漠气候十分~燥｜~粮｜~旱地区……⑨慢待；不热情：别把我们~在这……⑩指盾，古代的一种武器，用来挡住刀箭，保护身体：~戚｜大动~戈。⑪冒犯；触犯：~扰｜~犯……⑯天干的简称：~支……

行书：干 草书：千 隶书：干 篆书：𠦃

按：本条为"干（乾）"，注音为"gān"，可是篆书却是"幹"（gàn），不对。"干（乾）"的篆书应作干和𠦃，以求字形和字音同条头匹配。

三、误改姓氏

中华民族重视姓氏，问祖追宗早已成为传统。在社会交往中，说错和写错他人姓名，被视为礼貌不周。《新大》篆书也有这方面问题。

（7）种 chóng 姓。

行书：种 草书：种 隶书：种 篆书：種

按：上例把姓氏用的"种"（chóng）的篆书写作"種"，不对。种，有两个身份，三个读音。种，作为传承字，读chóng，通常只作姓氏用；作为"種"的简化字，读zhǒng为"种子"之"种"，读zhòng为"种植"之"种"。《汉语大字典》"种"条义项②说："姓。《玉篇·禾部》：'种，人姓。'"可知，作为姓，本来就写作"种",并不是"種"的简化字。《说文》未收"种"字,篆书宁缺。

(8)万 mò【万俟】(mòqí)复姓。

行书:万 草书:万 隶书:万 篆书:🈳

按:上例把复姓"万俟"之"万"的篆书写作"萬",不对。"万"字,作为繁体字"萬"的简化字,读wàn。《辞源》"万"条书证说:"《韩非子·定法》:'故托万乘之劲韩。'"可知"萬"简写作"万",已有2000多年历史。"万"作为复姓的词素,据《汉语大字典》"万"条,有两个读音:复姓"万纽"之"万",读wàn,西魏有柱国万纽于谨;复姓"万俟"之"万",读mò。由此可知,"万俟"之"万"和"萬"字简体之"万",只能说是同形异音异义字,不能以"萬"的篆书作为"万俟"之"万"的篆书。"万"字《说文》未收,篆书宁缺。

(9)钟 (①-③鐘、④-⑥鍾)zhōng ①一种中空响器,用铜或铁制成,敲击时发声。②用于计时的器具:闹~|时~|座~。③指时间:~点|一刻~。④(情感等)专注;集中:~爱|~情。⑤同"盅"。⑥姓。

行书:钟 草书:钟 隶书:钟 篆书:鐘

按:上例的篆体只有"鐘",没有鍾,应补上。鍾、鐘都是姓。《汉语大字典》"鐘"条说:"姓。也作'鍾'。《萬姓统谱·冬韵》:'鐘,见《姓苑》,与鍾同。'"可知姓"鐘"的可以写作姓"鍾"的;反过来,没有文献可征。《辞海》"钟"字头条目处理非常慎重，所有人名条目都在"钟"字后括注"鍾"字，从神话人物"钟（鍾）馗"到当代电影评论家"钟（鍾）惦棐"，莫不如此。所以例（9）的篆书"鍾"不能省去，以免误姓为"鐘"。加上"鐘"的篆书，才能同条头括注的繁体字相照应。

四、简化篆体

我国从20世纪50年代至80年代公布多种文件推行汉字简化，简化的对象是楷体字（以及用于印刷的宋体字等），而《新大》某些条目却把简化字推广到篆体上来了。且举两例。

（10）徵 zhǐ 古代五音（宫、商、角、徵、羽）之一，相当于现代简谱的"5"。

行书：徵　草书：徵　隶书：徵　篆书：征

按：上例条头为"徵"，行书、草书、隶书都作"徵"，篆书忽然变为"征"，为何替古人简化篆书？令人不解。应改篆书"征"为徵。

"征"和"徵"都有双重身份。征，既是传承字，又是"徵"的简化字。徵，既是传承字，又是"征"的繁体字。"徵"读zhēng，简化为"征"；读zhǐ，不简化。1986年重新公布的《简化字总表》［徵］字后注释㊽说："宫商角徵羽的徵读zhǐ（止），不简化。"

附带提一下，徵（zhēng）用于人名，不宜简化为"征"，如魏徵（唐代名相）、文徵明（明代画家）里的"徵"。

（11）面 （①-③、⑩-⑬面、⑤-⑨麵、⑤-⑨麫）miàn ①脸；头的正前部：～容……④朝向；脸对着：～壁｜～南背北。⑤粮食磨成的粉；特指用小麦磨成的粉：～粉……⑨比喻人脾气窝囊：你也太～了。⑩用作方位词的后缀：下～｜外～……

行书：面 草书：面 隶书：面 篆书：面

按：上例仅仅提供篆书面（面），是不够的。这个字是"面孔"的"面"，而不是"面条"的"麵"或"麫"，因此要补上篆书麫字。如果不加此字，读者会误以为篆书"面"也有面粉等的含义。其实，"面"只是汉字简化后成为"麫、麵"的简化字，才有"麫、麵"的含义。不列出篆体"麫"，岂不是《新大》在简化篆书？又，《说文》未收"麵"字。

五、随意舍弃

有的汉字同音字，本来是两个字（篆书也是两个字），汉字简化后合并为一个字，《新大》在条目中列篆书最好把两个字都列出，不要舍弃其中的一个。

（12）范（範）fàn ①榜样或标准：典～｜规～｜模～。②界限：～围｜～畴。③限制：防～。④模子；模型：钱～｜铁～。⑤姓。

行书：范 草书：范 隶书：范 篆书：範

296 ｜ 第三辑 关于语文辞书和专业辞书

按：上例"范（範）"条，篆书只列"範"字，不妥，应补列"范"字的篆书。范、範都是姓，只列篆书"範"，不列篆书"范"，无异于让姓"范"的人都要改姓"範"了。《王力古汉语字典》（中华书局2000年版）"笵"条辨析范、範、笵三字说："范用于姓氏，如范雎、范仲淹；範也用于姓氏。二者不同，不得相混。"不列出篆书"范"，就相混了。前些年游北京景山公园见西门入口处有一圆筒形磁碑，上书《岳阳楼记》，落款作者"范仲淹"的篆书写作"範仲淹"，就是把二者相混了。

（13）后（③-⑥後）hòu ① 古时称君主：先~。② 君主的妻妾：皇太~｜~妃。③ 位于空间的背面或反面的（与"前"相对）：~盾｜村~｜~台……⑥子孙：~人｜~代。

行书：后 草书：后 隶书：后 篆书：後

按："后"是传承字，又是"後"的简化字。不过，"后"在古代就有与"前"相对的含义。《礼记·大学》就用过："知止而后有定，定而后能静，静而后能安……"上例的篆书只有"後"，没有"后"，不妥，应补上后。否则，就会出现把皇后写作"皇後"这样的尴尬事。

附带一提，"后"条义项②释作"君主的妻妾"，未当。"妾"是小老婆，君主的"妾"不能称"后"，应删"妾"。

六、滥竽充数

《新大》有些条目列出的篆书，是拿另一个字的篆书来充数，同条头的字对不上号。例如：

（14）术 zhú 一种多年生草本植物，白色或紫色花，秋天开，根状茎带有香气，可作药用。有白术和苍术等。

行书：术 草书：术 隶书：术 篆书：

按：上例"术"的篆体作"術"（shù），不对。据《说文》应作茶（苂）。"术"是个多音多义字，读zhú，是传承字，一类药用植物的名称；读shù，是"術"的简化字，含义为办法、技艺等。《简化字总表》（1986年）在"术〔術〕"后注释㉛："中药苍术、白术的术读zhú（竹）。"《新大》编者对此未加注意以致出错。至于"术"的篆书为什么有草头？《汉语大字典》"苂"条作了如下的说明："《说文》：'苂山蓟也。从草，术声。'王筠句读：'《释草》省作术。《本草》有白术、赤术。'""苂"和"术"音同义同形近，可视为古今字。

（15）嗥 háo ①高声喊叫：鬼哭狼~。②同"号"（háo）：放声大~｜~啕大哭。

行书：嗥 草书：嗥 隶书：嗥 篆书：

按：上例行书、草书、隶书均作"嗥"，篆书却作"號"（简化字为"号"），不当。"嗥"和"號"形异；嗥读háo，號读háo和hào，音不全同；"嗥"只在"大声哭"的含义上跟"號"

相通。它们是两个字，不能以篆体"號"作为"嚎"的篆体。《说文》无"嚎"字，篆书宁缺。

七、合二而一

汉字简化中有一种方法是把两个读音不同、含义不同的字合并为一个（把笔画较多的并入笔画较少的），《新大》也如法炮制，把两个篆书并成一个。例如：

（16）吁 xū ①叹气：长～短叹。②叹词，表示惊异：～，可怪也！

行书：吁 草书：吁 隶书：吁 篆书：吁

（17）吁（籲）yù 大声呼喊，以求满足某种要求：大声呼～｜～求｜～请。

行书：吁 草书：吁 隶书：吁 篆书：吁

按：例（16）（17）是汉字简化后把形音义各异的"吁""籲"两字合并成为"吁"字。《简化字总表》（1986）为免生误会，在"吁〔籲〕"后加注释㊼："喘吁吁，长吁短叹的吁读xū（虚）。"篆书不宜跟着走也合并。依照《说文》，读xū，应作 ；读yù，应作 （同例（17）条头括注的繁体字相对应）。

（18）适（適）shì ①符合；相合：～宜｜～用｜～应。②舒服：稍感不～。③……

行书：适 草书：适 隶书：适 篆书：

（19）适 kuò 人名用字，如洪适，是我国宋代金石学家。

行书：适　草书：适　隶书：适　篆书：䜿

按：《简化字总表》（1986）在"适〔適〕"后注释㉚："古人南宫适、洪适的适（古字罕用）读kuò（括）。此适字本作敌，为了避免混淆，可恢复本字敌。"据此，例（19）条头"适"字之后似可加括注"敌"，以示同例（18）的"适（適）"相区别。此其一。篆书"適"只能用于例（18），不能用于例（19）。依《说文》，例（19）"适"的篆书应作䜿。此其二。

八、篆书有缺

在《简化字总表》中有一批简化字不是新创的，而是利用了笔画较少的同音字。例如"丑=丑醜""谷=谷穀"。这类条目就应该列出条头所代表两个字或更多的字的篆书，可惜《新大》未能做到，以致篆书有缺。

（20）丑（①-③醜）chǒu　①丑陋；不漂亮：～陋｜～样｜～小鸭。……④戏曲行当，扮演滑稽人物……：生旦净末～。⑤地支的第二位……

行书：丑　草书：丑　隶书：丑　篆书：醜

按：上例"丑"是传承字，又是"醜"的简化字。凡是传承字，就应该列出篆书。宜补上乑（丑）字。

（21）谷（②-④穀）gǔ　①两山之间狭长而有出口的水道或地带：红河～｜山～｜万丈深～。②粮食作物的总称：五～丰登。……

行书：谷 草书：谷 隶书：谷 篆书：𧙏

按：上例的篆体只有"山谷"之"谷"，应补上"稻穀"之穀。

有的条头是新创的简化字，代表括号内多个繁体字，篆书也要同繁体字相对应，全部列出。例如：

（22）历（①④⑦歷、⑤⑥曆、⑤⑥厤）lì

①经过：~程｜这个工程~时两年才完成。……⑤推算节气和年、月、日的方法：~法｜农~｜阳~。⑥……

行书：历 草书：历 隶书：历 篆书：曆

按：应补上同条头括号内繁体字"曆""厤"相对应的篆体曆和厤。只有一个篆体，读者就不知道跟哪个字对应。

九、未能匹配

《新大》有的条头是按照文化部和文改会1955年公布的《第一批异体字整理表》设计的，正体字作为条头，异体字写入括号内，合乎规范。只是所列篆体未能彼此匹配。例如：

（23）烟（煙、⑤菸）yān ①物质在燃烧时产生的有悬浮颗粒物的气体：冒~｜~幕｜~消云散……⑤烟草；烟草制品：水~｜抽~｜~卷……

行书：烟 草书：烟 隶书：烟 篆书：煙

按：行书、草书、隶书都作"烟"，而篆书则作"煙"，互不匹配。此其一。条头为"烟"，括号内异体字为"煙、菸"，篆书却只有"煙"，也是互不匹配。此其二。此例篆书应按序次列出

《新华大字典》篆书失宜 ｜ 301

烟煽落。

（24）泛（①②⑤汛、①②④⑤氾）fàn

①普遍地：~论｜~指｜广~……③透出；浮现：~出一股清香｜满脸~红光。④水漫溢：洪水~滥……

行书：泛　草书：泛　隶书：泛　篆书：㲼

按：上例泛、汛、氾三字同音，许多场合通用，以泛字含义广，故选为正体字。但篆书应补帆船二字，以求同条头匹配。

十、造假古董

字典提供古文字（包括篆体）有一条原则，必须是"古已有之"的，不能制造假古董。《汉语大字典》的《凡例》规定："有古文字的单字，在字头后面选列能够反映字形源流演变的古文字形体。"《汉语大字典》并且给古文字的每个字注明出处，因而有很高的可信度。

《新大》提供的篆体，有许多是新造的假古董，只要举出几个化学元素字就能说明问题。众所周知，化学元素字有100多个，其中源于中国古籍的只有金、银、铜、铁、锡、铅、汞、硫等，为数不多。其余都是19世纪西学东渐以来，陆续创造出来的。例如102号元素"锘"是1957年发现的，103号元素"铹"是1961年发现的。《新大》都给元素字制造假古董，提供了篆书锘和铹。笔者不反对把这些字写成篆体，在别的场合应用。但是，在字典中以这些新创的篆书"引导读者探寻汉字的源头和流变"，就无异缘木求鱼。

《新华大字典》提供的篆书之所以有失宜之处，导因于编辑者对于编书所需的文字学知识准备不足。首先是对我国古代和现代列出篆书的辞书的体例似乎未作必要的了解；其次是对篆书似乎缺乏较好的识别能力；再次是对简化字同繁体字（异体字）的对应关系和非对应关系似乎缺乏较好的理解。尤其值得重视的是，对于网络上提供的篆书软件的可靠性似乎未作认真的鉴定。笔者试查了上文提到的例（1）"浜"的篆书误作"濱"，例（14）"术"（zhú）的篆书误作"術"，跟网上"方正小篆体"软件之误同出一辙。不知个中有什么因袭关系？

（原载《中国出版》2011年第14期）

《中国出版》编者按：

黄鸿森先生是中国辞书事业终身成就奖获得者，中国大百科全书出版社编审，中国辞书学会百科全书专业委员会顾问。曾多次担任全国性报纸编校质量评审委员，有人曾赞誉他是"文章医生"。本文是现年91岁的黄鸿森先生的近作，其论述的内容，体现了作者广博的学识，深厚的编辑素养，认真细致的工作态度，对于当前的编辑工作有较强的借鉴意义，特予刊发，以飨读者。

评析《新华大字典》的《前言》和《凡例》

《新华大字典》是商务印书馆国际有限公司2004年出版的。笔者应邀参加辞书质量检查工作，读了这部书的2006年1月第9次印刷本的部分内容，现在讨论它的《前言》和《凡例》。

许下诺言　是否兑现

《怎样检验百科全书？》是美国图书馆协会编的《工具书指南》(Guide to Reference Books)所载的一篇文章。其中一条是希望读者看看一部百科全书的"前言"中许下的诺言履行得怎样。我以为，这一条对于检验一般辞书也是适用的。不仅"前言"，还要看看"凡例"中的规定贯彻得怎样。

《新华大字典》（以下简称《新大》）的《前言》宣布，字典的"显著特色"之一是，"严格按照国家颁布的有关语言文字规范编写"，而且在封底上用大字印出"严格按照国家语言文字规范"字样，可谓郑重其事。但是，如果同正文条目核对就能发现,《新大》没有严格执行国家标准《汉语拼音正词法基本规则》（GB/T 16159-1996）和国家标准《术语工作 辞书编纂基本术语》（GB/T 15238-2000）。例如：

(1) 貔貅（pí xiū）传说中的一种猛兽……

(2) 崑崙（kūn lún）山名……

按照《汉语拼音正词法基本规则》的"以词为拼写单位"的规定，例(1)应作"貔貅（píxiū）"。按照同一规则，专名"第一个字母大写"和"以词为拼写单位"的规定，例(2)应作崑崙（Kūnlún）。又如：

(3) 阿 ā ①前缀，用在排行、姓、小名或某些亲属的称谓前……③[阿斗]三国时蜀国国主刘禅的小名……④[阿诗玛]民间叙事长诗《阿诗玛》中的女主人公……

(4) 盎 àng ①古代的一种器皿……②洋溢；盛；充满……③[盎司]英文ounce的音译，英美制重量单位……

按照《辞书编纂基本术语》的"义项"条定义："按一个字头、词目的不同含义分列的注释项目。"据此，例(3)的"阿斗""阿诗玛"是专名，不能作为"阿"的义项；例(4)的"盎司"是重量单位名，不能作"盎"的义项。

"标准书法" 问题多多

《前言》宣称，"精心提供标准书法，引导读者探寻汉字的源头和流变……学习汉字的书法艺术"，"提供了汉字的行、隶、草、篆4种书写方法"。

《凡例》的"四体书法"条说:"本字典提供了行书、草书、隶书、篆书四种书法形式,以供读者参考。"

上述关于"四体书法"的规定以及正文的实施情况都有值得商讨之处。

一是缺了楷书。字典提供汉字的多种书体,本是好事,但是规划欠周,缺了汉字最重要书体——楷书。楷书,又名正楷、正字、真书,体形方正,笔画平直,它是汉字发展的终端形态。楷,意为模范。《现代汉语词典》释"楷书"为"现在通行的汉字手写正体字"。人民教育出版社出版的小学一、二年级语文课本全部课文用楷体排印,表明蒙童识字、习字必须从楷书开始,这也表明楷书在汉字诸体中处于正宗地位。《新大》提供了行书、草书、隶书、篆书,缺了楷书,窃以为未妥。

二是难以探源。《前言》说:"精心提供标准书法,引导读者探寻汉字的源头和流变。"大家知道,汉字形态的发展演变的主流是:甲骨文、金文、籀文(大篆)、小篆、隶书、楷书。《新大》仅仅提供行书、草书、隶书、篆书(实为小篆)四种书体,在此之前还有籀文、金文和甲骨文,至"源头"还有颇大的距离,如何能"引导读者探寻汉字的源头和流变"?说实话,《新大》,就篇幅而言,是一部中型字典,就性质而言,是一部共时性的字典(《凡例》规定:"字头的释义一般只列现代汉语中的义项"),承担不了"探寻汉字的源头和流变"的重任,如同一匹小马拉不动一辆重载的大车。何况,仅仅给出四个不同字体的字，怎能"探寻"？

三是序次不一。《新大》的《前言》说本字典"提供了汉字的行、隶、草、篆4种书写方法"，《凡例》说"本字典提供了行书、草书、隶书、篆书四种书法形式"。前者的序次是"行、隶、草、篆"，后者的序次是"行、草、隶、篆"，两者序次不一致，又如何能"引导读者探寻汉字的源头和流变"？《大辞海·语言学卷》说：隶书"始于秦代"，草书"始于汉初"（上海辞书出版社2003年版第34页）。据此，按照由近至远的顺序排列，《凡例》的序次是对的，《前言》的序次则要改过来。

还应该提到，《前言》说"提供了""4种书写方法"，《凡例》说"提供了""四种书法形式"。从内容看，《新大》只是告诉读者"字是怎样的"，并没有告诉读者"字怎样写"，所以不能说"提供""行、隶、草、篆4种书写方法"。《前言》应向《凡例》看齐，改"书写方法"为"书法形式"。当然，"4种"和"四种"也应一致起来。

四是何来"标准书法"？《前言》说：本字典"精心提供标准书法"。现代汉语的字形是有标准的。国家语委和新闻出版署1988年发布的《现代汉语通用字表》列出的7000字，就是字形标准。发表这个字表的联合通知中说："《现代汉语通用字表》是在《印刷通用汉字字形表》的基础上制订的，字形标准未作新的调整。"至于书法，它是一种艺术，提倡百花齐放。笔者孤陋寡闻，未听说有什么标准书法。不过，说有容易说无难。民国时期大书法家于右任先生整理历代草书字体数十年之久，本着易识、易写、准确、美丽四原则,编集《标准草书千字文》一书印行,可以说是一种草书字形的学术标准,颇为书法家所推重。《说文解字》的篆书(小篆),章法严谨,结构匀称,笔画流畅,体式美观,辞书学家奉为圭臬。明代《永乐大典》,以至当代《汉语大字典》的字头列出的篆书都是《说文解字》的字体,这已经成为无可挑战的学术标准。而《新大》只是从电脑字库中任意搬来一种篆书,竟自诩为"标准书法",未免轻率。

五是篆书差错颇多。下面仅就三个侧面各举一例。

a)音形义不加区别。"浜"条注音bāng。标〈方〉表示方言。释作:"小河,多用于地名:河~|沙家~。"注音、标示、释义都是对的。过去,不熟悉吴方言的人,往往误以为"浜"是"滨"的简体字,误读为bīn,把"洋泾浜英语"读作"洋泾bīn英语"。样板戏《沙家浜》演出后,情况大有好转。不意,《新大》编纂者在为"浜"字选择篆书时,又犯了音形义不加分辨、以"滨"(濱)代"浜"的错误,选了"濱(濱)"字。其实,"浜"字在古字书中始见于北宋《广韵》,我国通行篆书的秦汉时代似乎还没有这个字。在这种情况下,篆书宁缺,不必造假古董。

b)传承字和简化字不加区别。"种"条注音为chóng,释作"姓"。《新大》为"种"(chóng)选篆书选了"種(種)"字,选错了。种为多音多义字,读chóng,作姓氏用,为传承字;读zhǒng为"种子"的"种",读zhòng为"种植"的"种",才是"種"的简化字。《说文解字》未收"种"字,篆书宁可阙如,《康熙字典》《新华多功能字典》都是如此。

c）繁简形音义的错综关系不加区别。《新大》"术"条注音zhú，释为草本植物，可入药，有白术和苍术。注音、释义都对。不过，选篆书却选了"术"（shù）的繁体字"術"的篆书"𧗪"就错了。术（zhú）应按《说文解字》用茶的篆体𦳭。《汉语大字典》"茶"条援引了《说文解字》"茶"条的释文，又说明了"茶"简化为"术"的由来："《说文》：'茶，山蓟也。从草，术声。'王筠句读：'《释草》省作术。《本草》有白术、赤术。'"

术、術、茶三字存在着错综复杂的关系。术，是个多音多义字：读shù，意为技艺、方法；读zhú，则为植物名，如白术、苍术。術，为术（shù）的繁体字，两者是繁简关系。在《说文》中，术（zhú）作茶。《说文》中的"术"是另一个字，含义是黏谷子。

字条排列　杂乱无章

稍微像样的辞书，条目的排列都是比较认真的，一般说来，差错不多。可是《新华大字典》在这方面的差错，已经到了难以容忍的程度。规定既有未当，执行尤其粗疏。

先说规定。《凡例》"一、字头"规定：

1．共收单字10100余个，包括《现代汉语通用字表》中的全部7000个通用字及"7000字"之外的不很生僻的字2800个。为了方便读者查考，还酌收了当今仍有实用价值的罕用字300个。

2．字头按汉语拼音字母顺序排列。同音字按笔画由少到多的顺序，先排列《现代汉语通用字表》中的字，再排列较生僻的字。

上述规定有四点可商。

一是类别不对应。收字分三类：①"通用字"，②"'7000字'之外的不很生僻的字"，③"仍有实用价值的罕用字"；排列只分两类：①《现代汉语通用字表》中的字，②"较生僻的字"。前者三类，后者两类，互不对应，岂不使读者为难？

二是概念不对应。收字用了"……不很生僻的字"和"仍有实用价值的罕用字"两个概念，排列用了"较生僻的字"一个概念，三者都是模糊概念，彼此同在哪里，异在何处，都未作说明。字头排列的规定是指导读者检索的，《凡例》未说清楚，就给读者带来不便了。

三是排列方法未必妥当。《凡例》说："先排列《现代汉语通用字表》中的字，再排列较生僻的字"。这一规定不很妥当，因为一般读者遇到一个稍稍陌生的字，很难判明这是"7000字"以内的通用字，还是非通用字。即使是《新大》编者恐怕也难以一眼判明那些字的归属。既然收入书中，自应统一排序。分两种排列法，徒增检索上的困难，毫无好处可言。

再说书中正文实际排列情况。

笔者依照《凡例》规定，同音字按笔画由少到多的顺序，先排通用字，再排较生僻的字（当为非通用字）的原则，抽查了书中的排列问题。《新大》第1~37页，共列字头174个，字头排错的有27处之多，占15.5%，也就是每6.5条就有1条排错。单是排列错误就超过检查字数10万字的万分之五，按照规定，这部辞书就应该销毁！

下面举些成串（连续几个字）的例子，看看《新大》字头排列的混乱情况。

第21~22页的排列次序是：

鲃、捌、拔、茇、胈、跋、魃

按照《凡例》应该排成：

捌、鲃、拔、跋、魃、茇、胈

说明：① "捌、鲃"同音（bā），"捌"10画应居前，"鲃"12画应居后。② "拔、跋、魃、茇、胈"同音（bá），"拔、跋、魃"为《通用字表》中的字，应居前，"茇、胈"为未列入《通用字表》的字，应居后。

第23页的排列次序是：

靶、钯、把、耙、爸、坝

按照《凡例》应该排成：

钯、靶、坝、把、爸、耙

说明：① "钯、靶"同音（bǎ），"钯"9画，应居前，"靶"13画，应居后。② "坝、把、爸、耙"同音（bà），次序应为坝（7画）、把（7画）、爸（8画）、耙（10画）。

第24~25页的排列次序是：

霸、灞、鲅、靽、鲌、奾

按照《凡例》应该排成：

鲅、鲌、霸、灞、玐、耙

说明：①这六个字同音（bà）。②鲅（13画）、鲌（13画）、霸（21画）、灞（24画）为《通用字表》中的字，应居前，玐（7画）、耙（12画）为未列入《通用字表》中的字，应居后。

国家技术监督局在1992年就颁布了国家标准《文字条目通用排序规则》（GB/T 13418-92），《新大》只要执行这项规则中有关规定，上述差错完全能够避免。这是再次违背《前言》许下的诺言："严格按照国家颁布的有关语言文字规范编写。"

两篇文字　失之粗疏

笔者读过一些辞书的"序言""凡例"之类的文字，总的来说都是写得意思明确、文笔谨严，看得出是字斟句酌，经过认真推敲的。像《新大》的《前言》《凡例》那样文字粗疏之作，可谓少见。这方面的问题上文已经涉及，如"不很生僻的字""仍有实用价值的罕用字""较生僻的字"就有概念纠葛。下面再提几点。

一、少个"仍"字，含义有差异。《凡例》"三、释义"规定：

> 字头的释义一般只列现代汉语中的义项，酌收少量于今有实用价值的古代汉语中的义项。

按：在"酌收少量于今"之后应加"仍"字。"仍"为副词，属于"虚词"，但在语境中含义不"虚"。缺了"仍"字，含义就成了这些"义项"在古代汉语中是没有实用价值的，这怎么可能呢？

二、"编委会"和"编写组"互不协调。《前言》最后一段说：

> 值此《新华大字典》出版之际，我们编写组的全体成员谨向曾为本字典的编纂工作提供了巨大帮助的各界人士表示深深的谢忱！

按：这句话有三点可议。一是《前言》署名是"《新华大字典》编委会"，而向"各界人士"致谢的则是"我们编写组的全体成员"，两者互不协调。二是"编写组"仅在此处出现一次，没有交代"编委会"和"编写组"两者的关系，只能凭常理猜测，"编写组"大概是"编委会"的下属机构。三是扉页载明编者为"《新华大字典》编委会"，可见"编委会"为承担全书编纂责任的机构，可是向"提供了巨大帮助的各界人士"致谢的主体，不是"编委会"而是"编写组全体成员"，未免不够庄重。

三、并立关系，概念重合。《凡例》"五、字的故事"规定：

> 字的故事全部出自历代典籍中的历史典故和"四部"精华。

按：上面这句子中的"历代典籍中历史典故""'四部'精华"，是用连词"和"连接起来两个词组，前后两部分表示来源的"历代典籍"和"四部"是概念重复。"历代典籍"指过去各个时代的图书；"四部"是我国古代的图书分类法，将图书分为经部、子部、史部、集部四部,"四部"也就囊括群书。可见,连词"和"字前后两部分含义雷同,不合事理。

这部字典的《前言》和《凡例》加起来不过3000字,而文字多处失慎,如此草率从事,难以设想能够编出像样的辞书!

堂皇宣示 令人不解

《前言》宣称:

> 我们集合了中国社会科学院、北京大学等权威研究机构的语言、文字领域的专家、学者,精心设计,反复打磨,经过近10年的艰苦努力,终于将这部内涵宏富、图文辉映、具有极强可读性、适合各类读者阅读和使用的字典奉献于读者面前。

读了这句话,有两点令人不解。

第一,中国社会科学院和北京大学的语言文字专家于该书贡献很大,他们"精心设计,反复打磨"。做过辞书编纂工作的人都知道,这八个字事实上包括了编纂的全过程,而且又历时"近10年"之久。他们既然如此辛劳,为什么不给他们署名?

第二,中国社会科学院和北京大学的语言文字专家编纂的辞书可谓声名远播。中国发行量最大的两部辞书是《新华字典》和

《现代汉语词典》。《新华字典》第一任主编是北京大学教授、语言学大师魏建功先生,该字典发行量已超过4亿册;《现代汉语词典》前后任主编是中国社会科学院研究员、语言学大师吕叔湘和丁声树先生,该词典发行量已达5000万册。发行量如此之大就是辞书质量优异而广受读者欢迎的明证。反观《新大》这样编校粗糙、差误迭出的辞书,怎能出自中国社会科学院和北京大学的语言文字专家学者之手!

《前言》上述宣示,不免令人觉得有点蹊跷。

(原载《出版发行研究》2011年第11期,署笔名李平明)

吉林版《中华现代汉语词典》若干释义商榷

改革开放时代是我国百业兴旺的时代，也是辞书事业空前繁荣的时代。30多年来，我国出版的辞书品种数量众多，门类档次日趋齐全，优秀品牌不断问世，这是过去任何时代无法比拟的。原创性辞书如《新华字典》《现代汉语词典》《辞源》《辞海》《汉语大字典》《汉语大词典》《中国大百科全书》等最为读书界所推重。

和任何事物一样，在辞书出版的浩荡大潮中也存在龙蛇同渊、良莠淆杂的情况。新闻出版总署前几年曾经公布了"2003年辞书质量专项检查"的结果，查处了19种不合格辞书。笔者多次应邀参加辞书质量检查工作，发现吉林出版集团2009年出版的《中华现代汉语词典》（以下简称《吉典》，因为国内已出版多种以"中华现代汉语词典"为名的辞书）是一部质量不高的出版物。辞书学家认为，释义是辞书的灵魂，《吉典》的条目释义就存在若干值得商榷的问题。

一、知识差错

（1）［噶厦］ 藏语音译，意为"发布命令的机关"，即原西藏地方政府。清乾隆十六年（1751年），清政府废原封郡王，命令由噶伦等四人主持噶厦，共同管理西藏地方行政事务。1959年西藏叛乱事件发生后解散。

按：例（1）的问题在于"由噶伦等四人主持噶厦"中多了"等"字。有"等"表示除了"噶伦"还有别的官员。据《西藏百科全书》（西藏人民出版社2005年版）"噶厦"条说："乾隆十六年……噶厦设置噶伦4人，以后遂成定制"；《辞海》"噶厦"条说："噶伦四人（一僧三俗）主持噶厦"。可见，"等"字须删。事关典章制度，宜慎。

（2）［觥筹交错］ 觥：酒杯；筹：酒筹，喝酒时行酒令用的竹片……

按：酒筹并不限于竹片，用金属、象牙、骨片木片等制作的都有。唐代诗人元稹《何满子歌》有"牙筹记令红螺碗"句；白居易《同李十一醉忆元九》诗有"花时同醉破春愁，醉折花枝作酒筹"句；《红楼梦》第六十三回《寿怡红群芳开夜宴》用的是象牙花名筹；1982年江苏丹徒出土了唐代银制酒筹：足资证明。

（3）［高岭土］ 纯净的黏土，多为白色或灰白色的粉末……是陶瓷工业和其他化学工业的原料。以我国江西省景德镇高岭所产的质量最好，所以叫高岭土。

按：例（3）最后一句指出高岭土得名的由来："以我国江西省景德镇高岭所产的质量最好，所以叫高岭土。"这句话因袭于《汉语大词典》，也曾经为《现代汉语规范词典》移植过。不过，《汉语大词典》的说法并不正确。《中国大百科全书·地质学》"高岭石"条说："名称来源于最早发现的著名产地中国江西景德镇的高岭村。……高岭石是组成高岭土的主要矿物成分。"《辞海》（1999）"高岭土"条说："因发现于中国江西景德镇附近的高岭村而得名。"《现代汉语词典》也说"因最早发现于江西景德镇高岭"而得名。高岭土之名及其由来为世界地质学家认可。《不列颠百科全书》kaolin（高岭土）条说："高岭土以中国的高岭山命名，该地开采高岭土已有数个世纪。"所持者为"历史悠久"说，而非"质量最好"说。我们知道，"高岭土"为地质学术语，《中国大百科全书》《辞海》的这类条目都是地质学家撰写的，《现代汉语词典》这类条目也经过专家审阅，是可以信赖的。

（4）[高祖母] 曾祖父或曾祖母的母亲。

按："高祖母"是曾祖父的母亲，不能是曾祖母的母亲。曾祖父和曾祖母是夫妻关系。曾祖父和曾祖母夫妻两人的母亲用同一称谓不合乎中国的礼制。曾祖父的母亲，在五服之内，称高祖母。《尔雅·释亲》云："曾祖王父之妣为高祖王母。"（意思是：曾祖父[死去]的母亲称为高祖母）。至于曾祖母的母亲，史籍似乎未曾定下称谓。依照母亲的母亲称外祖母向上推演，曾祖母的母亲则应称"外高祖母"。

二、宽义窄释

语文辞书的释义很多采取定义式，逻辑学称之为"语词定义"。既然采取定义式，就要遵循定义规则。规则要求"定义项的外延与被定义项的外延必须是全同的"（金岳霖主编《形式逻辑》，人民出版社2006年第2版第57页）。这就是说，定义既不能过宽，也不能过窄。然而，《吉典》的某些释义就存着"宽义窄释"的问题。例如：

（5）[告借]（向他人请求、哀求）借钱▷向亲友们告借。

按：告借的目的物不限于金钱，还有物品。《西游记》第五十六回唐僧说："老施主，千万慈悲，告借一宿。"再者，括注"向他人请求、哀求"，说"请求"即可，到不了"哀求"的程度。

（6）[公式] ①用数学符号表示几个量之间的关系的式子，具有普遍性……

按：公式不仅有"用数学符号表示"的，还有用文字表示的。例如，长方形面积公式：面积＝长×宽。

（7）[感今怀昔] 昔：从前，往日。由眼前的情景而有所感触，思念已逝的人或往日的情景。

按：例（7）释"昔"为"从前，往日"，正确。可惜，文章没有沿着这条思路做下去，而把"昔"局限于"已逝的人或往日的情景"。"昔"应包括往日的一切人、事、物，其中的"人"，不止于"已逝的",还有健在的。《中国成语大辞典》(上海辞书出版社1996年版)"感今怀昔"条释义为:"由眼前的情景引起感触,怀念逝去的人或旧时的情景。"从中不难看出《吉典》因袭的痕迹。

(8)[梗塞] ②局部动脉堵塞……

按:梗塞既发生在动脉,也发生在静脉和毛细血管。此条释文应作"局部血管堵塞",以免以偏概全。

三、并列未当

概念是有层次的。例如文具是个上层次的母概念,笔、墨、纸等是它的下层次的子概念。如以笔作为上层次的母概念,那么,毛笔、钢笔、铅笔等便是它的下层次的子概念。逻辑学要求,上下层次的母子概念不能并列,例如,不能说"上街买了文具和纸张"。《吉典》释义中这种情况也可以看到。例如:

(9)[告老] 封建王朝的大臣、官吏年老请求辞职。泛指年老退休▷告老还乡。

按:《吉典》"官吏"条释作:"旧时政府工作人员的总称。"据此,官吏=旧时政府工作人员,旧时政府工作人员包括大臣,官吏也就包括大臣。所以,官吏和大臣不宜并列。再者,"告老"一词据《辞源》始见于《左传》,所记为春秋时代晋国事。春秋时代究属奴隶社会还是封建社会,史学界并无定论,建议慎用"封建"字样。

（10）[公休]　在节日、星期六、星期日或重要纪念日等集体休假……

按：节日的含义包括政治纪念日，如国庆节、五一劳动节，也包括民俗节日，如春节、端午节、中秋节等。"节日"包括"重要纪念日"，两者不宜并列。

（11）[歌舞剧]　既有歌唱、音乐又有舞蹈的戏剧。

按：《吉典》"音乐"条释义为："艺术的一个门类……分声乐和器乐两大门类"；"声乐"条释义为："由人声演唱的音乐"。音乐既然分为声乐、器乐两大门类，而声乐又是人声演唱的音乐，所以，"歌唱"是不能同"音乐"并列的。

（12）[公积金]　①企业单位、生产单位从收益中按比例提取，用于扩大再生产的资金。

按：《吉典》"企业"条释义为："从事生产、运输、贸易等经济活动的部门。如工厂、矿山、贸易公司等。"由此可知，"企业单位"包括"生产单位"两者不宜并列。再者，"用于"宜改为"用作"。

例（11）（12）之所以同他条发生抵牾，只缘在编纂过程中未做好相关条目的协调工作。

四、何来贬义

为条目标注褒贬义时务必慎重。下面是《吉典》给中性词注为贬义或者作为贬义词解释的例子。

（13）［功利］ ①功效，利益▷功利主义要不得。

（14）［功利主义］ 主张以实际功效或利益为行动准则的伦理观点。多含贬义。

按：上面两例有可议之处：a）本书既然立有"功利主义"条就不能把有"功利主义"字样的句子作"功利"条的例子。b）"功利"条义项①释作"功效，利益"，并无贬义，怎么能用"功利主义要不得"做例句呢？造成释义和例句互不协调。c）"功利主义"既然是一种伦理观点，就不宜轻加"多含贬义"的断语。

（15）［隔离］ ①使断绝往来，多含贬义▷隔离审讯。

按：上例说"隔离""多含贬义"，不妥。"隔离"是个中性词，并无感情色彩。就举以为例的"隔离审讯"或者用得更多的"隔离审查"而言，对被隔离者也不宜轻加贬斥。"文革"中被隔离审查者千千万万，事后证明大都是冤假错案。《中华人民共和国刑事诉讼法》（1997）第十二条规定："未经人民法院依法判决，任何人都不得确定有罪。"这是"无罪推定"原则在法律条文上的表述。"隔离审查"于法无据，今似已不用。

（16）［攻城略地］ 略：掠夺。指进攻城池，掠夺土地。

按："攻城略地"是中性词，有用例为证。《史记·萧相国世家》："功臣皆曰：'臣等被坚执锐，多者百余战，少者数十合，攻城略地，大小各有差。'"（《史记》，中华书局点校本第2015页）这是汉高祖刘邦打下天下封官赏爵时功臣们向高祖表功说的话，其中"攻城略地"一语，显然不含贬义，功臣们不会自辱的。因此，释"略"为含贬义的"掠夺"，不妥。刘洁修编著《成语源流大词典》（江苏教育出版社2003年版）"攻城略地"条释为"攻占城池，夺取地盘"，是很得体的。同条释文还说："又作［掠地攻城］，掠：夺取。明·余继登《典故纪闻》二22：太祖命诸将北征，谕之曰：'汝等师行，非必掠地攻城而已，要在削平祸乱，以安生民。'"

五、冗余信息

《现代汉语词典》主编吕叔湘为该书制定的编写细则（修订稿）第76条规定："注解词义必须贴切，至少不该有明显的缺点。"（《〈现代汉语词典〉五十年》，商务印书馆2005年版第107页）指出一个有缺点的例子是：

　　［昂昂］　理直气壮的样子。（"理直"无根据。）

这种没有根据地加进冗余信息，《吉典》也是有的。

　　（17）［公举］　一致推举▷一致公举他为商会会长。

按：例（17）的"公举"，宜释作"共同推举"或"公众推举"，并不要求"一致"；当然，一致更好。《汉语大词典》"公举"条引用的书证有何香凝《回忆廖仲恺》中的话："1911年10月10日武昌起义，各地随即相应，在南京组织了临时政府，公举孙中山先生为临时大总统。"这次"公举"为17省代表在南京集会选临时大总统，孙中山得16票，黄兴得1票，并没有"一致"。

　　（18）［各抒己见］　抒：发表，表述。各人都充分发表自己的意见、看法。

按:"充分"无根据。

(19)[媾和] 交战国为了尽快结束战争状态而缔结和约。……

按:"媾和"并无"尽快"之意。《中国大百科全书·军事》卷"媾和"条的定性叙述可资证明:"一般指交战国之间缔结和约,有时指交战国各方为结束战争状态、恢复和平关系所进行的一系列活动。包括提出媾和建议,进行谈判,以至达成停战协定,缔结和约。"

六、改出毛病*

看得出来,《吉典》的条目大量移植自《现代汉语词典》第5版(简称《现汉》),往往作些改动,不改不打紧,一改就容易出问题。例如:

(20)[公报] ②指一国政府编印的专门登载法律、法令、决议、命令、条约、协定和其他文件的刊物。(《吉典》)

(21)[公报] ②由政府编印的刊物,专门登载法律、法令、决议、命令、条约、协定及其他官方文件。(《现

---

* 本节在条目释文的引文后分别注明《吉典》《现汉》,以便对照。其他各节的条目释文的引文均出自《吉典》,不一一注明。

汉》)

按：上述例（20）不免有因袭例（21）的痕迹。只是在"政府"之前加了"一国"字样。"一国政府"是指中央政府，其实不仅中央政府，地方政府也有出版公报的。例如《北京市人民政府公报》就出版了十几年，现已印行近300期。

（22）[赶点] ①（车、船等）晚点后加快速度，争取正点到达。②赶上时机▷你可真会赶点，来得不早也不晚，正好赶上公交车。(《吉典》)

（23）[赶点] ①（车、船等）晚点后加快速度，争取正点到达。②（～儿）赶上时机：你真赶上点儿啦，正缺你一个呢。(《现汉》)

按：上述二例对照，问题在于《吉典》把《现汉》义项②的"(～儿)"删去了。儿化词有四种情况，《现汉》用了四种方式处理。a）加不加"儿"意思相同，如"干劲"和"干劲儿"含义都是"做事的劲头"，《现汉》只在词目[干劲]之后加了"(～儿)"。b）只有儿化词，没有非儿化词。如只有"赶明儿"，没有"赶明"一词，《现汉》只立"赶明儿"条。c）加不加"儿"意思完全不同，如"白面"是小麦磨成的粉，"白面儿"是毒品海洛因，《现汉》分立两条。d）加不加"儿"意思不同，而语源有相通之处，《现汉》则在同一条目中分立两个义项，"赶点"和"赶点儿"就是这样。《吉典》编者不理解《现汉》的苦心，大笔一挥，抹掉"(～儿)"，以致造成用"赶点儿"的释义解释"赶点"，文不对题。

(24)该 ④表示根据情理或经验作出推断：天一凉，就该生炉子了……(《吉典》)

(25)该 ④助动词。表示根据情理或经验推测必然的或可能的结果：天一凉，就~加衣服了……(《现汉》)

按：例(25)《现汉》的例句"天一凉，就~加衣服了"，合乎"情理和经验推测"。大家都知道，凉秋添衣服，寒冬生炉子，《吉典》改出"天一凉，就该生炉子了"的句子来，就不合乎"根据情理或经验作出推断"了。

(26)[跟头](人、物等)失去平衡而摔倒或向下弯曲而翻转的动作▷栽跟头｜翻跟头。(《吉典》)

(27)[跟头] ①(人、物等)失去平衡而摔倒的动作：栽~。②身体向下弯曲而翻转的动作：翻~。(《现汉》)

按："跟头"条《现汉》分立的两个义项不能合并，两者名同实异，只是在表现形式上有些相似。"翻跟头"的"跟头"是有意识的行为，其表现是模式化的；"栽跟头"的"跟头"是主观不希望出现的情况，其表现则是形形色色的。例(26)的"栽跟头｜翻跟头"两例不能放在一起，因为两者各有归属，不能互换使用。

《现汉》的释义不是不可改，而是不可轻易改。上述诸例都是《吉典》轻率改动，改出毛病来。例(20)是增，增出问题；例(22)是删，删出弊端；例(24)是换，换出差谬；例(26)是并，并出纰漏。

七、病句作例

在语文辞书中举例的作用是补释义的不足，用例句衬托词语的意义，阐明词语的用法。首先要求所用的例句本身是健康的。可惜，《吉典》用了些病句作例句，或有常识性问题，或有语言上的问题。举例和释义密切相关，所以放在这里一起讨论。例如：

（28）[公债] 国家向公民或向外国借的债。分为内债和外债▷只有国家才能发行公债。

按：《中国大百科全书·经济学》卷"公债"条定义说："中央政府和地方政府举借的各项债务。"由此可知，例（28）说的"只有国家才能发行公债"，忽略了地方政府也可举借公债。

（29）[工业] 采取自然物质资源，制造生产资料、生活资料或对农产品、半成品等进行加工的生产事业▷我国北方地区的工业比较发达。

按：通常的说法是，我国"工业比较发达"的地区是沿海地区或者东部地区。

（30）干（gān）使净尽：干杯｜一口气干了一壶。

按：语言是约定俗成的，不能任意类推。不能因为"杯"可以盛酒，"壶"也可以盛酒，从而由"干了一杯"造出"干了一壶"的说法来。

（31）个 ①量词。……b.用于约数的前面：走个两三天就回来了｜这包子吃十个八个没问题。

按：吕叔湘主编《现代汉语八百词》（增订本）"个"条释文中关于"跟动作有关的用法"说："b）动+个+约数。跟不用'个'比较，有'个'显得语气轻快、随便。"例句有"哥儿俩才差~三两岁"。（商务印书馆1999年版第221~222页）。

本此，看看例（31）的两个例句。前一个"走个两三天就回来了"，合乎"动+个+约数"的语言习惯；而后一个"这包子吃十个八个没问题"，缺了关键性的"个"字。句中虽有"十个八个"两处"个"字，那是约数的词素，而不是"跟动作有关的用法"中的"个"字，所以说这个句子站不住。如果补上"个"字，使句子成为"这包子吃个十个八个没问题"，在语法上是通了，在修辞上仍欠理想，三个"个"字有两个意思，阅读不便，况且还有点老饕逞强的口气，须换个例子。

八、成语释义

下文只讨论成语注释的两个问题。一是要注意成语中的弦外之音、言外之意；二是成语中的词素解释不能有所偏离。

（32）[根深叶茂] 树的根扎得很深，树的叶长得很茂密。比喻事物的根基牢固，有广阔的发展前景。

按："根深""叶茂"两个主谓词组，形式上是并列关系，实质上是因果关系。根深是原因，叶茂是结果，且有必然性。四字格限于字数把相互关系隐去了，解释时要把它彰显出来。

（33）[隔墙有耳]　有人隔着墙偷听。指秘密容易外泄。

按：这个成语本意是，谈秘密事可能会有人听到。"隔墙"云云则是一种可能，一种提醒。"隔墙有耳"只是说可能会有，释作"隔着墙有人偷听"就成了事实上已经有了。

（34）[孤芳自赏]　芳：花香，这里指香花；赏：欣赏。把自己比作难得的香花而自我欣赏。形容自命清高。

按：上例"孤芳"释作"难得的香花"，不很确切。《汉语大词典》"孤芳自赏"条释"孤芳"为"独秀的香花"，值得称道。再者，"孤芳自赏"是比喻语，而不是形容语。"比喻"和"形容"是语文辞书释义常用的搭头语，务必慎加区别。

（35）[古井无波]　枯井不再掀起波澜。旧时多用来形容寡妇不想再婚的事情。现多比喻内心的孤寂，感情不为外界事物影响而波动。

按：上例条目为"古井无波"而释文说的是"枯井"，换了概念。古井以年代久远为要件，枯井以干涸无水为要件，两者含义不同，不能以枯井释古井。古井可以是有水的，也可以是无水的。"古井无波"的古井，当是有水的。白居易《赠元稹》有"无波古井水，有节秋竹竿"句，孟郊《烈女操》有"波澜誓不起，妾心古井水"句，可以为证。

（原载《中国出版》2011年第24期，署笔名章安人）

从"戏"字头条目
看《新华汉语词典》的问题

笔者应国家新闻出版总署之邀,参加辞书质量检查工作,有机会读到商务印书馆国际有限公司出版的《新华汉语词典》(2004年5月第1版2006年9月第9次印刷),以下简称《新汉》。在检查中产生似曾相识之感,于是拿出常用的《现代汉语词典》(以下简称《现汉》)对照,因两者都是中型的语文辞书,有很好的可比性。我用的《现汉》是2002年版的,稍早于2004年出版的《新汉》,看看两者的相互关系。对照阅读之下,方知《新汉》存在着移植《现汉》的问题,颇多抄录《现汉》的地方。有一字不改全条照抄的,也有出于某种原因对《现汉》条目释文作了改动的。

本着"窥豹一斑"之义,姑且以"戏"字头条目为例,看看《新汉》有些什么问题。必须说明,"样板"不是笔者"哪壶不开提哪壶",专挑问题多的,而是《新汉》编纂者自选的。《新汉》有一页《使用指南》,彩色精印,刊于《前言》之后的显要位置，作为示范，上面就刊有"戏"字头条目。循此线索，才读了"戏"字头的全部条目。

《新汉》因袭《现汉》，有两个方面，一是选条的因袭，一是释文的移植。

选条的因袭

说起辞书的因袭，论者大都注重释文的因袭。其实，选条的因袭，也不宜忽视。

《新汉》"戏"字头除本条外，共设多字条目29条：戏班、戏报子、戏本、戏称、戏出儿、戏词、戏单、戏法、戏馆子、戏剧、戏路、戏码、戏迷、戏目、戏弄、戏曲、戏曲片、戏耍、戏台、戏文、戏侮、戏谑、戏言、戏衣、戏园子、戏院、戏照、戏装、戏子。全部因袭《现汉》，其中"戏馆子"因袭于1983年版，其余28条因袭于2002年版。《现汉》2002年版"戏"字头共设多字条目32条，未被《新汉》转录的只有3条：戏份儿、戏曲片儿、戏剧性。

辞书编纂者都知道，一部辞书在编纂宗旨和规模确定之后，选条是一项繁重的工作，是一门值得研究的学问。上海辞书出版社2003年出版《二十世纪中国辞书学论文索引》一书所收的关于语文辞书收词立目的论文索引就有62条之多，如果把论文编纂成书，可成鸿篇巨制。

《现汉》是以记录普通话语汇为主的中型词典，在选条上是非常认真的。首任主编吕叔湘先生在试编时期（1958年2~6月）制定的《〈现代汉语词典〉编写细则（修订稿）》（收入《〈现代汉语词典〉五十年》，商务印书馆2005年版）共有180条。其中的"词汇""条目""字形、词形"部分，或为选条定了原则，或为选条作了具体规定，共有52条之多，处处渗透着吕氏的语言学和辞书学深邃思想。《现汉》所选的条目是依据大量语料（试编前就积累了100多万张卡片），经过反复研究、多次平衡而选定的。选条之精审为学术界所推重。《现汉》付出巨大劳动和智慧而完成的选条，却为《新汉》轻而易举地搬了过去。以"戏"字头条目为例，从《现汉》一方而言被拿去了90%，从《新汉》一方而言100%是袭用的。

释文的移植

《新汉》"戏"字头条目释文，看得出来，也来源于《现汉》，不过大部分条目的释文是作了改动的，于是出现了下述情况。

一、毫不躲避，全文照录

一字不改照录下来的"戏出儿、戏词、戏曲片、戏衣、戏院"共5条，约占"戏"字头全部条目的六分之一。姑举两例：

［戏词］（~儿）戏曲中唱词和说白的总称。(《现汉》)

［戏词］ 戏曲中唱词和说白的总称。(《新汉》)

［戏曲片］ 用电影手法拍摄的戏曲演出的影片。(《现汉》)

［戏曲片］ 用电影手法拍摄的戏曲演出的影片。(《新汉》)

上述两例除了抄录之外，还有一个问题是没有执行国家标准《汉语拼音正词法基本规则》(GB/T16159-1996)"以词为拼写单位"的规定。《现汉》注音"xìcí"和"xìqǔpiàn"是对的,《新汉》改成"xì cí"和"xì qǔ piàn"就错了。

《新汉》不仅这两条拼写不规范，全书所有的词条汉语拼音都是如此。仅此一端，该书的差错率势必超过万分之五，归入不合格产品之列，按照规定就应该销毁。

二、稍作改动，掩人耳目

抄录并不光彩，尽人皆知，于是略作改动，以示并非抄袭。例如：

［戏迷］ 喜欢看戏或唱戏而入迷的人。(《现汉》)

［戏迷］ 爱好观戏或唱戏而入迷的人。(《新汉》)

上例把"喜欢看戏"改成"爱好观戏"，就是变相抄录的一种手法。

［戏曲］ ①我国传统的戏剧形式，包括昆曲、京剧和各种地方戏，以歌唱、舞蹈为主要表演手段。②一种文学形式……(《现汉》)

［戏曲］ ①中国传统的戏剧形式，包括昆曲、京剧和各种地方戏，以歌唱、舞蹈为主要表演手段。②一种文学形式……(《新汉》)

上例《新汉》只是把《现汉》的"我国"改成"中国"，也是为了掩饰抄录，并非为了统一用语。因为"阿昌族"条《现汉》释作"我国少数民族之一",《新汉》只是照抄并没有改为"中国"。

改出毛病来

《现汉》是吕叔湘、丁声树两位语言学大师主持下的强大学术群体编纂的,出版以来被公认为权威的中型语文辞书。它的条目释文以准确、严谨驰誉士林,不是可以轻易修改的。《新汉》为掩饰抄录为宗旨的修改,势必改出成堆的问题来。"戏"字头条目就改出下述一些问题。

一、动宾无法搭配

[戏装] 戏曲演员表演时所穿戴的衣服和靴、帽等。(《现汉》)

[戏装] 戏曲演员表演时所穿戴的服装。(《新汉》)

按:《现汉》说的"穿戴""衣服和靴、帽等",动词和宾语是搭配的,穿是穿衣穿靴,戴是戴帽。而《新汉》说的"穿戴""服装"就不搭配了,因为服装一般是指衣服。牙牙学语的小孩都会说"穿衣裳""戴帽帽",《新汉》出了低级错误。再者,《现汉》的"等"字是不能少的,例如剧中人物诸葛亮等戴的"髯口"就包括在"戏装"里。

二、义项被砍残缺

[戏言] ①随便说说并不当真的话:一句~。②开玩笑地说:~身后事。(《现汉》)

[戏言]　随便说的并不当真的话。(《新汉》)

　　按："戏言"条，《现汉》给出两个义项，一为名词，一为动词，虽未标出词类(《现汉》2005年版才开始全面标注词类)，而释义的表达方式就是充分的说明，且有举例为证。《新汉》大笔一挥，砍掉动词义项，瘸腿了。

三、抹掉有效信息

　　[戏子]　旧时称职业的戏曲演员(含轻视意)。(《现汉》)

　　[戏子]　旧时称职业的戏曲演员。(《新汉》)

　　按：上例释文《现汉》有一个括注"含轻视意"，被《新汉》抹去了，丧失了有效信息。编语文辞典，不仅要告诉读者词的含义，而且要告诉读者词的用法。《新汉》抹去括注，就是抹去这个起限制作用的有效信息。语言是交往工具，在某一场合如果按《新汉》的释义称戏曲演员为"戏子"，就未免失礼，甚至招来麻烦。

四、意思完全相反

　　[戏馆子]　剧场的旧称。(《现汉》[1983])

　　[戏馆子]　旧称剧场。(《新汉》)

　　按："旧称"作名词用，含义是"过去的名称"；作动词用，含义是"过去叫做"。《现汉》释义中的"旧称"是名词，释义的意思是："戏馆子"是剧场在过去的名称，对的。《新汉》释义中的"旧称"是动词，释义的意思是："戏馆子"过去叫做剧场，岂不满拧！

五、无端颠倒序次

〔戏剧〕 ①通过演员表演故事来反映社会生活中的各种冲突的艺术。是以表演艺术为中心的文学、音乐、舞蹈等艺术的综合。分为……②指剧本。(《现汉》)

〔戏剧〕 ①指剧本。②通过演员表演故事来反映社会生活中的各种冲突的艺术。是以表演艺术为中心的文学、音乐、舞蹈等艺术的综合。分为……(《新汉》)

按：《新汉》"戏剧"条释文，是一字不易地从《现汉》抄录过来的，只是把义项①和②互换位置，即把《现汉》的义项"②指剧本"改为①，移到释文的开头。

殊不知《现汉》对于条目释文中义项的序次是有严格的原则规定的。《〈现代汉语词典〉编写细则（修订稿）》第92条规定："词义分项排列的先后，基本的在前，引申的在后；一般的在前，特殊的在后；具体的在前，抽象的在后。"(《〈现代汉语词典〉五十年》，商务印书馆2005年版第116页)《现汉》"戏剧"条把戏剧作为一种艺术形式的词义放在前面，符合"一般的在前，特殊的在后"的原则，也符合人们的思维习惯。《新汉》把义项①和②掉过来，似乎没有什么理由。

再看下面的一条：

〔戏〕 ③戏剧，也指杂技：一出京～｜马～｜把～｜这场～演得很精彩。(《现汉》)

〔戏〕 ③杂技；戏剧：唱戏｜看戏｜演戏。(《新汉》)

现在讨论这个条目两部辞书的释义和举例。

a）先说释义。"戏"作"戏剧"讲的频率较高，作"杂技"讲的频率较低。人们接触到"戏"字，第一时间想到的是"戏剧"之"戏"，而不是"把戏"之"戏"。所以，《现汉》释"戏"为"戏剧，也指杂技"，是符合人们思维习惯和社会语言实践的。而《新汉》硬要把它们倒过来，笔者只能说，太难以理解了。

b）再说举例。《现汉》"戏"条举4例，"一出京戏"照应释文"戏剧"，"马戏""把戏"照应释文"杂技"，"这场戏演得很精彩"又照应"戏剧"。举例以词和词组居前，以句子居后。精微处亦显示《现汉》的照应周密和序次井然。反观《新汉》三个例子，形式单一，而且没有一个是照应"杂技"义的。

六、任意扩大概念

[戏照] 穿戏装拍摄的照片。（《现汉》）

[戏照] 穿表演服装拍摄的照片。（《新汉》）

按：上例《现汉》用"戏装"，《新汉》改为"表演服装"，把概念的外延扩大了。"戏装"是戏曲演员表演时所穿的服装，实际上指的是他们在舞台上穿的古装，而"表演服装"则包括现实生活中所穿的服装。"戏装"有两个词素，释"戏"为"穿戏装"，释"照"为"拍摄的照片"，两个词素都有着落，是读者喜欢的释词方式。释"戏"为"穿表演服装"就隔膜了。高下自见。

七、削弱辞书功能

[戏目] 剧目。

[剧目] 戏剧的名目：传统~|保留~。

［戏单］ 列有剧目和戏曲演员名字的单子；戏曲说明书。

（以上《现汉》）

［戏目］ 戏剧的名目。同"剧目"。

［剧目］ 戏剧的名目。

［戏单］ 列有戏曲项目和演员名字的单子；戏曲说明书：戏单儿。

（以上《新汉》）

按：在辞书编纂中，相关条目的处理至关重要，因此把两部词典的上述一组条目放在一起讨论。

a）"剧目"和"戏目"是一组异名词。《现汉》对异名词的处理方法是，分设主条和副条。此处是选定当今较常用的"剧目"为主条，有释义和用例，作为推荐词目；以"戏目"为副条，只注释"剧目"，为非推荐词目。这就从学术上为语言文字应用提供了规范用词。《新汉》的"戏目""剧目"两条都释为"戏剧的名目"，主次不加区别，就削弱了辞书为语言文字应用提供学术规范的功能。

b）《现汉》向读者推荐用"剧目"，自己也在"戏单"条释义中用"剧目"，使两个条目互相照应。《新汉》"戏单"条把"剧目"改作"戏曲项目"，不妥，剧目之"目"是"名目"之"目"，而非"项目"之"目"。剧目有具体的名称，如京剧的《空城计》《玉堂春》等，"戏曲项目"就含义模糊了。语词是约定俗成的，不宜轻加改变。

要是单从传播知识方面来说，照抄《现汉》还是无害于读者，不至于产生不良的后果。无如抄录者怕戴"文抄公"高帽，怕被指为有违知识产权，总是想方设法作些变动。岂知《现汉》文章千锤百炼，不是那么容易改动的。上述诸端，败笔相继，竟然出现在不到1200字篇幅之中。

辞书为人们誉为不说话的老师，《新汉》这样的辞书未免有失为师之道！

2011年7月25日改毕

（原载《新闻之友》2011年第5期）

殿试·进士·会试·贡士

翻检近年国内出版的一些颇有名气的辞书，发现有关科举制度的殿试、进士、会试、贡士等词的释义有不够确切之处。读了《辞书研究》2002年第3期刊出的江庆柏先生《关于辞典中进士科年著录的标准问题》一文（以下称江文），促使我写这篇文章，向辞书界先进请益。

一、殿试有没有淘汰

江文说：

（1）（清代）殿试由皇帝亲自主持，是由皇帝对会试录取的贡士在朝廷上亲发策问的考试，录取者称为进士。《现代汉语词典》对"进士"的解释是："科举时代称殿试考取的人。"就非常简洁明白。

类似的解释，还见于其他一些辞书：

（2）进士 ③科举时代称殿试考取的人。(《汉语大词典》)

（3）进士 科举时代称殿试考取的人。(《应用汉语词典》)

（4）进士 ②宋元以后指经会试、殿试被录取的人。(《古今汉语词典》)

（5）进士 明清……进士始专指殿试合格之人。(《辞海》)

（6）殿试 明清殿试……中式者一甲三名赐进士及第……(《辞海》)

（7）殿试 ……殿试中式者，赐进士及第。(《古今汉语词典》)

这里先说例（1）（2）（3）中的"考取"一词。何谓"考取"?《现代汉语词典》释作"考试被录取"。例（4）直接用"被录取"。例（5）用"合格"，意思近似。例（6）（7）用科举时代的规范用语"中式"，是文言，《辞源》"中式"条释作"合格，合乎标准"，含义跟"考取"近似。上述释文中既然用"考取"或它的同义词和近义词，言外之意是，参加殿试的人有不被录取的。北宋前期，殿试参加者确是有被淘汰出局的。自宋仁宗时起，殿试就再不淘汰，不存在是否被录取的问题。

科举制度，以清朝为例，一般的情况是这样的：童生（未考取生员的，不问年龄）参加童试（又名童子试，包括县试、府试和院试三个程序）录取后称生员（通称秀才），成绩好的生员参加乡试（省级）录取后称举人，举人参加会试（中央级）录取后称贡士，贡士经过殿试称进士。进士依殿试成绩分为三甲，一甲（鼎甲）三人，依次称状元、榜眼、探花，赐进士及第；二甲若干人，赐进士出身；三甲若干人，赐同进士出身。

关于殿试是否淘汰问题，《中国大百科全书·教育》卷"科举制度"条"明清科举考试的程序"一节说："凡贡士均参加殿试，试后根据成绩重行排列名次，并无黜落。"

殿试不黜落制度始于宋仁宗嘉祐二年（1057）。清代末科——光绪甲辰（1904）科探花商衍鎏著《清代科举考试述录》一书说：

> 宋进士过省赴殿试，尚有被黜者，远方寒士殿试下第，贫不能归，多至失所客死，仁宗悯之，令殿试不黜落，虽犯规亦收之末名。自后殿试不黜落由此始。（三联书店1983年版第108页）

下面的记述可以作为佐证。中国近代出版事业的奠基人，商务印书馆董事长、编译所所长张元济（1867～1959）是清光绪壬辰（1892）科二甲第二十四名进士。《张元济年谱》（商务印书馆1991年版）第13页脚注引述了张氏耄年游北京故宫保和殿（殿试考场）时的一段回忆：

> 科举各场均极严格，唯独殿试名为皇帝亲考，其

实派几名大臣代表,考生可以在殿上各呼相识,接席联坐,谈笑自若,凌乱无序。而监考官坐在门槛上,有晒太阳者,有抽水烟者,任其自由。

殿试考生自由自在,表明他们无名落孙山之忧;监考官随随便便,表明他们无须担心考生有违例行为。这些都是以殿试不黜落为前提的。

因此,前文引述的诸家辞书的"进士""殿试"条目宜作修改。

二、"殿试""进士"条目的其他问题

先说例(5)所举的《辞海》"进士"条:"明清……进士始专指殿试合格之人。"愚见以为,科举考试录取,不宜用"合格"字样。合格,《现汉》释作:"符合标准:质量~|检查~|产品完全~。"现代汉语中"合格"之"格",似应看作是刚性标准,通常有量值。科举考试,以清代而言,童试、乡试都有严格的中额(录取名额),会试也有大致的中额;而且考官衡文,主观因素很大,所以科举考试的录取标准是柔性的。《现汉》"中式"条释文"科举时代考试合格"中的"合格",也存在同样的问题。

再说例(7),《古今汉语词典》"殿试"条释文"殿试中式者,赐进士及第",也有未妥。前面说过,贡士经过殿试成为进士,只有一甲才为"赐进士及第",二甲为"赐进士出身",三甲

为"赐同进士出身",并不是所有的会试录取者经过殿试,都能"赐进士及第"的。事关典章制度,不宜大而化之。

此外,《辞源》《辞海》的"殿试"条在别的方面也有可议之处。

(8)殿试 科举时代,帝王于宫殿内考试贡举之士称殿试。……宋开宝五年,礼部试进士诸科三十八人,太祖召对讲武殿,始放榜,得进士二十二人,皆赐及第。自此省试之后行殿试,遂为常制。元时无殿试,省试之后,再试于翰林院国史馆。明清两代,省试之后集中京师会试,会试中式后再行殿试,以定甲第。(《辞源》)

例(8)可议两点。其一,"元时无殿试",这同《元史》记载有出入。《元史·选举志一》说,乡试于八月二十日、二十三日、二十六日试三场。"会试,省部依乡试例,于次年二月初一日试第一场,初三日第二场,初五日第三场。""御试,三月初七……入殿廷考试。"(《元史》,中华书局点校本第2020页)御试,既然是在会试后举行的,而且在殿廷考试,实际上就是殿试。《元史》记载中,大都用"廷试",如"至治元年春三月,廷试进士达普化、宋本等六十有四人"(同上书,第2026页)。其二,释文中宋代称"省试",元代称"省试",明清也称"省试",同名异实,未加区别,未免混淆。宋代的"省试",指的是尚书省礼部的考试,是中央级考试,相当于明清的会试;元代以至明清的"省试",指地方的即省级的考试,应该用"乡试"。自从元代中央机构中书省在各地设"行中书省"以后,"省"遂由官署的名称演变为政区的名称。

（9）殿试　科举制度中皇帝对会试取录的贡士在殿廷上亲发策问的考试。也叫廷试。其制始于唐武则天时，殿试后将进士分五甲之制始于宋太平兴国八年（公元983年），分为三甲及一甲只限三人始于元顺帝时，明清因之。明清殿试时间在……（《辞海》）

例（9）的问题在于定义覆盖不住全文。正文介绍殿试，从唐宋直到明清，而定义中的"会试取录的贡士"仅仅是清代才有的称号。尽管"贡士"可释作"贡举于朝廷之士"，但是既有"会试取录的"修饰语，就不能作"贡举于朝廷之士"的解释了。

三、会试中式者称贡士，始于何代

"贡士"一词起源甚早，《礼记》中就出现了。从先秦时代起，诸侯或地方官府和教育机构向朝廷荐献人才，称贡士。在科举制度中，举人参加会试被录取称贡士，则只在清代。有的辞书把会试中式者称贡士的制度向前推到明朝了，例如：

（10）会试于乡试次年在京师举行，由礼部主持……各省举人均可应考。中式者为贡士，其第一名通称会元。(《中国大百科全书·中国历史》卷"科举制"条"明"一节)

（11）会试　明清两代每三年一次在京城举行的考试。各省的举人皆可应考……考中者称贡士。(《辞海》)

例（10）说，明代"会试""中式者为贡士"；例（11）说，

"明清两代"会试"考中者称贡士":都与历史事实有出入。《明史·选举志二》说:

> 三年大比,以诸生试之直省,曰乡试。中式者为举人。次年,以举人试之京师,曰会试。中式者,天子亲策于廷,曰廷试,亦曰殿试,分一、二、三甲以为名第之次。一甲止三人,曰状元、榜眼、探花,赐进士及第。二甲若干人,赐进士出身。三甲若干人,赐同进士出身。(《明史》,中华书局点校本第1693页)

《清史稿·选举志三》说:

> 三年大比,试诸生于直省,曰乡试,中式者为举人。次年试举人于京师,曰会试,中式者为贡士。天子亲策于廷,曰殿试。名第分一、二、三甲。一甲三人,曰状元、榜眼、探花,赐进士及第。二甲若干人,赐进士出身。三甲若干人,赐同进士出身。(《清史稿》,中华书局点校本第3147页)

两部史书的记载几乎完全相同,《清史稿》是照抄《明史》的,表明清代科举制沿袭明制。不过大同中也有小异,即《清史稿》在"会试""中式者"之后加"为贡士"字样,表明会试中式得"贡士"称号的制度,明代没有,清代才有。

《辞海》"贡士"条对此作出了正确的解释：

　　……清制，会试考中者为贡士，殿试赐出身为进士。

此条释文跟同书"会试"条不一致，盖因书出众手，可知辞书尤其是大型辞书的编纂，做到彼此照应，契合无间，很不容易。

上面所引的《明史》和《清史稿》的记载中，乡试有"中式者"字样，会试有"中式者"字样，而殿试只分名第，无"中式者"字样，这是上文所说的殿试无黜落的又一证明。

此外，江文还有一说：

　　（12）会试由礼部主持，参加者为各省举人及国子监监生，所取者称贡士……

例（12）中的"国子监监生"可参加会试之说有误。上引《明史》《清史稿》都说只有举人才能参加会试，"国子监监生"没有这种资格。

王道成著《科举史话》说："每逢乡试之年，在国子监肄业的贡生和监生，经国子监考试录科，就可以参加乡试。"（中华书局1988年版第45页）。可知，国子监监生只能参加乡试；即使参加乡试，也还要经过录科考试，这是参加乡试之前的筛选。例外的是在国子监学习的举人，称"举监"，可以参加会试，因为他们已有举人的身份。

（原载《辞书研究》2003年第6期）

谦词"家"的释义

"家"是多义词,其中一个义项作谦词用。"家"和长上亲属的称谓组成"家×",成为谦称,用于对他人称说自己亲属中的长辈或年长的同辈,例如"家父""家慈""家岳[父]""家姐"等。

一些著名辞书中"家"条谦词义是这样解释的:

谦辞。用于对别人称自己的辈分高或年纪大的亲属:~父|~兄。(《现代汉语词典》1996年修订本)

谦词。用于对别人称自己亲属中比自己年纪大或辈分高的:~兄|~父。(《新华字典》1998年版)

谦词。常用于对别人称比自己辈分高或年纪大的亲属。(《辞海》1999年版)

再看看近年出版的颇得社会好评的两部语文辞书的有关释义:

〈谦〉对别人称呼自己辈分高或年纪大的亲属:~父|~母|~兄。(《应用汉语词典》,商务印书馆

2000年版）

　　谦辞。对别人称说自己亲属中辈分高的或年长的。例：～祖｜～父｜～母｜～严｜～兄｜～姐。（《古今汉语词典》，商务印书馆2000年版）

　　上面五部辞书对于作谦词用的"家"的释义完全一致，但似乎都有不够周密之处。亲属中年纪比自己大的如果是平辈人，当然可称"家×"，例如，"家兄""家表姐"。如果是年纪虽比自己大，而辈分比自己低的，就不能这样称呼了。侄子年纪比叔父大的并不罕见，年纪小的叔父就不能称年纪大的侄子为"家侄"。因此，上述几部辞书释义中在"年纪大""年长"之前宜加"平辈"或"同辈"字样。这样才能同举例中的"家兄""家姐"相照应。

　　此外，对别人称自己的嫂子为"家嫂"，是不问年龄比自己大还是比自己小的，因为嫂子是哥哥的妻子，应该比照"家兄"的称呼。

　　还应该提到的是，《新华字典》的释义有"对别人称自己亲属中比自己年纪大或辈分高的"字样。"辈分高"宜置前，"年纪大"宜置后，因为辈分高的使用"家×"的范围较广，况且按中国传统伦理观念，辈分重于年纪。

（原载《语文建设》2001年第12期）

宏伟的构想　缜密的蓝图
——林穗芳《关于编纂历时性汉语新词典的设想》读后感

《出版科学》2004年第1期至第3期连载的林穗芳先生《关于编纂历时性汉语新词典的设想——基于中外一些语文词典比较借鉴》一文（以下简称林文），征引广博，内容丰富，分析透辟，智思充溢，创见层出，是一篇比较辞书学研究的优秀论文。洋洋五万言，读来不觉其长。这是作者为编纂一部大型汉语语文辞书苦心筹思多年写成的远见卓识的方略，一幅精心设计的蓝图。

从20世纪80年代开始，我国就出现"辞书热"；从那时到现在，出版的不同种类、不同档次、不同规模的辞书，据说约有万种之多。在众多辞书中，最为学人推重的是《辞源》《辞海》《现代汉语词典》《中国大百科全书》《汉语大词典》《汉语大字典》《英汉大辞典》，还有20世纪50年代就开始出版、迭经修订的《新华字典》。这些辞书都是一面旗帜，一个方向，一种典型，一个范例，称得起是各领风骚。它们成为许多种辞书的学习榜样，或者从中得到启示，汲取营养，或者模拟仿效，甚至抄袭剽窃。一些辞书编纂者受不良学风的感染，心理浮躁，不甘寂寞，急于求成，工艺粗放，出书时依靠炒作，热闹一阵，很快成为过眼云烟。现下辞书出版品种之多前所未有，某些辞书命途之促也是前所未闻。

尽管当前辞书出版琳琅满目，然而仍然有不少未开垦的处女地。林穗芳通过比较辞书学的研究，尤其是对《牛津英语大词典》和《汉语大词典》的比较研究，认为中国需要编纂一部历时性汉语新词典，也就是贯通古今的大型汉语语文辞书，并对这部词典就下述几个侧面提出了细致的设想。

一、选条的范围。林文主张选字以形、音、义有书证可引的为限，一般不超出国家标准GB18030-2000《信息技术 信息交换用汉字编码字符集 基本集的扩充》所收27533个字的范围。GB18030-2000采用单字节、双字节和四字节三种方式对字符编码，其中包括生僻难字，增补的部首/构件，港澳台地区的用字，GB13000.1-1993的全部中日韩（GJK）统一汉字字符及其扩展A和扩展B的字符，蒙、藏、彝、维等少数民族文字的字符。

收词要有书证，要体现"源流并重"原则，不能偏重于古词语，不能忽略常用的新词语；过于冷僻的不收，超出词和词组范围的复句（如"一佛出世，二佛升天"）不收。适当选收常用字母词，如DNA（脱氧核糖核酸）、B超。

二、字形的选择。林文认为，楷书是汉字演变的最终形态。

字头用楷书，并选列有代表性的甲骨文、金文、战国古文（秦国大篆、六国文）、小篆、隶书、草书、行书、俗体字等以反映字的形体演变过程，必要时附字形解说，在字形后注明例证的出处，标示年代。

三、注音的设想。林文建议，从先秦传承到现代的单字条目可分四段注音：上古音（周秦音）、中古音（以《切韵》增订本《广韵》等韵书为代表）、近古音（以《中原音韵》等韵书为代表）、现代音。现代音除注普通话标准音外，加注主要方言读音（选定某一地点为代表），以及朝、越、日语的汉字读音。王力古音学说影响最大，他的先秦33声母和30韵部的划分可作为上古音的注音基础。普通话注汉语拼音，其余均注国际音标。

四、词源的探溯。林文提出，所有主条目都设词源栏，无论固有词还是外来词都说明来源，包括隋唐时从梵语，鸦片战争以来从英语、日语、俄语等引入的，均注外文。设置专职外来词编辑。

五、释义的要求。林氏认为，选条考虑篇幅，可以斟酌取舍，条目既已入选，义项务求完备。他举出"以"字为例，《汉语大词典》只列13个义项，比《汉语大字典》实有义项25个少12个，未能实现自己宣布的"力求义项完备"的要求。林文主张义项要依书证按历史原则排序。举"于"字为例。"于"为多音字，先按yú、wéi、yū、xū区分。读yú，具有多种词性，按书证依次为介词、连词、助词、动词、名词。作为介词，又具有多个义项："以"义，书证为《书·盘庚上》，居先："在"义，书证为

《诗·大雅·卷阿》，次之；"及於，达到"义，书证为《诗·小雅》，又次之；余类推。

林穗芳先生对编纂这部未来的词典的设想，至少有三个值得称道的特点。

第一是立足书证，也就是立足语料。它宗奉法国辞书学家也是辞书编纂家P.拉鲁斯（1817~1875）的名言："一部没有例证的词典，只是一堆枯骨。"他又用心考察《牛津英语大词典》重视书证的实践。《牛津》第1版收条目25.22万个，有例证186.12万个，平均每条有7.4个例证。他提出未来的词典选条要有书证，古字形要注出处，注古音要写出依据，释词义要有例证。换句话说，希望这部词典无一字形无来历，无一字音无来历，无一词义无来历，一切仰仗于书证。

作者在文中用专节讨论"年代标示法"。他所设计的年代标示法，载体小而信息丰，这是大型辞书编纂不可或缺的。书证的出处要有出版物的书名，篇名，直到页数。他认为，"出处交代到页，这项规定十分重要，只有利用第一手资料和找到某种版本作为依据，才能查到例证在作品或出版物中的哪一页，并记录下来，这就避免了用转引的办法可能产生的差错和缺陷，也为读者核查提供了方便。"因之，要求把被引用的书报刊名称及作者姓名全部编入文献目录附在书末。

我国近年出版的辞书可谓汗牛充栋，就笔者所见，刘洁修先生编著的《汉语成语考释词典》（商务印书馆1991年版）为大量书证标明出处的书名和页码，有的还说明上、中、下栏（如

《十三经注疏》），并在书末附有《征引书目》。此书由300万字扩展为600万字，改名《成语源流大词典》（江苏教育出版社2003年版），也是这样做的。后者的《征引书目》分为书名、出版者、出版年月三栏，共列1000多种。尽管注页码、列书目的仅仅是词典所引用书籍的一小部分，仍然应该视为中国辞书编纂史上的创举。

第二是重视变迁。历时性词典是贯通的辞书，林氏所提出的设想，贯穿着"通古今之变"中的"变"的精神，也就是发展的观点。字形要求列出从甲骨文到楷书，以至草书、行书；读音要求列出上古音、中古音、近古音、现代音，以至有代表性的方言音；词义的发展也要能看出扩大、缩小和转移的脉络。他希望做到每个条目成为字词的传记，"最早书证"或"始见书证"就是字词的"出生证"，并且从国外辞书引进剑号（十）表示废词、废义，给出"最晚书证"，也就是字词的"死亡证"。这就成为一宗完整的档案。著名语言学家周有光先生说过，汉语的文字历来是"生而不报，死而不葬"。如果这部词典编成了，再也不会有人这么说了。

林穗芳先生说："整个中华民族几千年的文明史将以词语历史的形式浓缩到一部词典当中，读者可以查到某一年代有多少新词语、新事物、新概念在神州大地产生，中华民族的文化在某个年代处于什么样的发展水平，这是多么迷人的前景啊！"

第三是视野宽广。从1949年开始的30年闭关锁国的现实，禁锢着人们的思维空间，也屏蔽着辞书编纂者的视野。例如，日本汉字"辻",《汉语大词典》《汉语大字典》均未收,只有《现代汉语词典》立有条目。林文提出要选收港澳台用字,中日韩统一汉字字符等,在读音方面,词典要载入汉字的越南语、朝鲜语、日本语的读音,这些都显示出敞豁的思路和开阔的眼界。自然,将来还要广泛搜集大陆以外应用汉语地区的汉语资料,使这部词典更全面更充分地反映出汉语这种世界上历史绵延最久、使用人数最多的语言的整个面貌。

林穗芳先生提出这一宏伟构想,不禁令人忆起20多年前的往事。矢志百科全书事业的编辑家、翻译家姜椿芳先生(1912~1987)"文革"中被囚禁于秦城监狱七年。单身牢房,无纸无笔,他苦思冥索未来中国百科全书的方案。出狱后写成《关于出版大百科全书的建议》呈送中宣部。时任中国社会科学院副院长于光远先生看到了,慧眼识珠,即在社科院内部刊物《情况和建议》第2期(1978年1月出版)刊出,接着又在《出版工作》1978年第3期登载,引起热烈反响,并得到当时在中共中央主持意识形态工作的胡乔木先生的大力支持。姜椿芳受命为国家出版事业管理局、中国科学院、中国社会科学院起草三单位联署的《关于编辑出版〈中国大百科全书〉的请示报告》,一路绿灯,中共中央于1978年5月28日批准,不久,国务院下发正式文件。胡乔木任中国大百科全书总编辑委员会主任,姜椿芳任中国大百科全书出版社总编辑。全国有两万多专家学者参与其事,经过15年艰难的编纂历程,《中国大百科全书》74卷皇皇巨著终于在1993年出齐,中国从此结束没有百科全书的时代。

编纂一部历时性大型语文词典,其难度绝不亚于编纂一部现代大型综合性百科全书。我们不妨以世界上最负盛名的法国狄德罗《百科全书,或科学、艺术与手工艺大典》和英国《牛津英语大词典》为例作一比较。法国启蒙思想家狄德罗(1713～1784)于1747年同出版商签约编纂《百科全书》,1751年出版第1卷,1765年出版文字部分最后一卷——第17卷,1772年出完图版11卷,后由他人编辑补编、索引等7卷,共计35卷,1780年出齐,自始至终,为时34年。狄氏欣悦地亲眼看到自己的劳动成果贡献给社会。《牛津英语大词典》第1版1858年开始编纂,1884年开始出版,1928年出齐正编10卷(128个分册),先后历时70年。第一主编默雷(1837～1915)、第二主编H.布雷德利(1845～1923)在全书未及全部付梓前就撒手人寰。他们都以78岁高龄去世,可惜都未能看到自己的劳动成果全部问世。可知编纂这样的皇皇巨著,必然是一代人接一代人的事业。

中国古代篇幅巨大的类书、丛书,都是在朝廷的主持下完成的,如三国时魏国的《皇览》,唐代的《艺文类聚》,宋代的《太平御览》《册府元龟》,明代的《永乐大典》,清代的《古今图书集成》《四库全书》。

改革开放以来出版上规模的辞书,如《辞海》《辞源》《中国大百科全书》《汉语大词典》《汉语大字典》,也都是在中共中央、国务院领导和大力支持下完成的。

林穗芳建议编纂的历时性汉语新词典,是一部卷帙浩繁、信息丰赡、要求严格、可垂久远的辞书。这是一项非营利性的文化建设奠基性的事业，需要一大批甘于寂寞、不求闻达、献身辞书事业的饱学之士参与，需要充分的财力和物力的保障，应该列为国家项目在政府领导和支持下付诸实施。

林穗芳先生说："编纂所设想的一部历时性汉语新词典是中华文化建设的一项基本工程，它将成为维系民族团结和国家统一的强大精神纽带，也将是人类有史以来最宏伟的文化建设工程之一，在世界辞书编纂史占有不可替代的地位。"

诚哉斯言！

2004年5月23日，北京

（原载《出版科学》2004年第5期）

现代术语学概观
——介绍《现代术语学与辞书编纂》

科学技术的迅猛发展,产生大量的新概念要求命名,国际和国内日益频繁的信息传递要求术语标准化。这就是当今时代向术语学提出的任务。

在我国,现代术语学的研究刚刚起步,近年开始有这方面的出版物面世。科学出版社1985年出版过加拿大学者隆多的《术语学概论》,今年又推出全国术语标准化技术委员会辞书编纂分委员会编辑的《现代术语学与辞书编纂》一书。该书从多种国外出版物中选收了奥地利、苏联、加拿大、捷克斯洛伐克、联邦德国、波兰、法国、美国、丹麦、瑞典、卢森堡等国术语学家的25篇文章,这些文章从不同侧面介绍了世界上有代表性的国家在术语学理论研究和实践方面所取得的成果。读者可以从中了解现代术语学和辞书编纂工作发展的概貌。

当今世界术语学有四个学派:维也纳学派、苏联学派、魁北克学派和布拉格学派。这本书收了四篇文章分别介绍了这些学派的发展状况、基本观点和工作成果。

术语是指称概念的规范化符号（词或词组）。它是认识事物的手段，也是传递知识、交流信息的手段。术语学研究的主要目的是实现术语标准化，因此术语学有很强的实践性。术语的订定必须遵循一定的原则，术语的搜集、存储、处理和检索需要建立术语库。术语学同辞书编纂和翻译工作是相辅相成的：术语标准化为辞书编纂提供规范的名称和定义，而辞书编纂又对规范的术语起推广传播的作用；术语学研究为术语的等值翻译提供理论依据，而翻译活动又是术语信息在不同语种间的国际交流（以及多语种国家的国内交流）必不可少的媒介。这本书对于术语工作的各个侧面都作了论述。

术语库是术语学和计算机技术相结合的产物，是术语研究、术语标准化和辞书编纂的现代化手段，在我国还是空白。该书选了《魁北克术语库》《欧洲共同体术语库的经验》等六篇文章，可以作为我们今后建库的借鉴。

关于概念的命名和术语的选择的原则，因为专家们依据的是自己的理论和实践，提法有所不同，但有许多不谋而合之处。普遍认为必须遵守的原则是：确切性——术语要确切反映概念的本质特征；语言的正确性——术语要符合本语种的语法要求和构词规则；单义性——至少在一个学科领域中一个术语只表述一个概念，同一概念只用一个术语表述；系统性——在一个特定领域中一个术语群必须是有序结构，成为体系；简明性——术语要简明扼要，易读易记；稳定性———一旦定名，不轻易改动。许多中国专家认为，汉字是表意文字，在我国还应考虑术语的表意性，尽量做到"望文生义"。

在我国，术语学一词虽然是晚近出现的，但术语研究可以说是源远流长。荀子集先秦关于名实关系研究之大成，荀子提出"制名以指实"的命题，肯定了名为实所规定，实异则名异，实同则名同。他认为名的作用是"别同异"。他又说"名无固宜"，"约定俗成谓之宜"。这些思想对术语学研究颇有启示意义。在实践方面，被认为成书于秦汉间的《尔雅》十九篇中，除前三篇《释诂》《释言》《释训》为解释语词以外，《释亲》《释器》等十六篇均为解释名物词，共1400多条，许多词条下了定义，可以认为是一部古代术语辞典。

到了近代，1909年成立了科学名词编订馆，1932年成立了国立编译馆，开始有了统一学术名词的机构。解放后，1950年成立的以郭沫若为首的"学术名词统一工作委员会"，为审定和统一自然科学和工程技术术语做了出色的工作。1985年，"全国自然科学名词审定委员会"和"全国术语标准化技术委员会"相继成立。两个委员会的成立，可以看作是我国术语学研究进入新阶段、进入国际社会的标志。

（原载《人民日报》1988年7月29日）

《神话辞典》及其翻译

神话是反映先民对宇宙起源和人类起源、自然现象和社会生活原始理解的故事和传说。希腊和罗马的神话是最先进入欧洲人的知识领域的，商务印书馆最近翻译出版的苏联M.H.鲍特文尼克等编著的《神话辞典》实际上是一部希腊罗马神话辞典。

希腊神话被马克思誉为有"永久的魅力"。"五四"以后，一些新文化运动的先驱者就把希腊罗马神话介绍到中国来。郑振铎先生在这方面做了大量工作。他的早期著作《文学大纲》就用了大量篇幅介绍和评价荷马的史诗及其他神话作品。从那时起，这座世界文学宝库逐渐向中国读者打开，某些神话故事进入我们的文化领域。"特洛伊木马"成为《现代汉语词典》的词目。然而在我国，关于希腊罗马神话的辞书是缺乏的。《神话辞典》的出版为这方面提供了一部有用的工具书。

这部辞典的原文共有条目1390个。中译本因按汉语音序排列，条目有并有分，并多于分，成为1323条。译者编了按汉语笔画排列的《条目表》,还编了《俄汉条目索引》和《拉(英)汉条目索引》作为附录。正文条目按地域分,希腊神话约1100条,罗马神话200多条,东方神话不足20条。这是因为希腊神话丰富多彩,优美动人;而罗马神话比较质朴,主要神话人物移植于希腊,故事相仿,只是换个名字,例如希腊爱神阿佛洛狄忒,在罗马叫维纳斯。至于东方神话列为条目的,限于那些从两河流域和埃及传入希腊和罗马成为崇拜对象的神话形象,如"叙利亚女神"、埃及神牛阿庇斯。

这部辞典就内容来说,大体可分为神话人物(神话形象)条目和神话概念条目两类。

神话人物条目

神话人物条目约1100条,占辞典条目总数的绝大部分,搜罗可谓相当丰富:《马克思恩格斯全集》中提到的100多个希腊罗马神话人物全部立有条目。神话人物大致可分为神祇、英雄和精灵三种。

神祇 希腊神话中的神祇首先是传说居住在奥林波斯山上以宙斯为首的众神家族。宙斯是最高天神,他能抛掷雷电,聚散乌云,是众神和万民之父。他兄弟三人,宙斯主宰天空,波塞冬统治海洋,哈得斯坐镇冥国。宙斯有三个姐姐:赫拉(又是宙斯的妻子)是天后,司婚姻和家庭的女神;得墨忒耳是司土地和丰收的女神;赫斯提亚是灶神。宙斯的子女:雅典娜是智慧女神和女工的护神,阿佛洛狄忒是爱神,阿波罗是太阳神和音乐之神,阿耳忒弥斯是狩猎女神,赫淮斯托斯是火神和锻冶之神,阿瑞斯是战神。被计入奥林波斯山众神之列的还有众神的信使赫耳墨斯,司召集众神会议的伊里斯、忒弥斯,司侍奉酒宴的赫柏。

在"神谱"这个条目中,介绍了公元前8世纪古希腊诗人赫西俄多斯所描述的神的族系和宇宙的起源。他说宇宙最先产生卡俄斯(混沌),然后是该亚(地)、塔耳塔洛斯(地狱)和厄洛斯(爱情)。该亚生乌刺诺斯(天)和蓬托斯(海)。卡俄斯生倪克斯(夜)和厄瑞玻斯(黑暗),夜和黑暗结合生埃忒耳(光明)和赫墨拉(白昼)。该亚和乌刺诺斯结婚生提坦神:俄刻阿诺斯(大洋神)、伊阿珀托斯(普罗米修斯之父)、克洛诺斯等;生提坦女神:瑞亚、忒弥斯、谟涅摩绪涅等;又生独目巨人和百臂巨人。克洛诺斯遵母嘱打伤自己的父亲——最高天神乌刺诺斯,流出的血变成复仇女神和巨灵。克洛诺斯夺得政权,同瑞亚结婚,生下赫斯提亚、得墨忒耳、赫拉、波塞冬、哈得斯和宙斯。克洛诺斯怕孩子们长大后夺他的权,把孩子一个个吞下去。瑞亚生下宙斯时,用褟褓包一块石头代替婴儿给丈夫吞下去,小儿子因此得救。宙斯长大,战胜父亲,迫使他吐出吞下去的孩子。宙斯成为第三代天神。他还打败了提坦诸神,确立起新神的权威。上面提到的神,辞典中都立有条目。

英雄 希腊神话中的英雄是一个广泛的概念。它包括自然力的化身,传说中的人物,迈锡尼时代的一些神祇和精灵,被奥林波斯教排挤出来的神(如阿伽门农、海伦等),以及神和凡人结合所生的后裔。英雄被称为半神，被认为是神和人之间的中介者。希腊和罗马一些显赫的氏族都认为自己渊源于英雄。罗马统帅尤里乌斯·恺撒以及跟他属于同一氏族的皇帝们就认为特洛亚（特洛伊）战争中的英雄埃涅阿斯是自己的始祖。神话中的许多英雄都可以找到他们同神的血缘关系。立下12项大功的大英雄赫剌克勒斯就是宙斯同凡人妇女所生的。英雄也受到崇拜，不过祭坛矮小，奠酒可用任何饮料。

精灵 精灵同神祇的区别是通常不具有似人的形貌，例如本辞典所列的"喀迈拉"，有狮子的头和颈，山羊的身躯，巨蟒的尾巴。它的父亲堤丰是有一百个蛇头的喷火怪物。希腊人认为一切不可理解的可怕现象，如洪水、山崩、旱涝、地震、瘟疫都是精灵作祟。例如，神话说宙斯把堤丰压在西西里岛埃特纳火山底下，怪物一喘气，火山就喷火。神祇、英雄、精灵之间界限有的也不很明显，许多精灵变成神祇，神祇也会变成精灵和英雄。

条目安排《神话辞典》中神话人物大多单独立条，也有两个神话人物合条或者集体立条。神话中有几对英雄兄弟，如两人分享永生权的狄俄斯库里兄弟就合写在一起。复仇女神、时序女神、命运女神、大洋神女、山岳神女都是合写在一起。缪斯九神则既有综合的条目，每位女神又各有单独的条目。辞典平均每条约240字，但并不平均使用，对主要神祇和英雄给予较多的篇幅。大英雄赫剌克勒斯条3000字，酒神狄奥倪索斯条2500字左右,《伊利亚特》和《奥德赛》两部史诗的主人公俄底修斯条2000字左右。短条目尽管只有几十字也给出主要信息，有的还写出一段神

话情节。例如:

> 绪任克斯　Сиринга, Syrinx（希）潘所追求的一位<u>水泽神女</u>。绪任克斯变成一棵芦苇,潘用这棵芦苇制成一支牧笛(syrinx),供自己吹奏。

(字下有横线的表示本辞典收有专条,可参阅。下同)

释文内容　神话人物条目的释文大致包括下述几个方面的信息。

一、定性叙述。介绍神话人物的身份和谱系。太阳神"赫利俄斯"条的定性叙述是:

> 太阳神;提坦神<u>许珀里翁</u>和<u>忒亚</u>的儿子,<u>塞勒涅</u>和<u>厄俄斯</u>的兄弟,<u>法厄同</u>和<u>赫利阿得斯</u>姊妹的父亲。在荷马史诗中,除了统治宇宙(大地、天空、水域)的三位神祇以外,又加上这位无所不见的神……从公元前五世纪起,他同阿波罗混为一体。

有的条目还在定性叙述中说明名字的含义和语源。如河川神女卡利洛厄(Callirhoe)这个名字,希腊语的意思是淙淙悦耳的。

二、神话故事。介绍同神话人物有关的神话故事。在河神皮刺摩斯条中写了他同河川神女提斯柏的恋爱情节。两人约好在郊外会面,"提斯柏先到,遇见一头母狮,就丢下面纱跑了。晚来赴约的皮刺摩斯发现被撕得稀烂的面纱,断定他的情人已死,就用尖刀自杀。提斯柏发现他的尸体,也自杀身亡。"后来,莎士比亚利用这个神话写成喜剧《仲夏夜之梦》。

三、神话演变。神话是有变迁的,也有不同的说法。条目释

文对这些情况作了如实的叙述,在"时序女神"条中说:

> 古希腊人起初把一年算作两季,后来算作三季(春、夏、冬),最后才算作四季。与此相适应,时序女神的数目也逐渐增加。例如,雅典从远古时代起崇拜的时序女神是两位:春之神塔洛(开花女神)和夏之神卡耳波(多果女神)……赫西俄多斯提到的时序女神是三位:欧诺弥亚(法纪)、狄刻(正义)、厄瑞涅(和平)……后来的作家们提到的时序女神是四位。

四、崇拜情况。在海神"波塞冬"条中,对他的崇拜是这样写的:

> 对波塞冬的崇拜在小亚细亚的爱奥尼亚移民中,在那些奉他为爱奥尼亚部落之神的海岛上特别盛行。在希腊陆地,波塞冬的神庙通常建在海角和地峡。献祭波塞冬的牺牲,除了马,还有海豚和公牛。在树木中,松树是他的圣树。在罗马,对波塞冬的崇拜同对意大利水神涅普顿的崇拜合在一起……罗马建有涅普顿神庙,每年6月23日过涅普顿节。

五、神话的影响。许多神话人物对社会生活各个方面发生影响。窃取天火给人间的战士神普罗米修斯的积极影响一直延续到今天。在普罗米修斯这个条目中介绍了他的形象启示了许多作家、诗人、艺术家。古希腊悲剧作家埃斯库罗斯的《被缚的普罗米修斯》流传至今。伏尔泰、雪莱、歌德、拜伦都写了关于普罗米修斯的作品。贝多芬、斯克里亚宾、李斯特写了赞美他的乐曲。马克思颂扬他是"哲学的日历中最高尚的圣者和殉道者"。

神话概念条目

在《神话辞典》中，神话概念条目有200多条，论条目数虽只占全书的六分之一，却包含广泛的神话知识。归纳起来有下述几个侧面。

关于神话典故 希腊罗马神话中许多故事流传下来已成为常用的典故，本书收了一系列典故作为条目。"阿喀琉斯之踵"说的是希腊英雄阿喀琉斯幼时，他母亲曾把他放入冥河水中浸过，所以周身刀剑不入，只有脚跟是个弱点，因为他母亲是捏住他的脚跟浸入冥河的，此处没有沾上冥河之水。"阿喀琉斯之踵"便用来比喻薄弱环节。此外，"戈耳狄俄斯之结""阿里阿德涅之线""奥革阿斯的马厩"等也属于这一类。

关于古代宗教 许多神话人物是古代人的崇拜对象，神话也就同古代宗教发生联系。本书中有的条目综述一个教派的兴衰始末，例如"奥林波斯教""俄耳甫斯教徒"；有的条目说明宗教典仪，例如"秘密祭典""净洗礼""百年大祭"；有的条目介绍宗教建筑物如"神庙""祭坛""帕耳忒农神庙"等等。

关于民间习俗 神话的流传和对神话人物的崇拜，自然影响到民间的习俗风尚。希腊、罗马的许多庆节和竞技会都同神话有关。本书立有"泛雅典娜节"（纪念智慧女神雅典娜的盛大庆节）、"花月节"（纪念酒神狄俄倪索斯）、"摘果节"（纪念太阳神阿波罗）、"亡魂节"（罗马追荐亡魂的日子）等等。有的节日颇有奇俗。罗马在"农神节"中的一天，象征黄金时代，由主人侍候奴隶。奥林匹克竞技会（运动会）是纪念宙斯的。本书的这一条目用了2000字的篇幅从古代写到近代，成为一篇奥林匹克运动会简史。

关于天文 本书立有"银河""星辰""行星""天狼星"这些富有神话色彩的条目。古代人认为银河是天后赫拉洒落的乳汁，是奥林波斯山通向大地之路。黄道十二宫中的白羊宫是驮运佛里克索斯和赫勒过海的那头金毛公羊所化；金牛宫是拐走欧罗巴的那头公牛所化，等等。希腊人和罗马人用神的名字给行星命名，称水星为墨丘利（神使），称金星为维纳斯（爱神），称火星为玛尔斯（战神），称木星为朱庇特（主神），称土星为萨尔图努斯（农神）。近代发现行星还继承这个传统，称第七个行星为乌剌诺斯（天王星），称第八个行星为涅普顿（海王星），称第九个行星为普路同（冥王星）。（注：2006年8月24日，第26届国际天文学联合会大会投票通过新的行星定义，冥王星不再列为行星，而被编入矮行星。）卫星也有用神话人物命名的。

关于神话中的部落 这些部落充满着传奇式的故事。阿玛宗人是一个尚武善战的妇女族。她们为传宗接代同附近部落的男子成婚，生下男孩交给丈夫，生下女孩留下习武。马人是一群半人半马的精灵，性格野蛮，嗜酒如命。侏儒族身体只有普通人下臂的长度那么高，一到秋天便同鹳鹤打仗。密耳弥多涅人是宙斯用蚂蚁变成的。食忘忧果人（Lotophagi）是和平的部落，他们吃了忘忧果就忘掉以往的一切。

关于神话地名　既有神话中虚构地名，也有寄托着美丽神话故事的现实山川。大洋河——神话中环绕大地的河流，太阳、月亮、星星从此升起，又从此沉落；赫利孔山——相传为缪斯九神的居住地，山上有神马踩出的马泉，泉水能启发诗人的灵感；等等。

关于神话事件　辞典所列的"特洛亚战争（特洛伊战争）""阿耳戈船英雄"就是这样的条目。最早记述特洛亚战争的是荷马的史诗，说特洛亚（特洛伊）王子帕里斯拐走斯巴达王后海伦，导致希腊出兵十万人和战船千余艘出征特洛亚，战争持续十年，终以木马计破城。考古发掘证实，公元前13世纪和12世纪之交，希腊人同小亚细亚西北部的诸部落确曾发生过大规模的军事冲突。神话则把史实同虚构穿插在一起，成为有人也有神参与的战争。"阿耳戈船英雄"描述了以伊阿宋为首的希腊英雄出航远方，历遭劫难，备尝艰辛，终于取回金羊毛。这些神话事件把大量离奇、惊险而有趣的神话故事连缀起来。

此外，还有一些神话学条目如"万物有灵论"、"神人同性同形论"（Anthropomorphism）、"欧赫墨洛斯学说"（Euhemerism）等，介绍了有关学说，并作出评价。

辞典的翻译

翻译《神话辞典》首先遇到的是神话人物译名问题。在翻译界，神话人物译名相当纷繁。希腊英雄Achilles的译名有阿喀琉斯、阿基里斯、阿基琉斯、阿且里斯、阿戏留、阿溪里等；罗马天神Jupiter的译名有朱庇特、周比特、尤皮特、丘必特等。20世纪50年代起，有两家有影响的编译出版部门相当重视神话人物的译名统一问题。中共中央马克思恩格斯列宁斯大林著作编译局对于马克思主义经典著作中提到的神话人物，采用解放前后一些影响较大的有关希腊罗马神话的译著所用的译名。人民文学出版社采用著名的古希腊文学翻译家罗念生先生《希腊拉丁专名译音表》来统一所出版的古希腊罗马的文学著作中的神话人物译名。我们面临何去何从的选择。

我们决定按照罗念生先生的《译音表》拼译神话人物作为第一译名（除个别的外），以经典著作的别译名作为第二译名。这是因为：一、经典著作提到的神话人物不到二百个，而本辞典列条的神话人物数量过千，如果一部分按经典著作的译名，一部分按译音表译出，就会失去统一的体例。二、罗念生先生的《译音表》是采取不同的古希腊、拉丁字音用不同的汉字译音，译名大都可以从译音表推测出原文，虽然有的字冷僻一些。

《神话辞典》的原文为俄文，条目均未附其他外文。如按上述《译音表》译音，首先要把俄文回译成希腊文或拉丁文。回译，并不是简单地按字母对拼，这里有一些问题。一是俄语译文的习惯性省略，希腊、拉丁文的男性神话人物译成俄文时大多去掉语尾，例如酒神（希腊字母均用拉丁字母转写）Dionysus（狄俄倪索斯）俄文为Дионис，少了-us；英雄Heracles（赫刺克勒斯）俄文为Геракл少了-es。二是译文中不同语种字母间没有固定的对应关系。一方面，希腊、拉丁文不同的字母会译成同一俄文字母，例如马人Pholus（福罗斯）俄文为Фол，春之神Thallo（塔洛）俄文为Фалло，可知Ph和Th均可译作Ф。另一方面，同样的希腊、拉丁字母也可译成不同的俄文字母，例如上述Thallo也可译成俄文Талло，可知Th可译成俄文Ф和Т。所以，把俄文神话人物名回译成希腊、拉丁文时，我们先要查出原来的写法，然后再译成汉语。

做了这一步工作，就出了一项"副产品"——每个神话人物的希腊或拉丁文的原名。这就启发我们给每个条目加注原文。我们经过考虑，决定神话概念一般注英文，神话人物一般注拉丁文。这是因为拉丁文拼写希腊神话人物相当规范，又能保留罗马神话人物名字的原文，而且希腊罗马神话人物的拉丁文写法大多为英文所沿用。所以，神话人物统一标注拉丁文，并编成统一的拉丁文索引，尽管加注拉丁文和英文的工作相当费事，但是为了增加辞典的使用功能，我们还是试着做了这一吃力而可能出差错的工作。

上面已经说过，神话人物从希腊文和拉丁文译成俄文有的断尾有的不断尾，一个希腊和拉丁字母可以译成不同的俄文字母，

《神话辞典》及其翻译 | 371

因此在俄文中也有译名不统一的问题。例如马人 Pholus（福罗斯）俄文就有两种写法：Фол和Фолос；女巫师 Circe（喀耳刻）也有两种写法：Кирка和Цирцея。如果上述两种因素加在一起就更复杂了。例如忒拜英雄 Oedipus（俄狄浦斯）的俄文可写作 Эдип，也可写作 Ойдипус，如仅看俄文很难确定是同一神话人物。从希腊、拉丁文译成汉字，可以避免俄文的歧译给我们译名带来更多的分歧，当然，这些俄文的不同译名仍作为信息保留在中译本中。

1984年10月

（原载《辞书研究》1985年第2期）

后　记

这本《当代辞书过眼录》是我在改革开放时代所写的辞书评介文章的结集。书名所说的"辞书"是广义的，包括百科全书，我国的学术团体"中国辞书学会"之下就有一个"百科全书专业委员会"。

在改革开放时代到来之前，中国没有出版过百科全书，这里指的是现代大型综合性百科全书。1978年初，文化界巨子、中央编译局副局长姜椿芳先生高瞻远瞩，提出具有划时代意义的编纂出版《中国大百科全书》的建议，很快得到中央批准，并且受命主持筹建中国大百科全书出版社，编纂《中国大百科全书》。随之，中国百科全书事业就蓬勃发展起来。

十分幸运，中国百科全书事业刚刚起步，我就在1979年进入中国大百科全书出版社，参加《中国大百科全书》首卷《天文学》的编辑工作，从此同百科全书事业结下不解之缘。

当时，出版社总编辑姜椿芳先生和副总编辑阎明复先生号召百科同仁，除了编好百科全书，行有余力，还要探究百科全书编纂理论，总结百科全书编纂经验，评介中外百科全书的利弊得失，希望大家及时动笔，写点文章，可以在本社办的《百科知识》杂志发表，也可投寄其他报刊，好让社会各界了解百科全书，支持百科全书，置备百科全书和阅读查考百科全书。出版社随即创办内部刊物《探讨》，作为百科同仁切磋百科学术、交流实践心得的练笔园地。

响应号召试笔，我不免诚惶诚恐，因为秃笔荒疏已久，况且"文革"余悸犹未消除，安知画眉深浅能否入时？于是抱着摸索的心情，用《天文学》卷读稿所见所想所议的笔记，整理出《百科全书的定义和定性叙述》一文，先在内刊《探讨》创刊号登载。恰好，上海辞书出版社《辞书研究》编辑部约请姜椿芳先生和《天文学》卷责任编辑金常政先生组稿，编一个"大百科全书专辑"，列入该刊1980年第4辑，与《中国大百科全书》首卷《天文学》在同年12月同时问世，为《中国大百科全书》这艘文化航母启航志庆。侥天之幸，那篇拙作入选刊出，给了我莫大的喜悦和激励，因为我已经30年没有在报刊上发表东西了。从此，我这个百科编辑学徒也就断断续续地学着写点跟百科全书有关的稿子。

本书共收文章34篇，早的写于1982年，晚的写于2011年，跨度整整30年。卷首《中国百科全书事业三十年》一文，是应约为纪念中共十一届三中全会——改革开放时代开启的标志——30周年而写的，试图为新时期百科全书的编纂和出版的历程勾勒一个粗略的轮廓，因为中国的百科全书事业也是1978年起步的。另外33篇析为三辑。第一辑为"关于《中国大百科全书》",第二辑为"关于其他百科全书",第三辑为"关于语文辞书和专业辞书"。这样分辑既是按类区分,也有时间因素。第一辑是1980年代开始执笔的,第二辑是1990年代开始执笔的,第三辑主要是进入21世纪后执笔的,大体上反映了我在辞书工作上留下的足迹。

我参加百科全书工作纯属偶然。"文革"前我在北京编译社当翻译,主要任务是主持翻译苏联科学院主编的、卷帙浩繁的《世界通史》。"文革"中机构撤销。我在蹲牛棚、受审查、挨批斗之后,被遣送农村劳动。到1979年,听到社会上有落实政策的风声,扪心自问,当个普通的翻译、编辑之类,还不至于尸位素餐。然而多方求职未果,盖因历史问题冤案未获平反。后经友人推荐,叩响大百科全书出版社之门,阎明复先生约见,出乎意料,当场拍板接纳,高兴之至。一者,岁月蹉跎已久,渴望学有所用;二者,早在1950年代,我参加翻译《苏联百科辞典》(《苏联大百科全书》的浓缩本)时就梦想中国有自己的百科全书,于今竟成现实,而且能亲与其事;三者,不待冤案平反(稍后得到昭雪),就有工作岗位。三重喜悦凝成百科情结,耆年不衰。

我写辞书评介文章,前期大多是我做什么就写什么,可谓职务之作,后来就越出这个范围了。我参加编纂的《中国大百科全书》的《天文学》《环境科学》《矿冶》《力学》《建筑·园林·城市规划》诸卷,我都为之写了评介文章,在各该卷问世后投寄报刊发表。因为大百科全书的每个学科卷,都是各该学科的学术巨

后 记 | 375

匠主持编纂、精英人士参与撰写的，有很高的权威性和很高的学术价值。它们既是《中国大百科全书》组成部分，又是中国前所未有的本学科大型工具书。我作为这些卷的编辑人员，有义务也有责任向社会向读者郑重推介。

1988年我办了离休手续，同时接受了出版社的返聘，被安排在研究室。领导分配给我两项任务，一是调查研究已出版的学科卷，好为第二版的编纂提出建议；二是着手开拓地域性百科全书的编纂工作。前者是回顾，后者是前瞻。收入本书的《〈中国大百科全书〉分类分卷出版利弊观》《〈中国大百科全书·哲学〉卷调查报告》《〈中国大百科全书·宗教〉卷调查报告》三文属于"回顾"之列。至于"前瞻"，我是从担任《黑龙江百科全书》责任编辑开始的，星星点点地写了收入本书第二辑"关于其他百科全书"的文章。这辑文章就写作缘由而言，有因为参加编辑而写的，如介绍《黑龙江百科全书》一文，有因为个人阅读所见有感而写的，如评介《西藏百科全书》一文；就讨论对象的类型而言，有上述地域性百科全书，也有专业性百科全书，如《北京京剧百科全书》；就讨论对象的编辑主体而言，有上述我国自己编辑的，也有从国外引进的，如《剑桥百科全书》《康普顿百科全书》。我当编辑写过一些审读报告，这里收了一篇《〈中华人民共和国国史百科全书〉"大事年表"稿审读意见》，算是聊备一格。

说起我同语文辞书的关系，可述三事。

一是挑剔《现汉》。我是自学出身，特别宝爱辞书，首先是语文辞书。改革开放前，全国闹辞书荒，1974年得知《现代汉语词典》（试用本）内部发行，走后门购得一册，喜不自胜，以后历版皆备。我经常求它释疑解惑，受惠之多，难以尽言。不过用多了，也看出些问题。2002年发表了《挑剔〈现代汉语词典〉》一文，在此前后发表的《谦词"家"的释义》和《殿试·进士·会试·贡士》两文也涉及《现汉》条目释文。查阅《现汉》后来出版的版本，鄙见大多已蒙采纳。《现汉》还聘我当特约审读员，参加第5、6版审读工作。《现汉》若谷之怀，令人钦敬。

二是卷入论争。2004年1月，《现代汉语规范词典》问世，我这个辞书迷立即买了第1版第1次印刷本，随意翻阅。3月初，全国政协委员、中国辞书学会会长江蓝生先生等在政协十届二次会议上提出《辞书应慎用"规范"冠名》的议案，引起轩然大波，媒体上爆发热烈的争论。我最初只作壁上观，读了一些文章，发现这部词典的主编者对辞书学泰斗吕叔湘先生生前之作的处置有失严肃。我敬奉吕氏为私淑恩师，因为我在逆境中只有一本书——吕叔湘、朱德熙合著的《语法修辞讲话》，悉心学习，受到语法修辞知识的启蒙。后来商务印书馆出版的多卷本《吕叔湘文集》，我也置备研读，虽然只学点皮毛，仍然得益不浅。尊师念起，遂不再缄默，写了《对大师的扬和抑》，不承想，竟为七八家媒体所刊用；既已卷入，就又写了《〈现代汉语规范词典〉释义求疵》。

三是检查辞书。十年来，新闻出版总署为净化辞书市场，组织了三次辞书质量检查工作，我都应邀参与。第一次是"2003年辞书质量专项检查",10月公布了检查结果,分别查处了19种不合格辞书。其中差错率超过15／10000的有《多功能学生字典》《中华辞海》《新编中国四大辞书》3种,差错率在15／10000～5／10000之间的有9种,差错率在5／10000～1／10000之间的有7种。我审读的《建宏成语义类辞典》是从台湾引进的,差错率属15／10000～5／10000之间的一档,我写了评论这部辞书的文章。第二次检查是在2007年,第三次检查是在2009年10月至2010年5月进行的,我又依据审读笔记评论了《新华大字典》《新华汉语词典》和吉林版《中华现代汉语词典》三部辞书。其中《〈新华大字典〉篆书失宜》可能是讨论辞书中的篆书问题的第一篇文章。这些也算是为新闻出版总署在辞书出版上扶正祛邪的重大举措略尽绵薄。在此之前,我曾在《辞书研究》1996年第3期发表《缘何似曾相识》,批评《中国小百科全书》,这部书的交通运输部分竟有70.9%的条目释文跟《中国大百科全书·交通》卷雷同。

  三十多年来,笔者只是怀着优秀辞书要赞扬、劣质辞书要批评这一朴素观念写下这些文章的,不期而然地厕身于辞书评论者行列。近读语言学家、辞书编纂家苏培成教授在《辞书研究》2012年第5期发表《走向辞书强国之路》一文,首先提出必须切实做好当前的辞书工作,要"奖优汰劣","努力维护好优质辞书,充分发挥优质辞书的引领功能","净化辞书市场,清除辞书垃圾"。苏教授把"奖优汰劣"提出作为打造辞书强国的当前任务是极具远见卓识的,我十分赞成,甚愿再效微劳,只是年逾九秩,深感心有余而力不足了。

本书名为《当代辞书过眼录》，不免夸大其词。中国辞书学会江蓝生会长2011年说，"每年出版的辞书都有千种之多"，历年累积，当已数以万计，而本书涉及内容的不过数十种，提到书名的也只有百余种，比例极小，只是管窥蠡测，权且反映一点当今辞书编纂出版的情景。《过眼录》中不少文章是"过眼"就"录"，不免草率疏漏，敬请读者不吝指教。

　　本书所收文章，大部分曾经在出版物上发表过。刊载过拙作的报纸有《人民日报》《光明日报》《新闻出版报》《中国青年报》《北京日报》，刊物有《辞书研究》《中国出版》《百科知识》《出版发行研究》《语文建设》《应用语言研究》《中国图书评论》《出版科学》《新闻之友》《书林》《深圳商报通讯》，以及内部刊物《探讨》，书籍有《拯救辞书》，谨向这些提供宝贵篇幅和交流机会的出版物表示真诚的感谢！

　　承蒙辞书编纂家、中国辞书学会原副会长周明鉴编审拨冗惠赐序言为本书增光，辞书编纂家、商务印书馆副总编辑周洪波编审热情组稿、大力支持本书的出版，责任编辑余桂林副编审细心审读，提出宝贵意见，还有窦红娟女士帮助打印文稿，谨向他们表示衷心的敬意！

黄鸿森

2012年11月3日于北京芳古园，时年九十有二